i
imaginist

想象另一种可能

理想国
imaginist

许倬云说美国

一个不断变化的现代西方文明

许倬云 著

上海三联书店

图书在版编目（CIP）数据

许倬云说美国 / 许倬云著. -- 上海：上海三联书店，2020.7（2025.8 重印）
ISBN 978-7-5426-6997-1

Ⅰ. ①许… Ⅱ. ①许… Ⅲ. ①美国—历史—研究 Ⅳ. ① K712.07

中国版本图书馆 CIP 数据核字 (2020) 第 079472 号

许倬云说美国
许倬云 著

责任编辑 / 殷亚平
执行编辑 / 鲁兴刚　吴晓斌
特约编辑 / 冯俊文
文稿统筹 / 陈　航　陈佩馨
责任印制 / 姚　军
责任校对 / 张大伟
封面设计 / 陆智昌
内文制作 / 陈基胜

出版发行 / 上海三联书店
（200041）中国上海市静安区威海路755号30楼
邮　　箱 / sdxsanlian@sina.com
联系电话 / 编辑部：021-22895517
　　　　　 发行部：021-22895559
印　　刷 / 山东新华印务有限公司

版　　次 / 2020 年 7 月第 1 版
印　　次 / 2025 年 8 月第 9 次印刷
开　　本 / 850mm×1168mm　1/32
字　　数 / 215千字
图　　片 / 26幅
印　　张 / 11.25
书　　号 / ISBN 978-7-5426-6997-1/K·583
定　　价 / 68.00元

如发现印装质量问题，影响阅读，请与印刷厂联系：0534-2671216

全世界人类曾经走过的路，都算我走过的路[1]

许倬云1930年出生于江南世族大家，是生长在新旧两个世界之间的人物。他触摸到了旧文明系统的夕阳，也同时受到了西方式的知识训练。他在两种世界中一起成长，二者共同帮助他去观照和思考更辽阔的事物。在许知远看来，许倬云是一套密码，需要保存，需要不断书写。他的智慧，能帮助我们思考如此脆弱的文明应该如何呵护。

---

[1] 本文节选自访谈节目《十三邀》第四季第八期，主持人许知远采访许倬云先生的录音整理稿。

一、抗战经历影响了一辈子

许知远：您现在还会常想起哪段时光呢？

许倬云：回忆最多的是抗战期间。抗战期间的经历影响我一辈子，也影响我念书时选的方向以及我关心的事情。抗战期间是求死不得，求生不成。我又是残废，不能上学。七岁抗战开始，我那时候不能站起来，到十三岁才能真正拄着棍走路，别人都在逃难，我就跟着父母跑。我父亲是战地的文官，逃的时候他最后一个出来，打回去的时候他第一个进去。在抗战的前前后后，我们常常在乡下老百姓那里借个铺，庙里面借个地方住住，所以我的日子跟老百姓很接近。

我常在村子里面，老是被搁在人多的地方。我就看老百姓的生活：农夫怎么种田，七八岁小孩到地里抓虫子、拔苗、拔草诸如此类。我那一段时间，进进出出都在小村落的偏僻地方。有时日本人打得急了，我们就临时撤退，撤到前不着村、后不着店的地方。所以我的心不是在家里，我的心一直念着那些人。

许知远：这段经历对您后来的历史写作有直接的影响吗？

许倬云：对，我的第一部英文著作是《中国古代社会史论》，第二部英文著作是《汉代农业》，写怎么种田。我说，你们大学者大教授写了老半天书，饭怎么出来的也不知道。我就写汉代农业，那时是怎么种地的。后来，我兴趣最大的，自然也是老百姓的事。

许知远：您1970年来这里教书的时候，能非常清晰地感觉到美国的力量吗？

许倬云：没错，晚上半边天是红的，白天半边天是黑的。

许知远：红与黑。最初来时美国力量这么强，这几十年，您看到这种力量的变化是什么？

许倬云：衰了，1980年以后衰得很。每隔几个月，就听到哪一个工厂关了，每隔几个月，哪个工厂搬了。搬一个工厂就表示一个镇的人失业，关一个工厂就表示几万人没活，惨得很。工人都是技术工人，有经验、有能力、有尊严。到那个时候，黄昏，你到市场、超市去看，当天卖不完的都搁到后门口。老工人头上戴个帽子，压得眉毛低低的，领子拉得高高的，奔到后门去，搁在那就是让他们拿的。罐头、面包，他们拿着就跑得快快地。有尊严的人过那样的日子就惨了，到今天都没有恢复过来。

许知远：所以您看到这儿工业文明的挽歌？

许倬云：对。二战期间，登陆艇是在这个岛上造的。一个小时完成一台，一串串拖出十个、二十个登陆艇往下跑，跑到出口，装上军舰运到前线。一个小时一台，生产力多强。这里的钢铁工人有几万人，曾经是全世界钢铁出产量的四分之三，那实力真强大。

许知远：您小时候看他们种地，其实抗战时期，就是农业文明的挽歌，到这儿您又看到工业文明的挽歌。不断地看到挽歌，您是什么感受？

许倬云：农村没有挽歌。我们打了八年是靠农村撑起来的，农村的力量是强大的。连前带后，我们一千多万兵员阵亡，四川一个省二百万壮丁，基本上都没回家。草鞋、步枪、斗笠，一批批出去。那时候各地撤退的人，或者拉锯战的时候从前线撤到后方农村的人，农村人一句闲话不说，就是接纳难民。多少粮食拿出来一起吃，大家一起饿，没有一句怨言。满路的人奔走，往内陆走，没有人欺负人，挤着上车，挤着上船，都是先把老弱妇女往上推，自己留在后面。多少老年人，在大路上奔走，走不动了，跟孩子说你们走，走。

许知远：是不是这段经历，让您对中国始终特别有信心？

许倬云：对。所以我知道，中国不会亡，中国不可能亡。

二、为常民写作

许知远：您在最近的写作里常提为常民写作，常民的重要性，为什么您这么强调这一点呢？

许倬云：因为我们同行的各种著作里头，通常只注意到台面上的人物，帝王将相或者什么人的成功，写的是名人的事情，头头的事情，讲的是堂堂皇皇的大道理，老百姓日子没人管。所以在《中国文化的精神》里面，我讲的就是老百姓吃饭过日子，都是人跟自然整合在一起。

中国有 24 个节气，我们过日子总是注意到人跟自然的变化同步进行，这是人跟自然的协调。所以诗里面一定拿自然风景的变化来形容不同的风格，讲情绪是人的事情，但情绪后面藏满了自然的变化。我一辈子最喜欢一首诗歌里的八个字，李白的《忆秦娥》，"西风残照，汉家陵阙"。西风，季节；残照，日夜；汉家，朝代；陵阙，生死。八个字，四个时段，每个时段都能描绘出具体的形象来。

我们常民的日子，可以说无处没有诗意，无处没有画景，无处不是跟自然相配，无处不是和人生相和。这种生活不是只有知识分子才有，一般人一样有。老头散散步——大雁已经成行了，往那边飞了，眼下的燕子回来了，都是一直深切地跟四周围相关。这种境界不是欧美生活能看见的。

许知远：但这种生活，是不是在 20 世纪很大程度被中断了？

许倬云：中断了，就希望你们把它恢复过来。

许知远：那您觉得怎么重建？

许倬云：要许多人合作。心情要有敏感的心情，要有同情的心情。同情的心情，就是将心比心，才能够看出四周围无处不是诗，无处不是画，无处不是拿我跟人放在一起，拿自然放在我心里，这样他的精神生活是丰富的。

许知远：您觉得对中国的常民来讲，历史上这么多年代，生活在哪个年代是最幸福的？

许倬云：汉朝。汉朝将国家的基础放在农村里边独立的农家，人才才能出，财富才能出，这是交通线的末梢。城市都是交通线上打的结，商人、官员都在转接点上。编户齐民，汉朝是最好的，到南北朝被毁得很厉害。宋朝大户变成小大户、小大族，以县为基础的大族，不再以国家为基础的大族。明朝恢复了一些汉朝的规模，但恢复得不够，又被清朝篡翻掉了。

明朝跟清朝都有的最严重问题是，有相当一批国家养活的人。明朝要养活的是职业军人，朱元璋养兵，向他投降的兵，得了天下后不用打仗的兵，都养在卫所里面，由国家养。土地划给他一大片，不纳粮，不完税，浪费。朱元璋登位的时候，（白吃的）一共就他一个人，再加个侄子，到明朝亡的时候，85万人白吃。他白吃就算了，一个省里面还有好几个王爷，到后来每个县都有王爷，王爷府里的人都是白吃。清朝八旗是白吃，有了这批白吃的人，国家就不对了。所以真正讲起来，唐朝也不错，可唐朝的基础不在农村上，唐朝的基础在商业道路上。

美国常民，我认为是二战以后，大概1950到1970年代，日子过得好。没有很穷的人，富人也没占那么多财富。那个时候大家自尊自重，社区完整没有碎裂，生活差距不很大。每个人有尊严，有自信，人跟人之间的关系也相当和谐。后来，城里面的小店铺慢慢地一家一家不见了，连锁店一家一家出来了，大型超场出来了，这些人就慢慢慢慢消失掉了。

许知远：现在的美国力量，您怎么描述它？

许倬云：本来把大家结合在一起的宗教信仰，聚合的族群，都被都市化的关系打散开，散开以后美国无法凝聚。但有转机，两个转机。一个是头脸人物的聚集，吸收新的血液，以及强固他们的团结性。这在我看来是不好的，后来就会变成少数寡头政治继续延续，并端到台面上来。

第二个是好的，是小社区在自己求活。小社区不一定是村子，不一定是镇子，比如洛杉矶有几条街，那几条街就可以合起来做点事。我们已经看得见这种事情，我收集的资料里面不亚于一百多个例子，这个事情正在进行。小社区内人们互相帮忙，但他们不会走到像以色列开国时候一样的公社，大概会走向合作社的基础，或者一个聚会所的基础，集体一起买东西进来分着用，比较便宜。集体排出一个单子，修炉子找谁，修电工找谁，修管道找谁，盖房子找谁。这一圈里头，两三千人、三五千人，自给自足，不加外求，省钱，互相有感情。几千人构成的社区慢慢在出现，出现以后会真正融合。就像中国邻里乡党，街坊互相帮忙。

许知远：小的互助团体？

许倬云：对，在台湾叫眷村。眷村里面的孩子从来不会饿着，爸爸妈妈来不及回来做饭，眷村里面的人都会有饭吃。凝聚慢慢上来，就等于古代的部落，这个小社区和那个小社区结盟，就能共同做更大一点的事情。所以有两条路，一个是上层往下通，一个是下层往上合。

三、受教育是为了超越未见

许知远：在这么一个价值转型过程中，一个历史学家可以扮演什么角色？

许倬云：我们可怜得很，我们只能记得人家做过的事。我另一行是社会学，所以我能在历史里把社会学的东西放进去，可以做得比较自由，不然纯粹发生过的时候才让我研究，那难办。历史要活学活用，不是找例子，也不是保存东西，而是全世界人类曾经走过的路，都算我走过的路。这样，可以排出无数的选择，让我们在找路的时候，绝对不会只有这一条路或者这三条路。

还有，学历史可以学到从个人到天下之间各个阶段、各个层次的变化，及变化里面的因素。因为我是社会和历史合在一起研究，所以我的历史（观）里个人的地位最小，文化地位最高。文化脱不开社会，脱不开经济，脱不开政治，也脱不开地理，脱不开天然环境，脱不开我们驾驭天然环境的科学。文化是一个总的东西。年鉴学派的思考（年鉴学派错用了"年鉴"名词），就是要超过年。

许知远：他们千年鉴。

许倬云：万年鉴，时间最长的是文化，更长的是自然，最短的是人，比人稍微长一点是政治，比政治稍微长一点是经济，比经济稍微长一点是社会，然后是人类文化，再然后是自然。

许知远：在那么长段的文化尺度下，人显得那么小。那您觉得人怎么样获得自身的意义和价值？

许倬云：我对人的理解是这样子。山谷里面花开花落，没有人看见它，那个花开花落，白花开花落，它不在我们理解的世界里面。今天能给黑洞照相了，我们才晓得去黑洞里面玩，我们的宇宙知识多了一大块。没有卫星一个个上去，我们怎么知道月亮背后的东西。所有我们知道的，都是用肉眼看见，或者用机械的眼看见，或者用推理的眼看见，或者用理论的眼看见。人受教育的功能，不是说受的教育换得吃饭的工具，也不是说受了教育知道人跟人相处，和平相处。要有一种教育，养成远见，能超越你未见。我们要想办法设想我没见到的世界还有可能是什么样，要扩展这种可能性。

许知远：您自己遇到过那种出现很大精神危机的时刻吗？

许倬云：我伤残之人，要能够自己不败，不败不馁，性格从小生下来就如此。如果长到十五岁，一棒槌打倒了，那完了，起不来的。我从生下来知道自己残缺，不去争，不去抢，往里走，安顿自己。

许知远：您说过后现代世界都陷入某种精神危机。人无法安身立命，西方、东方都有相似的危机。

许倬云：现在全球性的问题是，人找不到目的，找不到人生的意义在哪里，于是无所适从。而世界上诱惑太多，今天我们的生活起居里，有多少科技产品，这些东西都不是家里自己做出来的，都是买的。今天你没有金钱，你不能过日子。必须要过这种生活，就不能独立，既然不能独立，你就随着大家跑，大家用什么，你跟着用什么。

尤其今天的网络空间里，人们彼此影响，但是难得有人自己想。听到的信息很多，但不一定知道怎么拣选，也不知道人生往哪个方向走，人活着干什么。只有失望的人，只有无可奈何之人，才会想想我过日子为什么过，顺境里面的人不会想。而今天日子过得太舒服，没有人想这个问题。

许知远：那这种盲目最终会倒向一个很大的灾难吗？

许倬云：对，忙的是赶时髦，忙的是听最红歌星的歌，不管那歌星的歌是不是你喜欢听的。人的判断能力没有了，没有目标，没有理念，人生灰白一片，这是悲剧。自古以来人类历史上最重要的阶段有"转轴时代"。那个时代每个文化圈都冒出人来，冒出一群人来，提出大的问题。多半提出问题，不是提出答案。那些问题今天还在我们脑子里边，那一批人问的问题，历代都有人跟着想。可现在思考大文化的人越来越少，因为答案太现成，一抓就一个，短暂吃下去，够饱了，不去想了。今天物质生活丰富方便，精神上空虚苍白，甚至没有。人这么走下去，就等于变成活的机器。我们来配合AI，而不是AI来配合人，没有自己了。

许知远：那怎么应对这样的时代呢？如果一个人不甘心，但他力量又这么微薄，他怎么应对这样一种潮流？怎么自我解救呢？

许倬云：这个就是你们媒体、新闻界，以及知识界第一线上的人做的事情。我愿意跟你做讨论、谈话，就是希望借助你把这消息告诉别人，一千个人、一万个人中有两三个人听，传到他耳朵里面去，他听到心里面去，我就满足了，你也满足。

许知远：您的解决方案是什么？

许倬云：叫每个人自己懂得怎么想，看东西要看东西本身的意义，想东西要想彻底，不是飘过去。今天的文化是舞台式的文化，是"导演"导出来的文化。

二十年来的美国

过去二十年我都在蒋经国国际学术交流基金会服务,因为这段难得的人生际遇,我得以近距离接触多位仰慕已久的当代博学鸿儒,并有幸得到他们的教诲与启迪,终身受用。

许倬云先生就是过去二十年来,给我授业解惑最多的长者之一。他经常让我有"与君一席谈,胜读十年书"的惊喜与感叹,他对世界史的宏大叙事让我视野开阔,他对四千年中国历史的通透解析让我茅塞顿开。

许先生坐卧匹兹堡河谷,胸怀人类,心系神州,观天察地,日夜匪懈。家事、国事、天下事,事事关心;忧世、忧国、忧民,民胞物与。可能他也察觉到我这后生晚辈的身上也流露出些许先天下之忧而忧的习性,所以隔三岔五总可以接到他的视讯垂询,并与我分享他对时局世事的观察与感触。

二十载的耳濡目染，也让我这位后学门生能够在他面前信心满满地论断天下大势，臧否枭雄豪杰。由于台北与匹兹堡有十二小时的时差，我们隔洋日夜颠倒的交谈经常是在互道晚安早安声中依依不舍地结束。

去年10月间，许倬云先生赐寄《许倬云说美国》初稿电子档，并嘱咐我提笔为他新书作序，这是莫大的荣耀。许先生在美旅居六十载，早已他乡作故乡。美国既是他安身立命之所在，也是他观察现代西方文明的窗口，更是他剖析一个帝国由盛而衰的根源之最大社会实验室。这本书既是一部客居生涯的回忆录，也是一本剖析美国社会病理的诊断报告，更是一篇充满惆怅与悲悯之情的动人史诗，生动地述说着美国社会与政治体制为何一步步走向衰败。

他不仅仅与我们分享了他在美国一甲子的重要亲身经历，将他在美国客居生涯中印象最深刻也最值得回味的人、事、地、物生龙活现地呈现在我们眼前，而且透过他独到的历史学与社会学的敏锐视角，帮读者还原这些偶然相逢的鲜活案例的时代背景与历史源流，并摆回它们所属的文化、制度与社会脉络之中。他再把这些人、事、地、物在不同时期的面貌与本质变化放入一个全方位的历史分析框架中，从地理、文化、宗教、族群、产业、城乡、阶级、政治、军事到帝国事业各种角度，来试图回答一个所有与他有类似经历的几代华人留美精英心头的共同疑惑。

正如他在文中即兴叹道："六十年前，我满怀兴奋进入新大陆，盼望理解这个人类第一次以崇高理想作为立国原则的新国家，究竟是否能够落实人类的梦想。六十年后，却目击史学家、社会学家正在宣告这个新的政体病入膏肓。"在结语时他又反复自问："回顾初来美国，曾经佩服这一国家立国理想是如此崇高。在这里客居六十年，经历许多变化，常常感慨如此好的河山，如此多元的人民，何以境况如此日渐败坏？"

在许先生的字里行间，我能充分感受与体会他的沉重心情，因为我们这几代留美的知识分子，都曾被美国的开放制度与自由风气吸引，都曾被美国的物质繁荣、经济活力与国际领导威信折服。与许先生一样，当我在为美国社会与政治衰败走势把脉时，都是抱持一种哀矜勿喜的心情。美国的衰败不仅意味着整个西方中心世界秩序将失去最重要的支柱，也可能触动全球政治经济秩序的动荡。正如美国决策者总是怀疑中国是否能和平崛起，我们也需要担心美国是否能和平衰落。

我在1981年夏初次踏上美国，要比许先生晚了将近四分之一个世纪。我不曾亲身经历1950年代末到1960年代初美国国力达于巅峰的盛况，也不曾目睹美国因为越战与黑人民权运动而爆发的严重社会动荡与分裂。当我开始有机会亲自观察美国时，水门事件对政治体制合法性造成的伤痕已经逐渐消退，但两次石油危机对美国经济的重创仍待修复，里根正以扭转停滞性通货膨胀为职志，开始在美国社会推行一场新自由主义革命。

这场高举市场万能而妖魔化政府干预角色的思维变革，在接下来的三十多年里成为席卷全球的主流经济政策主张。新自由主义革命的浪潮不但将寻求股东权益最大化的美式资本主义推广到所有西方国家，也扫除了所有妨碍资本在全球追求最大投资回报的人为障碍。一场由跨国企业与国际金融机构驱动的超级全球化，以空前的速度推进到地球的所有角落，全球生产分工模式与产业供应链也快速全面重组；在此同时，跨国企业精英与超级富豪阶层也顺势取得了无与伦比的政治权力，他们可以凌驾政府，支配社会游戏规则，并一步步地肢解意在保护弱势群体、劳工与中产阶级权益的经济管制措施与社会保障体系。他们排斥任何限制其行动自由与资本回报的全球治理或监管机制，他们可以影响美国法律与国际规则，也可以左右国际货币基金与美国联邦储备委员会的观点与政策。

新自由主义指导下的金融自由化，更驱使金融资本全面流向投机性的虚拟经济，不但给所有国家带来难以承受的系统性金融风险，也对实体经济造成巨大的扭曲与干扰。在华尔街推波助澜之下，从1980年代末期开始，美国带头进行大幅金融松绑，拆除金融防火墙，全面开放衍生性金融产品，并压迫各国家全面解除跨国资本流动管制，放弃政府对汇率市场的干预，其结果是大量资金涌入外汇与商品期货交易套利，投机交易凌驾真实避险需求，热钱在世界各地兴风作浪，制造了一波波的金钱游戏、资产泡沫与金融危机。最后由不动产次贷危机引发的一场全球金融海啸，给美国与欧洲带来空前的经济重创，直到今日也未痊愈。在目睹美国政府政策被华尔街彻底绑架后，诺贝尔经济学奖得主斯蒂格利茨（Joseph Stiglitz）不禁感叹今日美国民主已经沉沦为"百分之一所有，百分之一所治，百分之一所享"。

新自由主义革命既造就了美国经济的空前繁荣，也为美国的社会分裂与政治败坏种下恶果。新自由主义革命让国家机构逐渐丧失扭转资本主义下所得分配趋向两极化的能力，也逐渐失去维护弱势团体享有社会晋升公平机会与保障劳动市场参与者基本权益的能力，更失去节制巨型跨国企业滥用市场垄断权力的能力。因此民主作为"国家层次"的政治体制日渐成为一个空壳子，既无法维护公民的福祉，也无力满足公民的政策需求，使政府的合法性基础受到严重侵蚀。

美国政治最大的难题是政党与政治精英都被少数利益集团绑架。军工企业集团、网络科技集团、华尔街投资机构与大银行、跨国能源企业、大型媒体集团、制药与医疗集团等主要利益集团的代理人盘踞在国会两院的各个常设委员会。这些利益集团可以驱动大律师事务所、大会计师事务所、信用评级公司等机构，与依靠企业主捐赠的东西两岸大小智库帮他们出谋献计，并引导舆论。这导致过去三十年美国的产业结构愈来愈集中化，强者恒强，大者恒大，垄断资本横行。这也必然导致严重的腐败与寻租。这些占据寡头地位的巨型企业可以靠压制竞争者而攫取超额利润,他们的高获利模式主要不是源于创新与效率,而是靠其市场垄断地位以及左右法律与政府政策的政治影响力来并购同行、滥用知识产权保护与法律诉讼,抑或享受合法避税与超额租税补贴。

试举美国的医疗健康产业为例。美国的医疗健康相关行业占 GDP 的比重高达 18%,远远超过 OECD(经济合作与发展组织)国家的平均比例。可是美国的人均预期寿命却在 OECD 国家中仅排末座。而且近年来美国是所有发达国家中唯一出现人均预期寿命倒退的国家(主要由于吸毒、枪支泛滥与自杀率上升)。在 2017 年美国的人均预期寿命为 78.6 岁,与中国大陆的差距已经缩小到两岁左右,可是中国大陆的人均医疗健康支出仅仅为美国的 1/12。这意味着美国的医疗体系内存在严重的费用超收、资源浪费与无效医疗,而且医疗资源的分配严重不均。

自由主义革命带来的政策变革,也必然导致全球化的红利与风险之分配严重不均,如今众多西方国家正面临全球化受损者的猛烈政治反扑。美国在新自由主义革命道路上走得最远,长期由共和党把持的最高法院更不断为富裕阶层打开金权政治洪流的闸门,因此美国社会所累积的贫富两极分化问题也最严重,向上流动的社会渠道趋近停滞的问题也最为突出,拥护全球化与反全球化的冲突也最为尖锐。日积月累的社会矛盾,最终以选出特朗普这样的民粹政治人物而得到暂时的宣泄,但也为今后美国社会更严重的撕裂埋下了伏笔。

特朗普可以获得白人蓝领阶层的支持，因为这批选民迫切需要知道：未来足以维持中等收入的工作机会在哪里？政府何时才能大幅更新残破不堪的基础设施？他们的下一代是否能享有相对公平的教育与社会晋升机会？婴儿潮世代大批退休后美国的社会保障系统能否支撑？如何扭转过去三十年富者愈富而中产阶级趋贫的两极化趋势？美国两党的主流政治人物纷纷失去这批选民的信任，因为这些熟面孔不是已经被利益集团彻底绑架，就是面对经济与社会难题束手无策。选民宁可寄希望于毫无从政经验的新手。

但是特朗普并没有纾解美国经济困局与社会矛盾的良方。相反，他漫无章法的内政与外交举措，更让观察家担心他可能是加速家道中落的败家子，不但不懂得珍惜前人累积的资产，反而轻率地将家底典当变卖。他帮富人与企业大幅减税，必然导致美国财政结构的急遽恶化，2019年的联邦赤字将首度破一万亿美元大关。他把移民视为导致美国工作机会流失的代罪羔羊，极可能让这个长期以来使美国经济得到必要人力资本补充的关键渠道开始萎缩。他推行的"美国优先"单边主义既粗暴又鲁莽，正如布鲁金斯学会资深研究员罗伯特·卡根（Robert Kagan）这位在共和党阵营颇受敬重的新保守主义大将所指出的，特朗普国家安全团队的诸多行径让美国愈来愈像一个"超级流氓大国"（rogue superpower），因为它打破了所有的道德、意识形态与战略考量的底线。

特朗普的外交团队在任何时候与任何谈判场合，一律把自己享有的不对称双边权力关系优势赤裸裸地用到极点，试图威逼对手做出最大让步，不论亲疏，不讲情谊，也不瞻前顾后。这让所有与美国打交道的传统盟邦、贸易伙伴与竞争对手都不得不把特朗普所代表的美国视为一个毫无诚信、不择手段、随时变卦、危害世界、颠倒是非的"流氓国家"。现在美国的主流外交精英都在担忧，特朗普这四年将对美国国际领导威信造成无法弥补的严重折损。

我的上述观察，也仅仅是帮许先生的社会病理诊断提供一点脚注。新自由主义思维颂扬个人自由，但也同时奖励自私、自利与贪婪，并鼓励对物质欲望无止境的追求。美国富裕阶层的所得税率在发达国家中是最低的，而且跨国企业都尽可能将利润隐藏在国外租税天堂，他们自私自利到连最基本的社会义务都设法摆脱。这正好可以印证许先生所指出的："美国的起源是清教徒寻找自由土地，其个人主义的'个人'，有信仰约束，行事自有分寸。现在，信仰淡薄，个人主义沦于自私。"

最近几年，许先生连续推出多部脍炙人口的旷世之作，让华人世界的广大读者可以透过他行云流水的笔触，源源不断地汲取他的智慧结晶与知识精华。《万古江河：中国历史文化的转折与开展》《说中国：一个不断变化的复杂共同体》《我者与他者：中国历史上的内外分际》《中国文化的精神》，部部都是厚积薄发之作，初读引人入胜，再读字字珠玑。这近百万字都是从他一生积累的广博阅历、炉火纯青的智慧与融会贯通的知识中提炼而得。

这几部大作涉及的知识面向之广绝非我浅薄的学术功底所能置喙，连写读后感言都会心虚，更不用说撰文推介。唯有《许倬云说美国》尚可加油添醋一番。不敢辜负许倬云先生因材施教的美意，乃勉强提笔，忝以狗尾来续貂。

后学 朱云汉 伏案于北投大成堂
戊戌年冬

朱云汉，台湾"中研院"院士、世界科学院院士、"中研院"政治学研究所特聘研究员、台湾大学政治系合聘教授、蒋经国国际学术交流基金会执行长。朱教授是国际知名的政治学者，其领导的研究团队评估各国治理质量、政体合法性与社会可持续性发展的方法学，获得各国智库学者高度赞誉。

目 录

全世界人类曾经走过的路，都算我走过的路 / i

二十年来的美国 / xiii

第一章　我的美国六十年 / 001

第二章　开疆辟土的历程 / 015

第三章　农业形态的变迁 / 041

第四章　工业化的过程 / 061

第五章　多族群社会及其问题（上）/ 089

第六章　多族群社会及其问题（下）/ 115

第七章　经济运作的模式 / 133

第八章　独特的城乡二元结构 / 153

第九章　阶层固化的社会现实 / 171

第十章　动态更新的美国政治 / 193

第十一章　不断发展的文化脉络　/ 221

第十二章　美国时代潮流的变化（上）/ 241

第十三章　美国时代潮流的变化（下）/ 265

第十四章　未成的帝国和败坏的资本主义　/ 293

第十五章　未来的世界与中国　/ 321

第一章

我的美国六十年

　　1957年秋天，我从台湾跨过大洋到了美国，进入芝加哥大学攻读进修。从那时开始，到现在已经六十年了。1962—1970年，我主要在台湾工作。1970年，我才来到匹兹堡定居。在台湾的八年，由于工作单位分配的职务，我还是往返于台湾和匹兹堡等地。初次离台时，一位美国的访问教授吴克（Richard "Dixxy" Walker）提醒我，此行不是只在按照课程修读学位，更需把握机会研读一本大书，真正在生活中理解现代文明最新的一个章节："美国人和美国社会"。他的建议引导我数十年。至今我还在继续研读这一部大书，转眼间竟已一甲子，也见证了许多变化。

　　整体说来，从1957年到今天，我有机会近距离观察美国的动静。宇宙间没有不变的事理，只是变动快慢之分而已。

回顾前尘，这六十年来的演变，不仅见之于美国一地，而且因为美国是现代世界的重要部分，一切在此地发生的变化，都影响到全世界的人类。今天我已经八十几岁，来日不多。在这个时期，趁我还没有昏聩糊涂，将自己的观感贡献给大家参考。

我来美的旅程，与一般的旅客不同。大多数的留学生是搭乘包机，或者是快轮直达美国。我却是搭乘了廉价货船的附带乘客，经过五十七天航程，穿过太平洋，又穿过巴拿马运河，从大西洋的那边登陆美国。这艘货轮装载的是菲律宾出产的铁砂，运往美国用于制造钢铁。

船离开基隆码头，大约在黄昏时航向菲律宾。沿着台湾东海岸，眼看着台湾岛从绿色的山陵，逐渐退向西边水平线渐行渐远，衬托西天云彩，宛如浮置于太平洋淡灰色海波上的一盘墨绿色盆景。第二天，我们进入菲律宾附近的海域。远岛崇矗，近屿平坦，又有珊瑚礁湖，一圈白沙围着中间一泓碧水，种种地形错落布局，船行其间令人目不暇接。

第一站，是在菲律宾的港口靠泊装运铁砂。菲律宾劳工贫穷又辛苦。美国的货运公司里，白人职员和菲律宾助手主奴关系明显。港口一般居民简陋的居住环境，对照着白人代理商倨傲的态度和鲜明的衣着，对我而言并不意外，因为在中国过去的租界里面，这些贫贱对比的现象是日常生活的一部分。只是，在当时已经独立的菲律宾，居然还会有两种文化、两种民族的强烈对比，让人很难理解——号称尊奉上帝的国

第一章 我的美国六十年

家,对待已经独立的旧日属地人民,依旧不平等。

第二站,是在夏威夷檀香山。夏威夷原本是独立的王国,美国租借珍珠港,还需要经由两国之间合法的条约。可是,不知不觉间,独立王国居然不见了。那时夏威夷还不是美国的一州,地位介于殖民地和领土之间,是一个不清不楚的"代管地"。我们到达檀香山已是半夜,不能进港,只能抛锚海上。檀香山市区的灯火并不灿烂,市区的背景只是一线山丘。几条弧形灯光,应是住宅与街道,仿佛串串明珠项链。靠泊的地点离珍珠港很远。当时的檀香山虽然是观光的港口,但并不繁华,船只不多。从码头区进入市区,也就不过数百尺的距离,中间就是一片草地。当地女性以草裙舞迎客,可惜观众寥寥无几。

我们靠泊的时间有两天,主要是维修船只和补充淡水。借着这机会,我也参加了一个小小的观光团体,搭乘吉普车在城外转转。印象最深刻的是无边无际的凤梨田,我第一次了解"大田广种"的意义。另一处则是大片的甘蔗田,旁边有一个酒厂出产朗姆甜酒。这个门进去的是甘蔗,那个门出来的是甜酒,参观人都感叹:农业和工业,居然能如此紧密地结合!这一印象,对比中国传统小农多角经营的农业,使我才理解"农工业"(Agri-industry)、资本主义经营和大规模生产的规模和性质。

第三站乃是通过巴拿马运河,从太平洋进入大西洋。跨过运河几乎需要一整天,其中最重要的部分是从西岸进闸门。

闸门蓄水后，将数万吨的货轮升高到山顶湖边，然后开闸进入加通湖；接着又进入另外一道闸门，降水落到大西洋的水位——开闸，船只离去。这个体验实在令人难忘：人力确实能够巧夺天工，将四五万吨的船只连带货物，抬举数百米高——当船只刚刚进入闸门，闸门关闭的那一刻，从船边仰首望天，我感觉自己是井底之蛙！这也是第一次亲身体会到，现代技术的使用能够产生多大的能量！

运河两端都是闸门和引道，中间山地的水流汇入狭长的湖泊。湖中鳄鱼懒懒躺着，几乎难以分辨是鳄鱼还是枯木。夹着运河，每隔一定距离的宽度，就是一段铁丝网，绵延不断，这是美国管辖的运河特区——一条运河，将号称主权国家的巴拿马割成两半。这一条运河，是美国的生命线，也象征美国凌驾于整个美洲的霸权。

最后一站，则是在巴尔的摩登岸。从进入切萨皮克湾起，航行了几乎一整天才到达港口。这一条内湾如此深而宽，两岸却如此平坦，我真要感叹：上帝对美国不薄！天造地设开了这一条航道，世界其他地方没有如此的条件。数以百计的船只熙来攘往，经由如此长的内港运送人、货，维持美国东岸的种种市场需求。后来，看到纽约的两条大河，沿岸码头的趸船连接排列，使人不能不感慨：美国的富足，除了人力以外，也有无可比拟的天然条件。

这一趟航程，海上五十余日，是我第一次"放单"独自长行。先父海军出身，侍座之时听他讲说海上的经验：海洋上的风涛浪潮犹如人生,一切变化均有征兆。这次航行所见,的确如此。平常天气,海水颜色灰蓝,海面处处是白色的浪花此起彼伏。如果海波如同呼吸般大片起伏,即是远处的大浪正在接近。海上忽见飞鸟,必是近处有陆地。晚间海上出现片片荧光,即是从陆地漂来的污物。船行忽然船首下落,乃是滑入回流;忽然船首上扬,乃是跨越海沟。如果进入较大洋流,顺水、逆水都会影响航速。

最惊险的一次,则是离开菲律宾不久遭遇的"长浪"。当时值班的水手长发现远处海平面有一线深黑,立刻高叫"长浪",拉响警铃。全体船员迅速各就各位,也将我以布条绑于椅上,再以绳索将座椅绑在柱上,又用救生圈套在颈部。俄顷之间大浪涌来,如墨黑山陵迎头压下,四五吨满载货轮被抛上落下,船头入水,尾部高耸,推动器的翼片离水空转,咔咔不绝。两起两落之后大浪过了,船才渐行渐稳。所谓"长浪",其实即是海啸。船长富有经验,将船以直角冲入巨浪方能脱险。这次的体验让我想起先父的教训:面对难关,唯有正面应对,方可过关!

我在8月中旬到达美国,进入芝加哥大学。就在那前后,又有两桩大事值得一提。第一桩发生在9月底,在穿越巴拿马时,从当地的报纸知悉在阿肯色州的小石城,黑人儿童入学的事引起社会极大的辩论,紧张情绪几乎到了爆炸的临界点。果然,10月份阿肯色州发生第一次大规模的族群冲突——这也是内战以后,美国州政府第一次运用武力,以平乱为由阻挡黑人群众的抗议。这还是联邦政府第一次将州政府管辖的州卫队（state troopers）收为联邦所有，等于解除了州政府的武装。在美国的民权历史上，这一事件乃是一个里程碑。联邦权与地方权之间、州的自主权与人民的公民权之间的两重冲突震惊了世界，也开启了美国社会内部的严重分裂，至今还没有停止的迹象。

另一桩大事，则是1957年10月，当时苏联发射了"太空伴侣"号（Sputnik）。人类第一次发射卫星进入了太空，这是震古烁今的大事！我们可以想象，假如人类是大海中的鱼类——居然有一条鱼跳出海面，停留在离海面几丈的空间，可以瞭望陆地，也可以回顾海水。这是人类有史以来第一次尝试，而且居然成功地使得卫星离开了大气层。

对于美国而言，这个令人震惊的刺激，使得他们忽然警觉：美国并不是全世界最强大、最先进的国家。美国的第一个反应是要迎头赶上，不仅在科学上要重新争回领导权，在国防上也开始发展太空战争的机制。从此以后，列强之间的军备竞争不再是武器层面而已——整个的科技发展，几乎都在为军备竞赛做技术储备。从那时以来，美国的高等教育和科学研究，逐渐失去了为知识而知识的目的，转变成为了安全，或是为了利润；美国科学的发展，更注重于现实实际的需求和应用。这一转变，就变成先后程序倒置的形势了。

在芝加哥我住了五年，感谢导师顾立雅先生（Herrlee G. Creel），他放任我自由学习，我才得以涉猎汉学之外的学科。他自己是古史名家，一对一的讨论课上却经常告诉我他对于美国社会的意见。我从他的谈话中，学到英国费边社的自由社会主义，才认识他在专业学科之外对于社会的关怀。他自己身体力行，于专业研究外颇致力于撰著通识性质的著作——凡此言传身教，我终身受益。在此，我向他致谢。

校方考虑我身体的残疾，让我住在芝加哥大学神学院，上课大半在对街的东方研究所。那是两河埃及考古的研究所，然而，其他文化的古代史研究人员也在这个地方，利用许多有关古代历史研究的图书馆。我们的饭厅就是神学院的餐厅，在宿舍的左边对街。这三个地点，是我日常生活所在，但三个地点我能接触到的对象却很不相同。神学院除了学生和教师，还有各种不同教派的神职人员在此进修；不仅有基督教派的神职人员，许多其他宗教的神学生也在这里学习比较神学。由于这个餐厅价廉物美，芝大许多教职员和研究生也在这用餐。芝大的特殊风气是，端了盘子可以随便找空位，也不管桌子另一边或邻座是否认识——而且常常挑不认识的邻座坐下。坐下之后第一句话往往是："你现在研究什么题目？"在这种环境之下，人和人之间的接触面和交谈的题目就非常广泛。

神学院中一大批神学生，尤其是年轻的牧师，来自四面八方，属于不同的基督教派。在美国基督教历史上，芝加哥一地有相当特殊的传统：许多年轻的神学家，对于有势力、

20世纪60年代明信片中的芝加哥大学东方研究所。其下属博物馆收藏了众多埃及、伊拉克、伊朗等地区的文物

芝加哥大学神学院斯威夫特大厅(Swift Hall)。这座学院哥特式建筑完工于1926年,内部有演讲厅、研讨室、学生经营的咖啡馆等

有资源的老教派，往往不满其官僚老大作风。于是，他们在此地另辟门户，自立教派。这些新教派的年轻牧师崇尚自由，有时候甚至非常激烈。然而，激烈的革命者等到自立教派成了气候，却也变成老大的当权者，又有新的教派革他们的命。因此，芝加哥神学院中的年轻神学生和年轻牧师的共同之处，就是激烈的反叛和自由意识。

战后，20世纪50年代到60年代，美国的年轻人从欧洲和东亚的战场回家，他们见识了另外一个世界，和美国完全不一样。欧洲和东亚都有古老的文化，但是大战结束后，都在兴起最激烈的共产主义运动。因此，在五六十年代，美国年轻人也开始发动思想上的解放运动，到60年代大概到了巅峰，其中一部分人走向虚无，另有一部分人则走向社会主义的革命。在这种空气之下，芝加哥的年轻牧师常常是社区改革和社会革命的先锋队。我与这些人天天接触，大家同桌用餐，共同讨论，吵翻了也无所谓。白天，宿舍中的学生各自上课，客厅空空荡荡；黄昏以后，大家从四面八方回到宿舍，客厅就是大家辩论的场所。由于各人来自不同教派，甚至不同的宗教，这种辩论就不限于严格的神学范围了。许多不同文化的价值观念也变成大家讨论的题目。到了深夜，每个楼层的浴室又成为讨论的空间——在那个洗沐的时间，往往一个题目引起抬杠，双方彼此僵持不下，其他人也各自加入战团。这种"浴室讨论会"多种多样，比正式的学术讨论会的气氛还要热烈，难得看见他们在十二点以前各自回房间。

这种气氛下,我耳濡目染搜集来的信息,其复杂和古怪程度实在是难有其他地方可与比拟。在神学院宿舍,我有幸结识了一位赖威廉（William Lyell）,他帮助我了解不少自由主义者的理念,为我开启了一个认识美国的重要视角。

和这批神学生混成一团,也就避免不了参与他们的政治活动。芝大的校区,跨过一条宽广的草地就是六十三街。那是当时芝加哥著名的复杂地区：六十三街火车站,是从南方进入芝加哥的站口;灰狗巴士（Greyhound Lines）的"石岛"站口,也在芝大附近。经过公路和铁路,从南方来的非裔劳工成批地进入芝加哥寻找职业。新来的劳工到达大城市,职业介绍行、工会的人员和当地的帮会三方都要抢夺。芝大神学院的年轻神学生,看不惯工会、帮会以及那些"猪仔佬"（职业介绍行）争夺这些无知无识的新到劳力,于是也介入战团,帮助这些新到的劳工摆脱各方魔掌。

再者,在芝大周围有许多弱势族群居住的地方,年轻牧师参与民权活动,也主动组织民众抵抗各种恶势力的利用。我和这些小牧师,既是同一宿舍的朋友,又驾驶一部小的高尔夫汽车,后面有足够的空间可以放许多宣传资料和其他用具。于是,他们常常借用我的汽车,出动参加各种活动。有时候,我自己也驾车帮助他们运送必需用品。如此这般,我不知不觉也卷入这种活动,见到了不少以前不知道的现象,也学到了不少书本上读不到的知识。尤其在民权运动的时候,这群神学生发动各处的年轻教友,抵制地方政客把持市政府的所作所为，揭穿他们偷窃选票的伎俩，从旁争夺选民使其不受政客控制。这些活动其实相当危险，可是当时自己年纪还轻，初生之犊不畏虎，根本就不觉得危险就在身边。环顾四周的中国留学生，大概很少有人能得到这样的机会，见到社会剖面的深处。

我在芝加哥读书五年，每年有两到四个月都在医院接受免费手术，矫治我先天的残疾。我住院之处是一家以帮助贫穷病人矫治小儿麻痹症为宗旨的基金会的医院。在病房之中、走廊上、饭厅内，经常会接触许多残疾儿童的家长。从聊天中，也了解了这些来自各方、家庭背景不同的病童和他们的家庭情形。这一段的经历，也是一般正常留学生未必能遇到的。我在这种场合结识的朋友，在出院以后，如果他们的住所不甚遥远，他们的家长常常会邀请我访问。我也因此结识了一些劳工阶层、远乡近郊的朋友。从他们那里，我所获得的见闻非常直接，可能是无法从书本上体会的。

1962年我回到台湾，1970年又到美国。第二次来美长住，落脚匹兹堡，居然一住将近半世纪。十年不走宾州路，却将他乡作故乡。我对美国真正的深入观察，是这五十年之间的所见所闻。我任教的匹兹堡大学历史系，当年是由萨姆·海斯（Sam Hays）担任系主任。这位老同事是贵格会教徒，也是坚信自由主义的学者；他重组了整个历史系，将教研重点放在社会史。我们二十八位同事，大概一半是研究农业和农村，另外一半是研究工业和劳工，都有强烈的社会主义趋向。

他自己又是环保运动的自然主义者——这几种理念的趋向，使别人把匹大历史系看作激进派。其实，我们是持守自由理念、实践容忍的一群人。

我们系的二十八个人，所从事的专业相当均匀地分配在美国、西欧、东欧、南美、远东，再有一小部分是非洲和非裔研究。这种分配方式，又和一般美国大学以美国本国史为主，甚至全部集中在美国本国史的情况完全不同。我们同事之中有非常激进的老共产党员，其激进的程度比当时的苏联和中国的共产党员还要厉害，是第一代最原始的共产党。最老的一位同事曾经参加国际志愿军，介入西班牙反佛朗哥的内战。可是，另外一位同事却是极端的天主教徒。我加入匹大的第二年开始，同事连续三年组织两个专题平行的讨论会，分别以工运和农村为主题；各人分别加入两组之一，也有人两组都参加。我是属于农村这一组，但是只要有空，我也会去工运那一组旁听。这也是难得的机缘，从专业的学者讨论之中，我学到了许多对美国社会的理解。

在匹兹堡，我曾经搬迁过五次，每次的邻居都是不同的人物。将近五十年中这五次的搬迁，我深深体会到，邻居的关系如何逐渐趋于淡薄。最后这一段时间居住在集体公寓，即使邻居关系淡薄，由于共同参与管理大厦的会议，在公寓事务讨论会的会前、会后也可以近距离观察到不同职业、族群、阶层的想法和作风。至于前面几次迁徙，邻居关系基本相当良好，也相当密切。

在住家之外，当然和匹兹堡本地的华人社区有相当密切的交往。我也目睹大型钢铁业等在20世纪黄金时代兴起的基础工业，如何经过它们的辉煌岁月，又如何逐渐蜕变，以至最近的新科技，包括医疗和信息，又在匹兹堡生根、发芽以至于茁壮。许多华人朋友在这些企业单位服务。他们在不同年次一批批进来，又一批批离开。有人原本有着稳定的生活，忽然随着工作变动搬家，或者因为工厂减缩甚至倒闭而失去工作。这些经历于我而言非常切身。将近五十年来，我在近距离中观察到人生的喜怒哀乐、命运的变化无常。更重要的是，我学习到如何在个人的命运之中看到美国大环境。

在这第一篇，我只是将自己初到美国的印象作为楔子。此后诸篇则按照不同的题目陈述美国六十年的变化。那些变化不仅影响了你我之间的生活，更影响到人类文明发展的方向，甚至人类文明未来的前景。是福？是祸？却谁能预知？

今日，书稿得以完成。撰写之时，由于年岁大了，体力衰退，不免断断续续，拖延颇久。完稿后也发现不少缺失谬误。幸而钱兄君复细心校对，提示高见，纠正错误；朱兄云汉，慨允撰序；陈航兄及王瑜女士，安排联络出版；陈珮馨女士为我口述笔录——凡此贤劳，衷心感激。

这半个世纪在美国的生活，都是曼丽与我共同度过。我们同甘共苦，育儿养老。她辛劳持家，照顾我这残废的身躯，抚慰我生活工作的疲倦劳累，二人一体，无怨无悔，白首相依。

谨以这本可能是我最后的著作,呈献我妻曼丽,愿世界和平,让我们余年安宁。谢谢你,曼丽!

第二章

开疆辟土的历程

我们一般人对美国的印象,总以为1620年"五月花"号载来一船乘客,是欧洲白人进入北美的第一次移民。其实在那以前,西班牙人和葡萄牙人的移民已经在中南美和北美的南端有相当大的发展。英国在北美的移民也早于"五月花"号。就在今日佐治亚州的海边,一批移民建设了詹姆斯敦(Jamestown)基地。不过1607年的这次努力并不很成功,基地维持不久人员就全部死亡,只剩下遗址供后人凭吊。"五月花"号到达美洲,确实是西欧白人第一次成功地长久留在北美。每年庆祝感恩节,大家都知道是为了感谢当时在普利茅斯附近的原住民。他们慷慨热情地帮助这些新来的白人度过最困难的一个冬天。然而,很少人还记得,从此以后鹊巢鸠居,这些白人反客为主,终于将原住民排挤于边缘。感恩节,说穿了，是个忘恩的节日。

从"五月花"号以后，英国的移民逐渐开发了大西洋沿岸十三个殖民基地，也就是后来称为"十三州"的美国领土。当时欧洲的另一个强国——法国，也一样投入占据美洲的事业。他们开始是从大西洋的北岸，即今日加拿大的领土，沿着圣劳伦斯河航道与五大湖进入内陆。英人后裔开拓的十三州，据有大西洋岸的领土；法国人的后裔也拥有被称为新法兰西的大片土地，从今天的加拿大东部穿越大湖区向南，占据密西西比河流域的大半。法国还从南面扩展，进入密西西比河的河口，占领了密西西比河流域南面大片领土，以及今天美国得克萨斯州附近的南方内陆。新法兰西的疆域，从地图上估计，几乎是今日美国的三分之一，以及加拿大的一大片。只是法国人的移民并不多，他们的开发者——贸易商和武装部队，在这一大片领土上只能维持若干据点，总人数不会多于五万。相对而言，十三州的英国殖民地却有几乎三十万的居民。法国人在新大陆经常和当地的印第安人合作，自己并没有开发土地，其主要目的在于取得新大陆的资源尤其是皮毛，运回欧洲获利。荷兰的殖民者也借河港地形开辟欧美海路的重要据点——新阿姆斯特丹。不久，英国从荷兰手上取得这一良港，改名纽约。

若论农业部分，英属十三州的白人确实是有自己的农庄，基本上是仿照欧洲既有的农业模式，是耕、牧、采集三合一的农业。这些农庄的规模并不很大。相较而言，法国人并没

第二章 开疆辟土的历程

有致力于自己开发农业。美国农业发展出自己的特色,必须要到美国建国前后。其第一次大发展是在十三州的内陆,而最重要的一次尝试,就在我居住的宾夕法尼亚州西部和俄亥俄河谷。

在美国建国前,有十五六年到二十年之久,英法两国的开拓者从北到南,沿着阿巴拉契亚山脉和密西西比河竞争开拓领土。新大陆的英法战争不止一次战役。当时,在俄亥俄河的三角地带,法国人建立了一个堡垒,称为杜肯堡,就在今日匹兹堡的城区尖端。这个堡垒控制着新法兰西的南北交通中点。英法双方都拉拢原居的印第安部落,这时后者已经学会骑马,也学会使用白人提供给他们的装备。白人还鼓动印第安部落不断彼此攻击。美国开国元勋华盛顿,从青年测量员成长为方面军司令,都在这一带活动。

长话短说。英国人借用游击战术,据有南岸高地的优势,终于攻占了杜肯堡,不过法国人撤退前已经将其毁坏,英国人后来将其改建为今天的匹兹堡。凭借匹兹堡这一起点,英国人建立的十三州殖民地,以及其继承者美利坚合众国,开始向西开发,进行了历史罕见的大规模开拓运动。也就在这开拓运动之中,逐渐形成美国农业的规模和特性。

英国人据有匹兹堡以后,切断了新法兰西的南北交通,十三州逐渐打开西向门户,最后终于把法国逐出今日美国地区,也就是北美大陆的主要部分。

在美国开国前两三个世代,英国殖民地的扩张,如上所说，主要是在北线。更具体地说，是沿着大湖区的南方，由宾夕法尼亚州向西扩展到俄亥俄河流域。他们迅速发展，不久就超越了这个地区，从此更往西延展，乃至今天称为"中西部"的广大平原。在今天，中西部及其周边丘陵地居住的人口约有全美人口的三分之一。美国发展为大国后，这一地带曾经是美国工业的主要基地，也是麦类和乳类产品的重要出产地带。

白人还没有进入时，这一大片土地的森林覆盖率很高，有一个比喻说，一只松鼠从匹兹堡开始，在树枝上跳跃，可以一路跳到芝加哥而不用落地。如果以芝加哥为中心划出中西部，新的开拓地区则不再是以森林为主。那是一大片平原，从湖区往北美腹地延伸，可能是世间罕有的富庶大平原。那里的气候比欧亚草原温暖湿润，也比黄河流域平原肥沃。大平原植被良好，林中麋鹿成群，溪流渔产丰富，平原野牛奔驰，尤其经历了无数土拨鼠挖洞，土质变得松弛而易于耕作。

从美国纽约北部经过宾夕法尼亚州，西至中西部的这片广大土地上，居住着易洛魁联盟族群，各族总人数估计由一万余人至五六万人不等。那里的森林一望无际，湖泊、河流接连不断，气候温和，土地肥沃。凭借渔猎、采集和牧养，他们可以轻易满足生活需求，种植的植物也不过是小片土地上的玉米而已，食物包括玉米、瓜、豆、浆果、火鸡、鹿类；他们的村落规模不大，居住在三角帐篷（Teepee）里。他们活动于田野，随时追逐猎物。这种社会经济方式使其被白人误称为印第安人。这个族群并没有明确的土地产权观念,广大的山林、田野都是属于大家的,大家都有使用的权利,没有"占有"的观念。天赐条件如此优良,原住民很容易维持温饱,也就安居乐业而不求上进。分布在如此广大地域,他们不需要争夺,所拥有的武器不过石刀、长弓、石英箭镞,很难造成致命伤害。联盟内有五个部落,部落选举代表出席联盟会议,每个部落又派出两位长老,构成联盟的长老会。美国立国后的政府体制里面,每州有两位参议员代表,又有按人口比例选出来的众议员代表,其实就是模仿易洛魁联盟的模式。

他们最初与白人开拓者接触时并没有防卫之心,认为你我一样,都有使用这块土地的权利。但是,白人的观念却不如此。白人到达后,圈划土地据为己有,而且不断扩张。于是,冲突就不可避免了。白人凭借枪械、火药,驱赶只有弓箭、标枪的原住民,反客为主掠夺了原住民生活的空间。

在不对等的竞争之下,原住民处于绝对的劣势。在不到两代人的时间里,新来的开拓者人口就超过了原住民。当然,原住民的死亡,并不完全是由于武力的冲突和白人的压迫。最大的原因在于原住民身体中没有旧大陆疾病的抗体——天花、疟疾、肺炎,甚至今天所谓的感冒,更不论霍乱、伤寒这一类的传染病——一旦感染,即成批地死亡。一般估计,只要有这些疾病出现,整个部落可能死亡逾半。

白人的压迫当然也造成了原住民很大的伤亡。他们在逃亡途中，道路劳顿、饮食不济，许多人必然失去生命。白人开拓者中有的是"民兵"，有的是英国殖民地的军队。他们凭借火器袭击原住民的村落，押送他们踏上"死亡征途"，将其驱赶到穷山恶水的"保留地"。他们还将原住民从一处保留地迁移到另一处保留地。从西北海岸延伸到中西部的不断的大规模移民，使得原住民的折损人口估计超过半数。美国建国之后一个世代，即19世纪初，印第安人各部落人口只有数十万人。经过百余年增殖，他们人口逐渐增加，可是依旧被圈在"保留地"之内，即号称自治的nations，领取美国政府提供的生活费苟且生存。一位台大的老同学，偶然申请到一处保留地部落经管单位的工作，处理美国政府津贴部落的款项。数十年来，他几乎全权经手分发家庭津贴、安排健康保险等一切收支出纳事务。由此一例，也可觇见这些原住民之无依无助。

自从白人侵入开拓土地，北美中西部广大的原始森林就逐渐消失了。今日宾夕法尼亚州西部所见的树林，都是新生的林地。代替大片林地和草原的是白人开辟的农场。当时，理论上讲，英国王室拥有全部新开拓的领土，也就是从原住民那里掠夺来的土地。殖民者以英王的名义，将大片未开垦土地低价开放售卖，大概是每亩一英镑的价格。这些拥有土地的统治阶层又可以转包给开发商。例如，伦敦的商人可以在伦敦成立公司申请开发。公司在欧洲招聘人员，由公司签约运送到美洲的新领土。这些新到的垦民，可以领有一定数目的土地。在最初若干年,垦民必须无偿工作,以偿付欧洲到美洲的旅费、购买开发工具的费用,以及耕种权的代价。偿清这些债务后,垦民才能拥有他们领取的土地,但还是得纳税。

1776年,北美十三州独立,成立美利坚合众国。美国不再有英国的开拓公司,然而整个国内经济的运作方式还是相当类似。美国政府号召更多的白人参与开辟新大陆,建立新国家。欧洲许多国家都有开拓公司或是移民公司一类的组织,吸收和运送新移民进入美国。当时正是法国大革命之后,紧接着是拿破仑的时代,欧洲经历了翻天覆地的大改变。罗马教廷的教权萎缩,原来依附在所谓神圣罗马帝国结构上的封建制度也迅速地瓦解。

民族国家有待兴起,欧洲许多地方出现秩序混乱、生产萎缩的情形。大批失业农民,正是美国可以吸收的劳力。纽约港口的自由女神像手举火炬,欢迎新来的移民,号称迎接一切寻求自由、无处可去的人进入这个国家。因此,他们进入美国并不需要签证,也不需要护照——如此慷慨大方的姿态,与今日特朗普政权的排外相比,怎不令人感慨。

有些新到的欧洲移民,会带来一些基本的劳动工具,或者到了纽约口岸后从当地购买一些必要的工具。这些刚刚踏入美洲大陆的人,随着移民公司的指导,被送到可以开拓的地区。当地的大户带领他们往西开展。前者从新的联邦政府取得许可证,也可组织民兵或者武装这些移民,作为开拓的先锋。如前面所说,中西部的开拓在开国以后,开展得非常迅速,主要就是经由如此的机制。因此,新移民的来源不再限于英伦三岛,而是来自欧洲各个不同的地区。他们新开拓的殖民地,也就会重现原乡的习俗风味。

这种领取土地的方式,最适于集体开垦。于是,欧洲白人中的穷困者、负债者,都会参加垦民的队伍,由公司中的承包商作为垦首,这些垦首再率领垦民开拓农庄。1840年开始,爱尔兰连年灾荒,马铃薯歉收,南部百万饥民来美求生。这是百姓穷困流离失所,不得不移民到北美的典型案例。所以,美国爱尔兰裔人数众多,他们英语娴熟,进入美国政坛后俨然成为一股势力。至今,在美国许多族群中,他们仍然是相当突出的一族。

另有一些人是欧洲新兴教派(在宗教革命以后,从天主教脱出来的若干信仰团体)的信徒,他们各有自己的神学理论,也各有自己的民族背景。在欧洲,他们发展的空间有限,于是也组织队伍进入美国的新垦地,领取开垦许可,建立自己的家园。今天在匹兹堡附近,还有荷兰教派阿米什人(Amish)的社区,那是这一教派在美国开拓的基地。费城的贵格会,亦即威廉·佩恩领导的新教派,也在宾夕法尼亚州西部建立了若干社区。他们的地名,如"协和""友谊"等充分显示这个教派的特色。又譬如,匹兹堡不远处的阿尔图纳(Altoona)附近也是如此。有一位俄国的格利金亲王,放弃了贵族身份,出家为天主教神父,带领了一批天主教移民,到宾夕法尼亚州西部来开拓一片天地。如今那里有一个很大的灌溉湖,就被称为格利金湖。

以上种种集体型的开拓,所建的农庄规模必定不小。在他们领地上,一般是有一片城市广场,居住点的中心——教堂、学校、商店、货栈都集中于此,周边则是住宅区。农业的耕作方式是大田广种,与中国小田亩的精耕细作完全不同。也只有如此大规模的开垦,他们才能把不见边际的原始森林短期内就转化为农田。也只有如此大的规模,每个地区的开垦才会配合水利的发展,将湖泊、溪流闸为水库,再以渠道导水灌溉农田。这些渠道往往也就同时发挥基础设施的功能,成为运输物资的运河网络。

以上这种垦拓的方式,在美国的地形、地貌上留下了显著的痕迹。从宾夕法尼亚州西部往西直到落基山下,公路网是方格布局,州郡界线常是直线,社区市镇也是棋盘格的街道。这一大片美国的街区长度,因为初期开拓者的来源地不同,采取的度量衡制度并不一致,但基本上是二三十米之间。在广大的平原上,人工的刻痕完全代替了自然的景观。在人类历史上,如此大规模而长时期的开垦,留下了如此深远的影响,也是前所罕见。

美国建国以后大规模向西开拓已如上述。除此以外,新的移民也在别的方向进行垦拓运动。在密西西比河流域的西边,从俄亥俄河流域向南,有一条阿巴拉契亚山脉,其主峰就在今天的大雾山(Great Smoky Mt.)。我曾经有机缘在不同时期穿越过这条山脉。这些地区的自然景观和中西部迥然不同，山谷窄小，山地高耸，台地也狭窄地分散各处。如此的自然环境，不同于上面所说大田广种，而是以小块农田为基础，农耕和畜养牲口（尤其猪、羊）混合的方式为主。

有两条途径可以进入这个地区：一条是经过匹兹堡，向南进入今天的西弗吉尼亚州后再往南；另外一条则是从密西西比河中游的圣路易斯城往西。到今天，圣路易斯市的路标还是一个大拱门，号称是进入西部的门户——它已经代替了当年匹兹堡作为西路门户的地位。

最初在阿巴拉契亚山北麓落户的欧洲移民，有很多来自英伦三岛的苏格兰和爱尔兰。他们的原乡就是比较贫瘠的地区，在工业还没发展时生活也相当艰难。这两个地区的传统职业，也就是牧羊、养猪和种植田圃作物，尤其是马铃薯和瓜类。宗族组织是他们社会的基本单位。在阿巴拉契亚山区的移民，也就呈现相当强烈的宗族影响。今天我们如果在西弗吉尼亚州旅行，路上常常看见苏格兰、爱尔兰人族称的标志，以 Mac 为字头姓氏。（移民社会的早期，为了争夺土地，曾经发生过族与族之间的械斗。到今天，英文俗语中"Real McCoy"，就是在械斗时期留下来的字眼，表示这个人是 McCoy 家族真正的成员。）

西部电影片中，常出现那位头戴皮帽、手持长枪的 David Crockett，即是此地民间传说的英雄人物。今天的"乡村音乐"，以简单弦琴伴奏为特点，曲调相当单调重复，也是山区文化留下来的纪念。进入19世纪中叶以后，这个地区储备的大量煤矿，为美国的工业发展提供了重要资源。于是，阿巴拉契亚山居民的生活几乎多多少少都和矿业有关。到今天，西弗吉尼亚州的煤矿业已经夕阳西下，石化能源取代了其主导的地位，阿巴拉契亚山区又陷入贫穷的困境。

第三个重要的开拓地区则是美国的南部，也就是密西西比河下游。这一地区原本是法国人开拓的所谓"新法兰西"的一部分。在英法争夺新大陆的殖民地中，法国失败，宾夕法尼亚州西部被英国殖民者占有。广大的"新法兰西"被切成两截，南部这一片和加拿大的那一片远远分隔，彼此间再也无法联系。在欧洲纷乱时，尤其是拿破仑在欧洲称霸时期，法国人顾不上新大陆的殖民地，将这一大片南方的土地以一千五百万镑的价格卖给美国。这里就变成美国新的疆土，被称为南方腹地（Deep South）。这里的移民有相当多是法国后裔和西班牙后裔，其中后者是从南美洲和加勒比海的西班牙殖民地转移到大陆的。

这片被称为"路易斯安那"的土地在出售给美国前，因为气候适宜种棉花和烟草，发展出了种植经济作物的农业形态。由于白人移民人数不够，这些经济作物的农田上的劳动者已经有相当数量是黑奴——他们被从非洲运来，投入美国的农业生产。英伦三岛的移民在购地交易成功后，在此地区逐渐取得了主导的地位，所以南方的大地主和大庄园主是英法后裔共存。这个地区有两个港口，一个是南卡罗来纳州的

《西部牛仔》,约翰·格拉比尔(John Grabil)的代表作,1888年。现藏美国国会图书馆

《发现密西西比》,威廉·亨利·鲍威尔(William Henry Powell,1823—1879)所绘,描绘西班牙探险家德·索托(de Soto)第一次看到密西西比河的景象

查尔斯敦,另外一个是密西西比河口的新奥尔良,都是欧洲和美国南方之间交通的主要港口。新奥尔良是十足的法国情调,包括饮食、舞蹈和音乐,到今天还是观光的好去处。

奴役黑人,是南方经济的特色。自从西班牙人、葡萄牙人发现新大陆开始,因为欧洲与美国之间的航行中间站是非洲西部,于是,葡萄牙人很早就掠夺黑人,运送到新大陆出售为奴。我在匹兹堡大学的老同事,有两位专注于研究黑奴贸易。据他们的研究,从16世纪开始到19世纪,有三千多万非洲人被掠夺为奴。远洋的辛苦和运送期间的虐待,剥夺了至少一半黑人囚虏的生命。

这些黑奴贸易的出资者是犹太人,执行者是葡萄牙人,购买者是英国和法国殖民地的白人农场主。黑奴无处不在,但绝大多数集中在南方的农场上。我们读过的美国名著小说《飘》,对南北战争前后南方的农庄生活描述得相当真实。这些非裔黑奴的生活和命运还不如印第安人,因为他们只是被当作会说话的牲口,没有被当作人看待。信仰上帝的白人,可以公然把同样是人类的黑人当作牲口看待和使用,在我们看来匪夷所思!

到今天,这些业债轮到美国白人赔偿了。非裔种族问题,即使有了民权运动的前仆后继,从南北战争前到今天已经一百五十年了,但其实并没有解决。今天,15%左右的美国人口是黑奴的后裔。美国的有识之士希望能够经过种种立法,提高非裔族群的社会地位。但是,积重难返,黑人受教育程度低、没有工作动力等现状,始终不能得到真正改变。这种种族之间的不平等和冲突,终究还是白人造下的罪孽,他们必须承担沉重的业债。

第四个移民大地区乃是美国的西南方,那里本是西班牙人建立的新西班牙的疆域。印第安人在美洲大陆的分布,最主要的集中地是中南美地区,也就是围绕着墨西哥湾的南方土地。最近十来年的考古研究逐渐证实,来自亚洲的古代移民,的确是经过亚洲、美洲北部的冰桥进入美洲。这些人就是后世印第安人的祖先。他们之中,有一部分留在美洲西北地区,不过那里气候太冷,不能有太多的发展。部分人可能逐渐沿着太平洋海岸向南移动,向东跨过寒冷的山地,但人数可能也不多。最大的一部分人,则是沿太平洋东岸的山边继续南移。这条沿海通道临近山地,可供开拓的空间有限。直到进入气候比较温暖、土地较平坦的墨西哥湾周边,他们才逐渐发展,终于建立几个较大的国家,如玛雅、阿兹特克。在这些地方,印第安人得以繁殖,逐渐发展出高度的文化和社会组织。

据估计,在白人进入新大陆时,美洲的人口可能是两千五百万到三千万之间,其中有三分之二左右生活在墨西哥湾周边。西班牙人进入这个广大地区后,基于单一神的信仰,将原住民视为异教徒和应该被摧毁的对象。白人的愚昧毁灭了这些新大陆原住民文化的遗存,也完全毁灭了他们的文字。剩下来真正的原住民为数非常稀少,大多数都与西班牙语系统的后裔混合，成为一种新的混血人种。

在美国的部分，是墨西哥湾西北边的一块以及太平洋沿岸若干伸展出去的据点。新西班牙曾经拥有比宗主国更多的人口、更大的疆域，但是西班牙人的统治并不是十分有效率。以美国部分而言，他们所建立的治理体系大致不外是贸易站和天主教的传教据点——今天加利福尼亚州和西南各州的地名，带"圣"字的名称很多，都是这些传教据点留下来的遗迹。

在西南各州，包括加利福尼亚州南部、新墨西哥州、亚利桑那州、得克萨斯州等处，原住民的村落和据点众多。他们的总人口至少有中西部和湖区三倍。由考古遗存可以推断，这些地方的人类遗迹前后有将近两万年的演化时期。今天，印第安人的保留地，还是以这一带为数最多。最大的族群被称为普韦布洛（Pueblo），其原意是"村落"，也就是许多房屋结合的聚落。这些古老的据点，也往往就是美国西南地区城市的所在。

西班牙人的控制非常松弛，印第安人更没有自己管理的能力。于是，从欧洲进入美国南部的新移民很自然就跨过密西西比河向西开拓。既然西班牙人没有能力抵抗，美国就轻易控制了这一地区。于是，在1810年，前面所说的"路易斯安那购地"之后不久，美国也以金钱取得了这片广大的领土。

在美国政权到达这里之前，移民已经在当地建立了殖民地得克萨斯（Texas），从墨西哥合众国割出来一块土地，自称为独立国。其实这个"国家"和美国有密切的联系——他们所谓的独立运动，实质上是美国开拓者窃据人家领土的一种方式。到今天，得州的州旗还是一颗星，号称"孤星之州"——十三州之外的一颗星。如今的得州人，在美国人之中依然是作风最大咧咧、桀骜不驯的一群。

加利福尼亚州到华盛顿州的西部海岸，原来是西班牙控制的地区，后来也被美国人夺走了。这一狭长的海岸地带平原很小，大多是崎岖的山地，因此并没有很多印第安人聚落。西班牙人在这一地区的开拓，有一部分原因是希望找到太平洋沿岸的港口，以此为基地逐渐向内陆扩张。然而，他们的立足点分布稀疏，教士人数也不多。在美洲西岸发现金矿后，从东岸跨越落基山进入加州的移民如潮涌入，他们都希望在满地黄金的梦中得到天降的财富。

至于太平洋海岸，即加利福尼亚州以北的西岸各州，欧洲移民则是经由两条途径进入：一条是跨越上述广阔的西部，翻过落基山进入西岸；另一条则是沿着太平洋的南岸路线往北。对于这些欧洲移民而言，最主要的吸引力是19世纪加州发现的金矿。金矿的诱惑，使得全世界各处的野心家和劳动者纷纷进入这块崭新的梦想之地。西北各州还有一些印第安人，然而加州的印第安人聚落不多。

白人占有了加州，取得了主权。这里的劳动者大多是从墨西哥北面而来的混血人种，属于西语系族群，另外一部分则是包括中国人在内的亚洲人。中国的劳工大多来自广东，

第二章 开疆辟土的历程

由招募者成批运来美国。我认为大批中国劳工的输出和当时中国国内混乱的战局很有关系。美国黄金热潮的时代，正是中国太平天国战争的时期，华南地区一片混乱。尤其在太平天国失败后，许多参加过太平天国的军人无处可去，纷纷渡海进入东南亚，最后前往美国寻找新的天地。

华人在西岸的遭遇，与美国其他移民族群相比前所未有的残酷和不公。除了挖掘金矿和淘洗金沙的工作以外，更多的劳苦任务是开拓山后谷地，包括开拓水源、清理丛莽等等。"山后地区"（所谓"山后"，乃是加州沿海各处平原、其山脉后面的谷地与台地）的开发影响深远，那里一直到今天还是水果尤其是葡萄的重要产地，因为它几乎是天造的暖房——谷地没有风暴，气候相当稳定。人们还可以将落基山积雪融化而来的水源，导入谷地灌溉果园。淘金的梦想终于破灭，白人劳工才发现，开发这些农业地区有更大的吸引力。同时在新兴的城市之中，华人开设各种小店，最大的一支是洗衣店和手工业。他们群居在所谓"华埠"的地区，其勤劳节俭不是白人劳工可以比拟的。

美国内战以后，西部也开发得相当好了。这时候，美国铁路业将东岸和中西部连接为一，接通了跨越北美洲的铁路系统。在西岸的华人劳工大批地投入筑路工作，巅峰时期大约有上万人。最艰难的一段是跨越内华达山脉地势最险的塞拉岭。修筑这段路需要在峭壁陡坡上用炸药炸出可以铺设路基的地基，执行任务的华工伤亡累累。1869年，东岸经过中西部的铁路，和西岸往东延伸的铁路在犹他州接轨。贯通美国东西的铁路网终于完成，在接轨典礼上，如此劳累的华工却并没有被邀请。直到最后两截铁轨相接、金钉钉轨时，白人的政商权贵和工人才发现，没有人知道该如何进行接轨。这时候，一班华工抬进四截铁轨，用十六根大钉将接轨的工作顺利完成。白人的铁道主人和贵宾们不得不承认：东西两岸铁道的贯通，华工做出了巨大的贡献。一百五十年以后的今天，犹他州的接轨纪念处才有华工接轨的纪念碑，庆祝这一个美国建国史上重要的事件。

当时，华人聚集在被称为"唐人街"的华埠，生活习惯与四周白人不同。一般的华人，男人依旧留辫，妇女仍然裹脚；华人的语言，在白人听来也觉得奇怪。当时，华人帮会势力极大，帮派冲突时所展示出来的拳脚、刀、剑也不能被白人理解；大多数华人不懂英语，华洋之间无法沟通。于是，白人不仅觉得这些语言不通、服装怪异的外来族群格格不入，而且常存戒心。那时，白人有如此谚语："怪异莫测的华人"（Inscrutable Chinese）。公共媒体呈现的华人形象，通常是漫画人物，要么是斜眼、龅牙、留辫、抽鸦片的"傅满洲"，要么是行踪莫测、灵巧精明的"陈查理"。

华人遭遇的集体迫害，则是劳工界的"排华运动"。华人工资要求低，工作勤快，让白人劳工感到竞争压力。于是，劳工团体开始抵制华人，许多小冲突累积升级为大事件。终于，在旧金山的"沙岸"，即待雇工人聚集等候雇主挑选的

派拉蒙公司的有声电影《神秘的傅满洲》海报，1929年。电影讲述了傅满洲以收养的白人女孩莉亚·艾尔瑟姆为工具，杀掉在义和团运动中杀害自己妻儿的英国军人后代

地方，白人集体攻击华人。另有一次，白人流氓和华人冲突，有白人在斗殴中死亡；白人群起报复，聚集五百多暴民，冲进华埠进行大屠杀。还有一次是在山后的谷地，怀俄明州的石溪，拓殖公司雇用华工和白人一起开拓农地，工程结束后，却由武装职业打手夜半袭击华工居住宿舍，驱赶、强制押送华工登船离开美国——这批华工被送往了墨西哥，不再允许回到美国。

这许多的冲突，最后导致了1882年《排华法案》的出台：联邦法律规定，华人离开后，就不能再入美国；分配给华人的移民名额极少，不论原来居住何处，每年华人移民的总配额只有大约一百人而已。华人进入美国的时间并不晚于许多欧洲来的移民，但是在美国一直居于微小的少数就是因为《排华法案》的限制。1943年，二战期间，列强同意取消了针对中国的不平等条约，美国的《排华法案》也终于取消。然而，直到我从台湾到美国的时期，华人进入美国的移民配额相对于欧洲国家还是远远不如。

百余年来，华人在美国的遭遇，还是居于移民群中最无保障也最没有上升机会的境地。上述从加州被驱赶出境的华工，大多数进入墨西哥。墨西哥人本来就是印第安人、白人和黑人的混杂，而印第安人原本就是亚洲人种。因此，这些华人在墨西哥逐渐融入当地人中。今天在墨西哥的姓氏之中，作为父姓的中间姓，常有"张""王"这类名字出现。而且，在19世纪末和20世纪，中南美争取独立的革命运动中，许多华人后裔投入军旅。秘鲁和古巴的独立运动，就有不少华裔组成的战斗单位，这些国家的军队之中到今天也有不少华裔人士。

修筑铁路的华工，在接通东西两岸的大系统以后，也有被雇用于修筑各处的连接道路。于是，南方沿着密西西比河下游的那些小镇上，常常有华人的小商店。我曾经在阿肯色州的小城约翰波普，偶尔进入一家小店，发现店主是华裔。他们在黑白分明的南方，既不黑又不白，经营着小本买卖，两边主顾都会照顾。小店的主人告诉我，沿着密西西比河，每逢佳节，华人亲友会搭乘当时还在行驶的运货驳船，在预约地点集合，借用农家谷仓聚会。他们的子女也常在这种谷仓的舞会上彼此认识，进而结为夫妇。五十年来，我没有再深入南方访问。既然河上的驳船已经不见了，我也在纳闷这沿河上下的华人同胞会以什么方式聚会。

还有两片美国的领土是最后正式并入美国的：一片是阿拉斯加，另一片是夏威夷。阿拉斯加本是沙俄占领的一块无人地带，俄国的哥萨克武装开拓部队沿着西伯利亚往东，占领当地部落原有的居住地，最后跨过了堪察加半岛，渡过冰桥，就到达阿拉斯加了。那里的居民，是最后一批进入美洲的亚洲人，一般人称他们为爱斯基摩人，但他们自称为因纽特。他们人数不多，生活艰难，在冰天雪地之中，住在圆形冰屋，猎取鱼类和小动物度日。

在 19 世纪末期，英国和俄国争夺霸权，互相敌对。俄国政府以为，阿拉斯加离俄国本部非常遥远，鞭长莫及；与其让占领加拿大的英国人占领这一块两洲交界处，不如卖给美国作为缓冲地带。1867年，这一交易以美金七百二十万成交。这块阿拉斯加冰原，面积是美国五十州最大的一块，计算单价大概合两美分一亩。成交时，有人讽刺美国政府"买了一个大冰箱"。但是，20世纪初期此地发现黄金，到20世纪中叶又发现石油。将来地球暖化，北冰洋可以通航时，阿拉斯加的地位将另有一番重要性。1959年，阿拉斯加成为美国的第四十九州，疆域最大，人口极少。

夏威夷群岛是大洋洲岛屿群中最靠北的一片陆地，纬度很低。在过去帆船航行的时代，很少有船只经过此地。在白人寻找海道的时代，库克船长到达夏威夷，死于原住民的标枪之下。这一片群岛包括一个大岛和五六个较小的岛屿，彼此之间的距离也有百里之遥。原住民的长船，像龙舟一般划行，因此岛与岛之间的交通并不方便；群岛的居民，不过是许多小小的部落群，在每个岛上自求生活。19世纪晚期，他们学到比较进步的航行技术，各岛之间有了接触，才终于统一为夏威夷王国。

那时的夏威夷群岛，被白人开拓者用来种植凤梨、甘蔗、芒果等等；也有一些白人在当地放牧牛群，形成赤道地带的牧场。夏威夷王国其实是在白人的控制之下，徒然号称"独立王国"而已。在20世纪初期，白人垦拓者以杜尔（Sanford B. Dole）为首，鼓动美国政府将夏威夷并入疆土。当时的克利夫兰总统却认为这是不公不义之事,坚持当地保持名义上的自主——实际上,夏威夷只是美国的领地。1959年,夏威夷终于成为美国的第五十州。

到这个时候,美国将拥有的领土整合为五十个州。它还占有波多黎各、萨摩亚、中途岛,以及巴拿马运河两侧地区等领地,只是还没有完全整合于美国体系之内。整体言之,美国是一个由移民创造的国家,它的领土一片一片由白人移民开拓,也由白人移民占领。回顾15世纪末,哥伦布"发现"新大陆,以及白人航海家各处寻找新领土以来,白人在北美大陆和中南美成立了许多国家——凡此都是窃据原住民的土地反客为主,反而将原住民压在底层。

在美国境内的印第安人原来人口有多少,并无确实数目。估计整个北美洲在白人到达前,印第安的总人口可能以千万计,其中百分之二三十在今天美国境内。经过美国一波一波从沿海向内陆的开拓,印第安人被驱赶到最贫瘠的中部地区。有的部落经过四五次搬迁,人数愈来愈少。19世纪下半叶,据估计全美保留地的印第安人口也不过三十万上下;今天,经过一百多年的自然生殖,总人口大概回升到五十万左右。1950年以后,原住民人口回升,据估计是由于婴儿存活率提高,而这又是美国一般医药卫生条件进步所致。

表面上,美国政府称这些印第安族群为"nation"(国族),而且与他们订有相当于国与国之间的条约。因此,在理论上,印第安人保留地是自治的单位。但实际上,他们完全听任美国政府的摆布。保留地内如果发现新的资源,例如石油或煤矿,他们还得搬家。最近的个例是这样的:科罗拉多州的熊耳山是印第安人的圣山,山区有一处保留地,居住族群乃是百年前被数度辗转押送到此落脚,现在因为开采页岩油又被逼得迁移他处。

今天大多数的保留地在犹他州、怀俄明州等处,以及西南部的一些山区。纽约州北面也还有零零碎碎的若干小面积保留地。美国政府支付给印第安部落定额补助费,然而并没有给他们提供教育、医护和提高生活水平的设施。我曾经在美国西南部的亚利桑那州和新墨西哥州发现,当地印第安人甚至不能管理自己应得的补助费,还得委托外面人替他们经管。目睹那些印第安人后裔懒懒散散地睡在屋檐底下,酗酒、吸毒,无所事事,不觉替他们悲伤。

最近一二十年来,一方面,白人在邻近人口众多地区的保留地(例如纽约州)内开设赌场,因为那里是在美国法律以外的地区;同时,又有法令鼓励印第安人离开保留地,加入外面的主流社会。这些印第安后裔没有经受足够的训练和教育,如何能在主流社会与人竞争?白人在保留区内设立的观光和娱乐设施又改变了他们的生活环境,这些原住民将来又如何自存?

言念至此,不能不感慨:美国的建国理念,何等高尚!在我初到时,对于这个国家保持何许理性。经过半世纪的体验方才明白,建立这一国家,有多少弱势人群遭受不公不义的待遇。难道人类的历史，就不能逃离如此残酷的矛盾？搔首问天，天也无言。

附录：1970—1990年美国印第安人和阿拉斯加原住民的区域分布

地区和部门	1970	占比	1980	占比	1990	占比	人口增长率 1970—1980	1980—1990
东北地区	45 720	5.8	79 038	5.6	125 148	6.4	72.9	58.3
新英格兰	10 362	1.3	21 597	1.5	32 794	1.7	108.4	51.9
中大西洋	35 358	4.5	57 441	4.0	92 354	4.7	62.5	60.8
中西部地区	144 254	18.2	248 413	17.5	337 899	17.3	72.2	36.0
东北中部	54 578	6.9	105 927	7.4	149 939	7.7	94.1	41.6
西北中部	89 676	11.3	142 486	10.0	187 960	9.6	58.9	31.9
南部地区	194 406	24.5	372 825	26.2	562 731	28.7	91.8	50.9
南大西洋	65 367	8.2	118 938	8.4	172 281	8.8	82.0	44.9
东南中部	8 708	1.1	22 472	1.6	40 839	2.1	158.1	81.7
西南中部	120 331	15.2	231 410	16.3	349 611	17.8	92.3	51.1
西部地区	408 350	51.5	722 769	50.8	933 456	47.6	77.0	29.2
山区	229 669	29.0	366 291	25.7	480 516	24.5	59.5	31.2
太平洋地区	179 681	22.5	356 478	25.1	452 940	23.1	99.5	27.1
总计	792 730	100	1 423 045	100	1 959 234	100	79.5	37.7

资料来源：美国普查局（1992）；斯奈普（1989）。

第三章

农业形态的变迁

从"五月花"号到达美国开始,那些新到的移民在新的土地上生存。他们最初的生活形态是欧洲的传统小农生活模式,一个家庭占有一小块土地,采取多元经营:养育乳牛,供给牛奶、乳制品;种植一些谷类,满足家用;养育火鸡、猪、羊,提供肉食;在宅边种一些瓜果、蔬菜,同时在附近林地和田野采集浆果或其他果实。这种生活方式能够实现自给自足,并不需要市场。(与欧洲传统的农业相比,中国农业很早就精耕细作,将农产品市场化。市场经济已经将中国的农民纳入一个巨大的系统,农民不能离开社会群体独自存在。)美国早期小农家庭的独立性,也是这个新兴国家人民强调自主、自由的背景之一。他们之间的社会纽带,也因此必须借重农业生产以外的组织。在美国早期,以新英格兰的清教徒为例，教会组织是最重要的群体基础，生老病死都和教会有关。经济形态却是始终保持着个体的独立性。

更多移民从欧洲进入美洲，向新大陆内陆推进。在那些原本空旷的原野，山林中麋鹿成群，草原上野牛奔驰，河流里有各种的鱼类和水生动植物如水獭等。在这个完全开放的环境中，已如前章陈述，原住民并不需要经营定居的农业，仅仅依靠渔猎、采集，生活需求就能完全得到满足。中国东北地区移民在18世纪时曾经有句俗语："棒打獐子瓢舀鱼，野鸡飞在锅子里。"这也正是美洲原住民生活的写照。他们不需要定居在一处，也并不需要季节性的游牧，只要有一块安全的地方安顿妇女儿童。男子们出去获取生活物资回来，全家人睡一个小帐篷就够了。他们的社会组织，即是为了渔猎而结合的群居社群：一群男子结合为一个狩猎的团队，以得到最大的收益。

英国和法国对抗结束后，在密西西比河以西，新到的欧洲移民大群涌入广大内地。他们的生活形态并不只以谋生为主要目的了。他们向内地开发，获取的最大生活资源是兽类皮毛，之后将其运回欧洲再取得欧洲的物资，包括各种手工业制品和家庭需求的生活物品，提供给移民社会使用。白人依仗火枪和其他更有效率的狩猎方式，例如，将兽群包围赶到悬崖，迫使它们跳崖死亡，猎人再割取皮毛。印第安人简单古老的狩猎方式完全不能与欧洲人带来的大规模围猎方式竞争。有人认为在欧洲人开始大规模狩猎以前，美洲的野牛

加利福尼亚州西北部的印第安胡帕人,爱德华·柯蒂斯(Edward Curtis)所拍,1923年。出自他的作品集《北美印第安人》(*The North American Indian*)

数目以百万计，但到19世纪末，美洲的野牛只剩下两千头。将近两百年的时间，居然就使得野牛从此在美国绝种。今天剩下的一些野牛，则是经由近代保育工作重新养育的品种。

除了野牛以外，麋鹿、水獭的皮毛也是移民猎取的对象，不仅自用，也作为运往欧洲的商品。我们在电影中看到向西开发，篷车旁边骑马的好汉常常戴着貂皮帽，住在野牛皮帐篷里面。这种以市场为取向的狩猎活动，就不是过去新英格兰单干小户的农家生活了。他们要依赖采购商收购皮毛获取利润，采购商也带来他们所需的生活用具。采购商组建运输队、仓库，都是有组织的经营活动。他们狩猎的装备，也必须靠外来供给。于是，西向活动的移民们不能仅是乘坐电影中的篷车，而是采取更为复杂的群体生活。猎群之中，人的地位并不平等，有组织猎群的头领，也有后勤、补给，以及分配猎物、换取货币等种种分工。诸项任务，各有职事。篷车英雄们并非仅是开拓地盘，谋求生活。其实，江湖粗犷之外，还有高下强弱之别，他们必须通过复杂的流程分配经济利益。

当然，最吃亏的是美洲大陆上的原住民，即被误称为"印第安人"的族群。他们在组织与武器方面都不能与白人抗衡，被迫东迁西移，而更多的人在抵抗过程中丧失了生命。前面有一章，我们曾经提过，白人没到达美洲以前，今日美国境内的原住民人口在二三百万到五六百万之间；到19世纪末，剩下不足百万。开拓内部的活动，表面上是向自然争取生存的天地，实际上，其中不但有原住民的血和泪，也有成千上万的生物（例如野牛）死于白人开拓者的枪管之下。

在匹兹堡附近，可以看见的遗留还有多元经营的生态小农庄；其分布地区大多是在美国东北各州，包括宾夕法尼亚州在内。美国东北部逐渐进行城镇化，小农庄生产的物品可以供给城镇居民的需求，而这正是城乡结合的经济形态。这种小农经营在美国的山区和人口比较密集的小区还可以见到，只是逐渐商业化，失去了原来的农家风味。

在英法战争以后，英国夺取了整个密西西比河以西的控制权。取得殖民政权发出的开垦执照，一些垦拓公司招募来欧洲的失业移民或是穷户，进入中西部的平原，大规模地开发土地，形成了大农经营的形态。如前章所说，这种大规模农场是内陆土地规划的背景：道路是四方形的，每一段街道的长度，或者公路之间的距离，都是根据各地移民自己带来的规格形成制度。美国中西部和南方内陆的城市，城界、州界都是方方正正的布局。这种大农庄的经营往往是单一化的农产品，有的是牧场，有的是种小麦、玉米的大农场。农场的工人则常常是被雇用的长工或零工，并不全是农家自己的子弟。大田广种的农场经营方式不尽是市场化，更具备了资本主义经营的组织化。

这块大片土地在今日宾夕法尼亚州以西，原是蔽野树林，连绵不断。经过白人开发，原野景观一变。一马平川，田畴不断；所见的树林都是新生的树林。代替大片林地和草原的则是白人开辟的农场。

这些肥沃土地的出产，已经远远超过新移民自己的需要。将这些地区的产品供给美国东岸新英格兰地区的需求，甚至于供给欧洲粮食之不足地区，就必须要有新的交通网络。我们今日称为的基础设施，就是当时作为交流的通道。

18世纪晚期到19世纪初期，美国中西部和东岸的交通只靠四马大车（stage-coach）运人运货，今日货运卡车的母型也是四马或者六马拉动的六轮货车。一辆大车的行驶速度至多日行一百公里，相当于汽车的常规时速。这种运输工具的效率，其实并不经济。于是，1817年开始到1825年通航，美国有了第一条长程运河，称为伊利运河，从纽约河港的哈德逊河，经过三十六道闸口和渠道进入伊利湖，并联系五大湖区域。这条运河的渠道，水多时，可以顺水航行，但还必须仰仗岸上的马队牵曳船只。跨过山林的浅水渠道，更需在河底铺设木轨道，方便船只在浅水上滑行。这种渠道称为portage，匹兹堡不远处还保存其遗迹，供游人参观。水运的成本，大概只是上述马拉货车成本的十分之一。旧日美国东部的大港口是费城，自从伊利运河开航，纽约一跃为美国东岸的主要港口。

运河的运量究竟还是有限。当时，欧洲的火车运输已经相当发达。美国也在1827年架设了第一条铁路，联系东岸的港口诺福克，经过匹兹堡进入俄亥俄。铁路运输的运量和运费成本，又比运河运输省了百分之九十。从此以后，美国政府、民营合作,快速发展铁路网。1869年,从东到西的太平洋铁路公司大铁路在犹他州接轨,东岸和西岸之间终于完成了直接的连接线。在19世纪将近结束时,美国的铁路网已经大致成形。内陆的交通中枢是芝加哥,由此辐射出三条西向干道,分别连接西雅图、旧金山和洛杉矶。向东则是两条干道,一条联系波士顿,另一条联系纽约。南北方向也有三条干道。在南方,以今天达拉斯为中点,有一条干道联系美国的东南部和西南部。这几条大干道的网络上,则有若干区间的次要路线。到19世纪终结时,不包含许多专业的运输路线,例如矿产之间的铁路,而单以成为主、次路线网络的里程,有八十万公里左右。如此大网,堪称世界上最具规模的铁路运输网了。

有了如此巨大的网络,美国才具体地联系为一片。"向西进发"四个字才真正落实了。百余年之久,美国内陆移民一代又一代地西向殖民。一个典型的故事是:内陆小村落的火车"招呼站",一位十八岁的青年,高中刚毕业,提着简单的行李等候来车。在火车鸣笛接近时,站员红旗招摇,火车减速,让这位青年攀登上火车,从此西去。这位青年在西部另一个新开发区找到职业,成家立业,落户生根。再过二十年,他的孩子也出现在火车招呼站,等候西向列车带他前往更西方的开拓地。同样的镜头,一代又一代,不断重复出现,而美国的内陆空间也就渐渐填满充实。因此,美国著名的史学家特纳(Turner)指出,美国历史就是一部向西开发的历史。

西向移民一波又一波移到新开拓的地方。正如上面所说,那十八岁的青年西向殖民,开拓了新的天地,也离开了自己的家庭。英国童话中有三只小猪的故事,他们长大了,各自离家外出,建立自己的新家。我们且将饿狼吹屋的部分放在一边,这个故事本身说明了在英国时代,青年自立的时候就应离家创业。这种风俗说明了英、美西方人家族观念薄弱,成年的孩子必须离家自谋生路。这就是英美式的个人主义。没有亲戚朋友、乡党邻里的援助,每个人必须挣扎奋斗,寻找自己的前途。

诚如上述特纳指出,美国历史就是一部向西开发的历史:向西不断开展,一次又一次将已经稀薄的群体观念继续冲淡。所以美国到今天,个人是主体,从个人到大社会之间没有人情伦理、天然的集合体,只有自愿加入的社会团体。一旦社会的流动性更加强烈,例如,城市化的现象更为显著时,自然形成的集合体也愈来愈显示其短期的暂时特色。这是美式文明的重要因素:个人为自己负责,不负担其他人的责任。向西开发的运动,乃是一次又一次加强这种文化特色的过程。在中国文化的理念,这种态度是人情淡薄;从美国文化的发展背景看,这是启动活力的必要之举。

美国社会经济的转变,就是以铁路网络的快速建设为基础的。从19世纪开始,美国内陆广阔土地的巨大生产力提供了重要的粮食来源。新大陆的产品供给美国自己的市场已

第三章 农业形态的变迁

经充足有余；西向开拓吸收更多的新移民从欧洲、从东方进入这个新的大陆，快速增加的美国的产品，也运销全世界各处。尤其欧洲的市场，如果没有美国的产品，很难以本地的农产品维持欧洲都市化和工业化以后人口增加的需求。从那时起，坐落在芝加哥的商品期货交易中心（Chicago Trading Center），每天挂出来的各种商品的牌价就决定了全世界其他各地商品市场的价格。这一交易中心的挂牌指数，至今和纽约华尔街证券交换市场的牌价一样，具有世界经济发展的指标作用。从这个变化我们可以理解，美国的农业是从内部开发，其意义不再是传统农业的生产，而是商品市场结构的一环。

大田广种，就决定了需要集体分工，而且要采用人类体力之外的能源驱动机器作为耕具来提升效率。美国建国前后的耕种劳动力乃是高头大马（Draft Horse），用来拉动深耕的大犁；收获的农具，则是采用滚动的绞轮。与之相配，必定要壮汉才能驱动这些大马和笨重的大型农具。在欧洲工业革命普及以后，欧洲用来拉动矿产品的蒸汽机也逐渐被改装成为大型的机械农具。当内燃机用于汽车后，美国的农具也改为汽油发动的耕种机。如此一来，农村生活不能只有农夫，也还必须有配套的机构来匹配上述生产形态，例如机械修理铺，能源供应的煤站、加油站等等。大规模农业生产，效率最高的方法是播种同一作物，例如麦类、玉米、大豆、牧草等。作业的单元化，排除了过去小农耕作，如轮种、休耕等经营方式。大量农作物的销售，也要有农产品批发商收购产品，有大型的仓储储存作物。如此经营的方式超越了传统"农耕"的定义，乃是农产的工业化。这一经营形态，当然与现代资本主义的发展息息相关。从此，农业不再只是农民自己求生的方式，而是巨大经济网络中的一环。

美国南方各州，主要是在"路易斯安那购地"案中获得的土地，则出现了另一种大农形态。那些地方适于种植棉花和烟草等高价格的经济作物。在法国和西班牙统治的时代，白人农场主就已经从非洲进口大量黑奴，让他们在农场工作。这些劳动力是从西非海岸边掠夺来的人口。从17世纪到19世纪，美国内战前两百多年的期间内，犹太人出资本，葡萄牙人出船运送，将非洲西岸原住民部落从非洲内地掠夺的人口运来美洲。据我的老同事西摩·德瑞雪（Seymour Drescher）估计，两个世纪内，被掳掠的非洲人口有两千五百万到三千万人。在船上，他们成排躺卧，身上带着颈链、手铐、脚镣，人挨着人被成排锁在底舱。船小浪大，饮食又不好，还不能翻动，加上疾病传染、饥饿等情况，最终能够活着下船的大约不到上船人数的三分之一。

这些掠夺来的黑人在市场被插上标签售卖，就如卖牲口一样。被主人买去的黑奴有一部分成为家事仆役的奴隶，绝大多数人则是农场上的劳动力。南方的大农庄，动辄有二三百人到四五百人农奴在田野劳作。他们从事种棉花、摘棉花，培植、烘焙烟草等种种劳役。他们没有人身自由，也

第三章 农业形态的变迁

没有自己的家庭。奴隶就是主人的财富，可以被任意出售。在美国内战以前，甚至一个大学计算自己的财产，也会有黑奴几百人的记录在案。最近一些著名大学的档案曝光，大家才知道，哈佛、乔治城等所有的老大学无不曾经拥有千百计数的奴隶，作为校产的一部分。

一个大农庄实际上是一个生活共同体。在这个农庄的土地上，工人不仅生产经济作物如棉花，为庄园的主人谋取市场利益；庄园本身也能生产几乎所有的生活资源，包括食物、衣服等等。今天参观南方遗留下来的旧庄园，还能看到旧日的菜圃、果园、磨坊、制作烟熏食物的火房等等。庄园中的白人主人、管家、仆役、黑奴领班与一般的黑奴农民，都可以关上大门一起过日子。在农庄里的黑人已经是黑奴贸易中熬过来的幸存者。那些强悍的、不肯屈服的黑人，要么在路途上牺牲，要么在学习工作的过程中被淘汰了。只有愿意接受命运的人，几代下来，学到以顺服换取生存的特性。另一方面，他们习惯于被人支配，接受主人的命令，所从事的工作也是主人分配的任务。他们不太有自我激励的动机，也并不习惯于从工作中学习和加强主动性。以旁观者的立场看来，这是一种悲剧。也许，美国南方的奴隶制度本身乃是一种生物社会学的计划——将本来自由的人类一分子，硬生生培育为被动、顺服的劳动工具：奴隶。

1940年上映的电影《乱世佳人》，描述的就是美国内战前后南部大农庄的具体情形。美国开国总统华盛顿、开国元勋杰斐逊，都是大农庄的主人。他们的庄园，今天还作为古迹被保留下来，其中，黑奴们居住的小屋和庄园主人的豪华邸宅形成强烈的对比。这些农庄的经营方式和中西部的大农业经营不一样：庄园主人等于一个公司的主人和管理阶层，根据成本和利润原则，决定经营的方式和生产的种类。他们产品的下游，是新英格兰地区和欧洲的纺织工厂，以及各地的烟厂和酒厂。

整体言之，南方的黑奴劳力完全被纳入资本主义市场分工的一环，他们不过被视为会说话的牲口，没有机器以前的"机器"。针对这一吊诡的现象，经济史家罗伯特·福格尔（Robert Fogel）和斯坦利·恩格尔曼（Stanley L. Engerman）写过颇有争议的名著《苦难的时代》（*Time on the Cross: The Economics of American Negro Slavery*, 1974），从大量数据研究得到的结果显示，黑奴农庄上的人均生产量居然并不像想象之中那么低下：黑奴的工作效率其实相当高。究其原因，一方面是因为农庄主人将黑奴看作有价值的物件，并不会虐待和糟蹋他们，因此这些黑奴劳工的生活条件和健康状况基本上不是很差。相对于欧洲资本主义初期的18、19世纪，美国农场上的黑奴劳工的工作条件，比欧洲工厂中童工、女工和一般工人的状况可能还略为好些。

可是另一方面，学者们只注意研究数字，并没有注意到一个人丧失了自由权以后如何还是"人"？例如，主人出卖自己的多余黑人劳力时，可以将母子分开卖——母亲卖给一

《工作结束》,马特·摩根(Matt Morgan)所绘,1887年。画面中描绘了在亚拉巴马州一群黑人带回棉花。现藏美国国会图书馆

监工走过采摘棉花的黑人身边,1917年。现藏美国国会图书馆

家，幼小的童工卖给另外一家，导致母子分隔、配偶离散。这些经济学和数字无法计算的情形，才是奴隶制度最可耻之处。

南方农场上的产品，以棉花和烟叶为主。这些经济作物为工业生产提供了原料。棉花是纺织品的生产原料，烟叶当然是雪茄和香烟的生产原料，它们都不再单纯是农业生产的作物，其经营的方式也是配合市场经济结构。当时，南方的部分产品运到欧洲，另外一部分运到北方以供北方工业生产的需求。北方的工业和南方的农业之间，因为劳力的需求不同，对劳力使用的方式有颇大的差异。南北战争就源于两种经济制度无法协调之下产生的矛盾。南北战争结束后，类似的矛盾基本上还存在。一直到今日，南方和北方基于经济形态而发展出来的人生价值观念都还有相当大差距。

新开辟的美国西南部地区，农业经营方式又别具特色。美国西南部和加州没有大型河流，同时，这里是美国落基山脉的南部两麓，虽然山坡陡峭，但谷地却拥有良好的土壤，加之避风、向阳、气候良好，是农业生产的绝佳场地。加州山区的后山谷地，不再需要种植内陆大平原上生产的麦类、大豆等作物。南方气候比较温暖，季节变化又非常清楚，冬季还不结冰，整个谷地俨然是一个庞大的温室，可以维持较长的生产期。于是南方农业的发展走向果蔬等，例如葡萄、苹果、柑橘、酪果、橄榄、甜菊或者各种莓类：有的是单价较高的食物，有的是值钱的经济作物。

第三章　农业形态的变迁

上述高价值的农产品，都需要大量的水资源灌溉才能成活。但是西南部地区没有大河，也没有湖泊，灌溉的水源主要是落基山脉的融雪。我曾经参加过两次有关保护生态的研讨会，讨论生态对于生活的影响。有一次，一位在美国林业部工作的研究人员特别报道了这些地区集水的方法。这一带山坡陡峭，无法建立大型的水库，目前已没有可以建水力发电厂的地方。受制于狭窄的谷地地形，下游很难再有广大的农地。能够耕种的地方是比较平坦的山谷平原。唯一取得高山融雪的方法，则是在山坡、树林中辟开一条条的集水道，将各处散漫的雪水，逐渐集中然后流入谷地。这种高山水源集中流向谷底，中途没有东西拦截，而以前这些融水逐渐在树林之中渗透，储蓄于林地土壤之中。这种灌溉方式使得树林之中缺少足够维持林地根部的蓄水。他特别指出，美国西南部和加州年年山火漫天，动辄毁坏上千顷的林地。一次又一次的山火更毁伤了山地土壤的结构，到最后就会不断发生山崩甚至地震的现象。如此开发的山中农地，范围愈大，意外造成的灾害也愈为严重。美国式的农耕制始终是大田广种，造成了先天性的生态祸源。2018年整个春夏，这些地区山火不断延烧，地震频率加多，这位生态学家的担忧果然出现了。

南方的生产形态，也是大规模农业生产。每一行果树都是数百米的长度，一行一行排列。其耕种和灌溉设施，也是倚仗机械。可是采集这些价格较高的果蔬，却必须仰仗人力细致地采撷、清洗、保鲜、包装，一件一件处理。那些经济作物，例如酿酒的葡萄、榨油的橄榄、制糖的甜菊，更是必须仔细挑选、分类，如此才能进入加工的程序。凡此"细活"，需要季节性地投入大量劳动力。

美国西南部和中南美距离比较近，经过墨西哥或者加勒比海进入美国南方的拉丁语系族群就成为农场季节工的主力。他们最初是以季节工的形式进入美国农场，忙季过后又回到自己的老家。由于美国工资比他们故乡的一般收入高，这些拉丁语系的劳力慢慢不再回家，情愿留在美国充当廉价劳工。今日，他们毋宁是另一形态的奴工，虽然并没有丧失人身的自由，但是也没有获得应有的公平待遇。这些人工资低薄，工作不稳定，生活也没保障，其实比非洲后裔的美国劳工更为无助。

这些拉丁语系的季节工，即使工作的季节已过，大部分还是选择留在美国，盼望获得较高工资以储蓄家产。于是，美国的人口之中，就累积了不少拉丁语系的新移民。在大城市中，体力劳动或者低收入的工作，就是这些拉丁语系移民集中的领域。季节性的劳工可以合法地入境，工作结束后他们可以合法离境。但是，如上所说，大多数的季节性工人选择留在美国成为黑户。

大都市地区的工作者，有不少也是经由非法移民的渠道进入美国。这种非法移民占了拉丁裔移民总人口的百分之二十左右，而且迅速地增加。在少数民族族群中，他们已经超过了黑人的人口。这些人不是奴工，也并没经历过奴隶制的阶段。他们的心态不同于黑人,而且有共同的信仰——天主教。这些人主要来自中南美各地,不限于墨西哥,但却都是拉丁语民族。共同的信仰、共同的语言,将他们集合为一个共同体。在美国社会中,他们从事最劳累的低收入工作,也因此突显了美国社会的不公。2017年选出的特朗普总统,特别主张拦阻这些拉丁语民族进入美国,反映出这个族群的存在已经成为美国社会问题的一部分。

从内陆的大农场,到南方的棉花田,再到西南部的果蔬农场,由于都是市场结构下的一部分,其生产方式往往是单一产品的大量生产。论经济效益,这种生产方式还是最合算的。然而,这种经营方式有许多内在的缺点:一方面,同一块农田经常种植同一种作物,也就是消耗同一种肥力,农田肥力的更新有极大的困难;另一方面,大农耕作往往依赖机械,后来又依赖化肥和除虫药,为了经济效益而发展的技术,对于农田来说则是无情的蹂躏。

再说一点我自己的经验。我到芝加哥大学的第一个学期,在埃及古代史的班上,认识了一位内布拉斯加州的教授。他在林肯市附近的文理学院教书,每隔三五年到芝加哥大学进修一学期。感恩节假期,他邀请我访问他的家乡,那是一个农业地区,一部分是牧业,一部分产麦。他的学校设在当年开发的一个社区中心,我在那里住了三天,由他陪伴参观大农庄的作业程序。我因此领略到,农工业与传统农业之间有着巨大差别。

当时正是冬小麦播种前。大型的耕作机和一辆二十轮的大卡车规模相近。耕地时,前面的一排有四个犁,同时推动翻开土壤达六十厘米深;后面跟上来的碎土机,则将翻开的土块裂成碎块;耕耘妥当以后,播种机也是一排四个耧斗沿线播种。一片农地大约十公顷,大型机械从中心往外一圈圈耕种,耕完农地回到道路,再转入另一块农地。

作为旁观者,我的感觉是:这不是机器耕地,而是农地卷入机器了。我没有看见收割的流程,但从他告诉我的方式来说,收割也是如此,只是犁头换成卷绞器。我问他收割以后,根和茎如何处理?他说,麦秆作为牛的饲料,余下无用的部分一概作为燃料。我再问,全部耕完以后,大雪覆盖以前如何处理?他说,听其自然。我再问,秋冬之际大风起时,这些耕散的土地怎么处理?他抓着头回答说,这是大问题,我们每年要丧失一层表土,每年都必须耕得更深一层。他因此提醒我说,美国西北角上的爱达荷州的马铃薯田,土壤是千万年来累积的火山灰。据他的理解,两百年不到的时间,爱达荷的火山灰土壤已经飘失了一两米;再过一百年,就没有火山灰可用了。内布拉斯加州有最好的土壤,也因为只种麦子而没有轮耕,而且休耕时期不断土壤飞扬,他预料一百年以后这里将可能变为沙漠。

当然,这种大田广种的模式,为了改善土壤的肥力、提高产量必定有"绿色革命"以来的新措施。"绿色革命"最早开始于英国,利用人工化肥、选种培养、杀虫、灌溉等方法，提高了单位面积的农产量，其成绩斐然可见。在美国，"绿色革命"的开始是在20世纪初期，约略算来是第一次世界大战前后。美国人口剧增，工业化也开始大幅迈进。内陆的各州都有新设的州立大学，由州政府画出一些土地作为校区。这些新大学的任务，即是开发农工技术。另有一些大学，则是培养中小学的师资。有了新设大学在各州投入发展农业、工业的研究，各地都为了提升产量、改进技术，大力推广与实践其获得的知识。

确实，从20世纪的初期以后，美国农产品的质量超越欧洲国家的水平。但是，"绿色革命"的代价也是无可补偿的。由于杀虫剂广泛使用，世界上帮助植物成长的昆虫已经大量地消失，依赖昆虫维生的鸟类也随着大减。到了四十年前，《寂静的春天》这本书就说明，人工杀虫剂累积下来了多少孽债。选种、培种的后果是农作物的品种逐渐减少——到今天，自然成长的农作品种已经所余无几。全世界的主要农作物品种，几乎都集中在孟山都这一类大型农化公司。人工肥料的使用、种种生化刺激剂的使用，后果是直接影响到人类的体质甚至导致某些疾病。人类自己创造了非凡的新农业，也引发了无可挽回的灾害。

总结言之，美国的向西发展，形成了美国历史的独特性。这个殖民过程本身，也是美国经济发展的过程。经过三百多年，直到20世纪开始，美国的工业化现象逐渐取代向西发展的大工程，成为美国经济、社会与文化的发展动力。然而，上述西进历史，的确在美国的经济制度上，将天赐的处女地转变成一个新国家的国力基础。所谓发现"新大陆"，其实是白人掠夺这块印第安原住民家园的资源。美国利用非裔黑人和拉丁语系劳工作为劳力，则是人类历史上大规模剥削低价劳力的恶劣记录。

人类历史上，处处都充满了人剥削人、人掠夺人的丑恶现象。美国的开拓，是人类值得骄傲的成绩，可也是充满了"人吃人"现象的罪恶。这大片处女地的开发，也留下生态环境的损失、族群之间的冲突。美国独立精神显示了个人主义代表的自由观念，过度发挥则出现人情冷漠、趋利忘义的严重弊端。种种利弊之间，如何加减乘除？实在令人困惑难解。

第四章

工业化的过程

在上一章,我们讨论过美国农业的发展。自从中西部开发以后,美国的大部分土地都已被开发,生产出大量的农产品,国力也充沛了。然而,美国国内的工业规模,却还不能供应自己的消费需求。到18世纪末期,许多日用品仍旧需要从欧洲进口。美国依靠足够的粮食和皮毛,直接换取欧洲的产品,也间接地经过欧洲的商贩取得亚洲尤其是中国的商品,以满足国内市场的需求。

举例言之,美国人口增加了,然而日常的衣着依旧主要是毛织品和皮革类。美国的牧地固然广大,野生动物也不少,然而仅仅依赖动物皮毛作为衣着的主要原料,却仍旧不敷日常需求。于是,中国出产的棉布"南京布",从长江下游经过欧洲的商贩转运到美国,其数量由18世纪初的年销十余万匹逐渐增长。到了18世纪末期,中国运销美国的布料数量达三百万匹之多,超过运到欧洲的数量。"南京布"三个字成为欧洲和美国的专有名词,代表中国出产的布料。这一市场的扩大,似乎与美国向内陆开发的过程同步进行,也就是说,美国的人口增加了,衣着原料的来源则以中国为主要产地。[1]

1820年左右,中国布料在美国的销路逐渐减少。在美国北部的波士顿等地出现了美国第一批的工厂,主要的产品就是布料。这一现象和南方大型庄园种植棉花也是相关的。新兴的工业经济植根于新英格兰地区,南方的棉花田则成为南方经济主干。美国以纺织业作为工业化的第一步,而历史上欧洲的工业革命也是从毛纺业开始。只是,欧洲毛纺业的工业化主要在梳理羊毛和运送原料与产品,而美国的第一步工业化却是从棉纺织起端。近代历史上,第三世界各国逐步工业化的过程,也往往是从服装业为主的轻工业起步。这些类似的现象似乎说明了,工业经济的开始,必须要等待市场上有足够的资金,才能摆脱农业生产的周期性,从而构成一个整年需求资金和原料的生产制度。

美国工业化的第一步,正是因为内部的开发已经到了相当的程度。美国的经济有了足够的资金,可以支持工业化的需求。另外一方面,大量土地开发,吸引了许多欧洲的移民。

---

[1] 郭卫东,《丝绸之路续篇:"南京布"的外销》,《浙江大学学报》2017年第3期。

第四章 工业化的过程

他们在开发过程之中逐渐站定脚跟,从进入美国的一无所有的劳动者,成为拥有资产的农场主人,或具有特殊技能的独立技师。这些人构成了美国工业化的骨干,也提供了工业产品的市场。

如前一章所说,美国内陆的开发与铺设铁路网,是同步进行的建设项目。建设铁道、铁轨、桥梁、路基等等,都需要钢铁;铁路上行驶的列车,车头引擎本身也是钢铁铸件;运送物资的"车皮"(车厢),虽然有相当部分是木构的,然而整体的结构也是钢铁制品。单以铁路建设的需求而言,美国就需要大量的钢铁,这就为什么美国重工业发展的第一步即是铸铁炼钢。

美国的铁矿储藏主要在五大湖地区,从威斯康星州延伸到宾夕法尼亚州:这一大片滨湖地区的山地,地下都有铁矿。从纽约州经过宾夕法尼亚州西部进入阿巴拉契亚山区,则是美国煤矿的重要储藏区。世界上很少有铁矿石产区能拥有如此良好的配合:铁矿区和煤矿区一部分重叠,大部分比邻,而中间又有大片的水道可以作为交通道路。于是,从匹兹堡到芝加哥这一条线路,就成为美国炼钢业的重心。我在匹兹堡住了四十几年,眼看着这个钢铁之都经过百年的历史由盛而衰。匹兹堡居民都知道,几乎每一栋房子的地下都可能还有煤矿可挖,或者已经被挖成空洞。匹兹堡旁边的三条河流,在我刚到匹兹堡时,不断有大型的拖船拉动十三节驳船,那些都是运送煤渣、铁砂的船只。钢铁业每天需要几万吨的原料，生产数量可想而知。

住在匹兹堡的人，也都经历过空气污染的痛苦。我们刚到匹兹堡时，学校的"学术之塔"（Cathedral of Learning），也就是学校的总办公室，遍体都是黑色。钢铁业衰败以后，经过风吹雨打，现在这个塔居然被雨雪洗白了。当年，钢铁业最盛的时候，每一家冶钢厂附近都有几家华人的"洗衣房"，洗涤当地人晚上休工时已经乌黑的白衬衫。在70年代，匹兹堡是不夜城，白天固然雾蒙弥漫，晚上也是彻夜半天红云。当时这个"钢都"出产的钢铁量，是全国总产量的一半。从匹兹堡到芝加哥附近的印第安纳州加里（Gray），一个接一个都是钢铁工厂。美国生产的钢铁主要是供应国内市场，也只有如此强大的钢铁业，才能撑持美国一百多年重工业不断更新和继长增高。

钢铁业的发展，恰巧配合了美国市场全盘的提升：城市的建设需要大量的钢材作为建筑的材料，道路网一处一处开拓，许多桥梁也要由钢铁制成。这些需求，配合上面已经说过的铁路网需求的铁轨、车皮，以及航运上需求的驳船等，使得美国的经济活跃地进入新的阶段。钢铁业配合必需的焦煤，成为最基本的一种工业。卡耐基（1835—1919）的"钢铁集团"，大刀阔斧地兼并同时并起的许多钢厂，成为最大的一个炼铸钢铁集团。到了19世纪末期，美国的钢铁产量占全世界总产量的40%以上，其中卡耐基集团的产量占了美国产量的一半。卡耐基集团的财富，在19世纪的晚期举世数一数二。美国钢铁业的霸主地位继续维持，一直到1960年代才开始下降。1980年以后，美国的钢铁业在世界上失去了竞争的优势。其中缘故，将在另一章讨论劳资关系时再加陈述。

我住在美钢的中心匹兹堡四十几年，目睹钢铁业在这城市的影响。匹兹堡地区多河多山，跨河跨谷的大小桥梁数以百计。观察各种桥梁，都可以看见不同的设计。自从有了钢材以后，人类造桥的方法就远超过去木桥和石桥的可能性。木桥通常只能平架，石桥可以做拱门；钢铁的桥梁，除了这些之外，还可以利用张力形成各种重力的平衡和分摊，建构为众多不同的形式，例如梁桥、桁桥、拱桥、吊桥、斜张桥、悬臂桥、组合桥等等。中国近来建筑了不少悬臂桥，匹兹堡的桥梁也有如此设计。中国建桥工程的鼻祖茅以升先生就曾经在匹兹堡卡耐基理工学院进修，并是该校早期的博士。

钢骨建筑的高楼大厦，也比木造、石造和砖造又多了很多的可能性。举例言之，过去欧洲的大教堂大多是石材累积建筑的哥特式，以精巧的方法将石块镶嵌做成拱形来承担重量。这种建筑巧妙地利用了力学的原理，类似中国建筑的斗拱设计，也是用榫接匀摊重量。钢铁用于建材则更胜一筹：有石块的坚固，有木材的方便切割，又加上本身的可塑性。于是，钢骨的建筑就能在高度和面积上有无限发展的可能性。

我执教的匹兹堡大学，行政大楼外表看来是高耸矗立的三十六层高塔，中间看则有许多拱门，似乎是一栋哥特式教堂的变形。实际上，这座大楼是从钢梁骨架开始建筑，先有中心的大钢架构，一层层从上往下建筑。钢架上面再用混凝土和木材，做每一间的隔间和地面。从上到下一层层扩大，都悬挂在中心架构之上。匹兹堡美国钢铁公司（U. S. Steel Co.）最后建造的美钢大厦，全楼都由钢结构和玻璃组成，楼层的单元均悬挂于外露的钢铁结构。这种方式的摩天大楼，改变了大城市的景观，也改变了人类的生活方式。

19世纪下半期，是美国工业化的重要转折点。这一时期天降英才，在市场经济的制度下，出现了许多影响美国整个经济形态的重要人物，他们龙腾虎跃，各擅胜场。在传统的国家，重要的领导者是帝王将相，在美国则是一群大企业家主导着社会的发展。上述的卡耐基是其中之一。紧接着钢铁与煤矿业的发展，第二阶段的美国经济就有电力业、汽车业和石油业这几个主要的产业。在钢铁和煤矿发展将近成熟的时候，这几个主要产业陆续开花结果，每个行业也都有具有代表性的领头人物。

先说电力业。天然的雷电早就引起人类的注意，欧洲启蒙时代也认识到电是一种力量。电的使用在欧洲开始发展，而且人类已经知道采用热力推动涡轮发电机发电。因此，电力业的发展并不是从美国开始的。电力业在美国跨出的第一步是电报。莫尔斯在1837年发明了"莫尔斯电码"，将二十六个字母分别以点和线代表，只需两个动作就可以打出

匹兹堡大型炼钢厂琼斯和克劳林钢铁公司的白天,詹姆斯·米尔莫(James Milmore)所拍,1951年。现藏卡内基艺术博物馆。该公司鼎盛时期曾雇用五千多名工人,但于1977年倒闭,高炉亦在20世纪80年代拆除

匹兹堡高地区,1935年拍摄。现藏宾夕法尼亚州立档案馆。在20世纪一二十年代,钢铁厂的工作岗位吸引了数千名南部黑人前往匹兹堡,而高地区成为匹兹堡最著名的非裔美国人社区

文字。在美国开发之时,交通并不方便。然而,内部的产业和外面的市场之间,必须有良好的信息传播。莫尔斯和他人合创的西联电报公司(West Union),在当时是内陆与东岸大城市之间主要的联络渠道。不仅商品市场上的价格可以经过电报彼此沟通,西联的汇款服务也深入民间。任何人都可以到西联的分站交款,指定汇给某处的何人;收款人得到电报,就可以以此为凭在当地西联的分站领取汇款。

贝尔(1847—1922)是北美第一位发明电话的人物,又将电报的功能扩大为直接的通话,他的贝尔电话公司(后来的ATT,美国电话电报公司)铺设的电路网,配合铁路线分布各处。ATT将西联的电报业务夺取了一部分,但是从来没有进入汇款的服务。贝尔雄才大略,将电信工业推广为全国普及使用的事业。他也是上面所说辉煌群星之中的一颗明星。到今天,贝尔实验室还是电力业和电子业的主要研究基地。这个实验室并不单纯研究实用的科技,ATT的研究工作有很大的部分,是理论性和基础性的科学研究。[1]

爱迪生(1847—1931)是发明奇才,一生曾经拥有过两千余种专利权。虽然他的发明很多是根据别人已有的事物加以改进,但是他的改进往往是关键性的。在他发明的事物之

---

[1] 意大利人穆齐(Antonio Meucci)在1850年就发明了电话,却没有申请专利。贝尔申请专利是在1872年,那时有三人同日提出申请,包括爱迪生在内。贝尔的设计略高一筹,经过比较获得发明电话的荣衔。这一公案有关人士涉讼百年,2002年,美国众议会269号决议案才陈述始末,表扬诸人的功劳。

中，最普及的一个项目是电灯泡。到今天，电灯泡的基本设计虽然有改变，但万变不离其宗，没有脱离他立下的基础。爱迪生留下的大企业是GE（奇异电业，或称为美国通用电业），到今天还是电器业的最大基地。从电灯泡开始，这个公司和它的前身门洛帕克实验室（Mello Park Laboratory）推出许多日用家电，包括电唱机、电影放映机等等。走入美国家庭的大大小小数十种家电，不少是GE开发的产品，到今天GE还是响当当的品牌。爱迪生组建纽约交流电的输电网，更是美国电力业发展的重大事件。

以上所说的三个项目彼此相关，也因为有了这些和日常生活相关的电器，才引发了以热力发电的需求；然后人们又转变方向，利用水力的冲击推动涡轮，发展出水力发电行业。水力发电节省热能，又不会如同烧煤造成空气污染，终于成为美国主要的电力来源。直到核能发电的产生，才出现另外一个新的发电方式。这一系列的变化，从"莫尔斯电码"应用电能开始，也就是从19世纪的中叶直到今天，电能还是日常生活和能源工业的重要环节。美国的水力发电体系，在一战以后、二战以前由政府主持修建。他们在各处河床狭窄、水流湍急的地方筑坝蓄水，以水力冲击涡轮机发电。尤其是在美国20世纪经济大恐慌时期，政府主导了一些大型的水力开发，也为社会创造了就业机会。这些大型的水利工程之中，最著名的是西部大山中的大古力水坝，那是美国的高坝发电站。另一个著名的水利工程则是"田纳西流域综合开发工程",集发电、灌溉、防洪为一体。

进入20世纪,汽车业和石油业成为重要的产业项目。美国的铁路网已经四通八达,但是铁路未及之处,还需要公路系统作为转输。于是,汽车应运而生。发展汽车的构想,在欧洲早已有过很多尝试,最常见的方式是以蒸汽机放在不需要轨道的车辆上,使之作为运输的工具。直到内燃机出现,能够使用蒸汽之外的热源,汽车设计才有了可能。在美国开始寻找适当的车辆设计时,欧洲已经做了很多前驱的工作:除了上述内燃机的发明以外,法国发明的橡胶轮胎,也是关键性的突破——有了轻而坚韧的橡胶轮胎,车轮的弹性和耐久性的问题才得到较好的解决。

在欧洲人寻找合适的汽车设计方案时,美国后来居上,出现了许多家汽车厂,彼此模仿设计,但终究是殊途同归,逐渐走向相同的方向。现在著名的道奇公司,在当时已是比较出色的一家。1890年时,美国已有三十家汽车工厂,每年能生产二千五百辆各色"自动车"(automobile)。当时,在美国大约有八千辆车行驶于道路,二轮、三轮、四轮,不一而足。这些机动车辆有使用蒸汽作为驱动力的,有使用电池的,以汽油为燃料者却居少数。

汽车界最成功的企业家是福特(1863—1947)。这一位学徒出身的人物,于1896年在底特律的爱迪生公司担任工程师,设计了他的第一辆汽车,号称"四轮车"(quadri-cycle)。1900年,他在众多不同的汽车设计比赛中脱颖而出,赢得第

第四章 工业化的过程

一名。在这基础上，福特终于推出了设计合理的福特汽车。而且，他开始规划"生产线"的流水线作业：不由一组工人个别打造一辆汽车，而是将生产程序切割为诸多环节，每个环节生产一部分，然后拼合为一，成为完整的产品。

1906年，福特的T型车整合了许多过去设计的优点，构成一辆具备现代汽车基本结构的款式。过去每一个厂的每一批汽车都可能与另一批不同，经过生产线的设计后，同一工厂的产品可以完全一致，而且零件可以互换，这才使得汽车工业进入大规模生产的阶段。福特也考虑到工人的待遇，主动提供良好的工作条件：他提高工人的工资待遇、安排他们每周工作四十八小时、年终可以得到奖金等等，以激励工人的工作意愿。福特公司的员工，还可以优惠购买本公司产品。于是，每一个工人既是生产者，也成为福特车的购买者。这些经营的观念与众不同，在劳资矛盾非常严重，而且常常发生冲突的时代，福特的员工和公司之间却关系和谐，能够发挥高效的生产能力。因此，福特成为汽车业无可否认的巨头。虽然其他公司也有不错的出品，但是论到汽车工业，"福特"几乎成为汽车的同义词。

1913年，联邦政府铺设了一条"林肯公路"，将东西两岸连接为一。于是，美国两岸之间除了铁路以外，也有了第一条联邦建造的州际道路。这一措施对于汽车的销产有极大的帮助。州际公路的出现，也发挥了重大的经济效应。在经济大恐慌的时代，联邦政府发动了大规模的公路建设，希望以工代赈,使失业的劳工能有工作。这种大规模的公路网络的建设,也能够使得物资流通更为方便。从此以后,各州政府也纷纷筑路,逐渐形成了一个覆盖全美的公路网。其具体的作用,不仅是在经济大恐慌时代的临时措施,而且将美国的许多产业联系起来,"货畅其流"得以充分开展。到1956年,艾森豪威尔总统在任期内,推出了建设全美州际公路网的大计划。今天美国的主要公路干线和它附属的许多州路和地方路,编织成极为绵密的公路网。这一公路系统的完成,影响不亚于当初铁路网的出现。关于这一措施的具体影响,我将在其他章节中予以讨论。

汽车的内燃机使用汽油。美国最早发现石油是在宾夕法尼亚州的石油城(Oil City)。这座城市位于匹兹堡北面,大约一个小时车程就可以到达。石油在美国历史上被称为"黑金",油矿的出现几乎和西岸的黄金潮出现一样,引发寻找油矿的热潮。当时石油产品最主要是用于点燃煤油灯:家家户户都需要夜间照明,这个市场的需求本身构成一项产业。众多寻找石油的人物之中,只有洛克菲勒(1839—1937)认识到石油的未来:它不仅是照明原料,还可以作为燃料——将石油提炼成为汽油和柴油才是更有前途的经营方式。洛克菲勒在这方面发挥雄才大略,不断兼并许多小油公司,合并为垄断全国油源的大公司。由此,他找到最有利的经营方式,致力于从原油提炼各种等级的燃料。

限于汽车本身的体积,汽车的引擎必须选择热能功效最

第四章 工业化的过程

高的燃料,才能于有限空间携带足够燃料供应长途行驶。从此,汽车业和石油业成为不可分离的孪生弟兄。洛克菲勒的标准石油公司(Standard Oil),俨然垄断这一行业的经营。在罗斯福总统时代,自由主义的经济学家认为垄断经营妨害合理的市场竞争。于是,政府制定了"反托拉斯法",将标准石油分割为若干规模较小的公司,也将采油、炼油、石油的销售分割为石油工业不同阶段的产业。

20世纪的初期,航空工业出现了。莱特兄弟经过许多次的尝试,终于在1903年12月17日驾驶自行研制的固定翼飞机,完成人类飞行的梦想。在使用飞机以前,利用巨型的氢气球吊挂汽艇,"齐柏林"号已经实现跨洋载客,飞行于欧美之间。但是,这种飞行器载客量不大,速度又慢,而且有焚烧坠落的危险。固定翼飞机的出现,淘汰了汽艇。如果没有汽油和内燃机,飞机的设计不可能成功。飞机出现以后,整体的航空工业,包括飞机制造以及机场的设计、管理和服务,又开拓了另一个庞大的产业领域。美国的航空业从开始就居于领导地位,直到二战时期英国人发明了喷气式飞机,才代替了涡轮发动机成为飞机设计的主流。

也许有人会问:在19世纪末期到20世纪的初期,有许多产业界的明星出现,为什么在20世纪以后,却很少出现这种大人物呢?我想主要的原因在于,美国的科学研究与技术发展之间经过几度合作,形成了良好的分工体系:学校的学术研究开启科技新领域,提供机会让有心人利用这种技术创业，进而转化为大规模生产应用。在20世纪以后，就很难真正找到谁是发明人，大多数的发现都是集体的成就。

19世纪末期到20世纪初期，大概经历了三十年，美国实现了国内经济的起飞，从此不再是欧洲的附庸。北美经济繁荣富足，已经超越了欧洲。然而，盛极必衰，长期的荣景终于碰到了1929年开始的大恐慌。在1914年到1918年之间，欧洲列强为了争夺资源和市场，展开号称"第一次世界大战"的欧洲战争，浪费了许多发展机缘，更不说战争带来的破坏和消耗。美国最后参战，决定了英、法一边的胜利。当时美国以新锐的姿态参战，压倒了战后衰败的欧洲。这时候，美国在全世界俨然跃升为最大的经济体。可以与之抗衡的唯有大英帝国，但其经济实力依仗剥削殖民地市场、劳力和资源，而美国却是以自己的资源、自有的市场作为根本。当时，史无前例的富有使得20世纪初的美国充满了乐观的气氛。胡佛总统甚至说，美国不再有"贫穷"两个字了。

美国极度地扩张，每一个产业都是高速度的增产。但是，市场的吸纳力并不能与此配合。另外一方面，美国的华尔街证券市场还没有体验过失败的滋味。融资来的货币快速投入一片荣景的证券市场，更刺激了工业经济的极度膨胀。膨胀到达一个临界点，已有的市场无法吸纳过多的产品，则会出现产品没有销路、产业迅速紧缩导致企业倒闭的情况。投资证券的普通人忽然发现，自己多少年的储蓄因为公司纷纷倒闭化为泡影。连锁反应的后果是：1929年10月

24日，这个"黑色星期二"，证券狂跌到底，整个市场崩盘。这就是大恐慌的开始，其对美国的产业经济乃是致命的打击。股市崩盘的连锁反应，使得欧洲和东亚的经济也都蒙受巨大的冲击。

这一次经济大萧条中，无数劳工因为工厂倒闭而失去职业；技术人员和专业人士本来是中产阶级的主要成分，也因为收入减少甚至失业，沦入贫穷的边缘。原来富裕的工厂主和商店老板，一夜之间发现自己债台高筑。人类历史上，从来没有出现过如此巨大的人为灾害，其效应之强烈居然超过了天灾和战争。

将美国从大恐慌中拯救出来的，是罗斯福总统的新经济政策。许多经济学家对于经济危机所导致的大恐慌提出了理论上的解释。英国经济学家凯恩斯（1883—1946）的理论则是有效治疗的依据。凯恩斯不再从生产的供给面考虑经济发展，而是从需求面讨论市场的稳定。于是，罗斯福的新政是由国家在很短时间内扩大支出，兴办诸如修桥、补路等种种公共建设工程以创造就业机会，使得失业的劳工获得工作，恢复一些购买力；另外一方面，国家贷款帮助企业取得资金，又对企业界减税以减轻企业界的负担。如此双管齐下，经由公权力的干预，政府利用货币政策扩大了社会的购买力。凯恩斯理论之下的新经济政策，即便使政府短期内背负高额债务，但等到经济复苏以后，活跃的企业发展又可以恢复企业界本身的利润，带来整个社会劳工收入的增加。企业利润和个人收入的增长，相应地会导致政府税收的增长。如此一来，政府就可以借此回收过去的公共负债；整体言之，还是值得的。凯恩斯理论对美国经济影响极为深远，直到今天，我们发现这一个理论仍旧占据美国公共政策的指导地位。

罗斯福新政另一个重要的部分，则是创始性地规划社会福利制度，由政府给予失业劳工生活补助，使得老、病、失业者可以有维生的机会。这一措施，是美国踏向社会福利国家的第一步。从那个时候开始到今天，社会福利制几经变化，也不断扩大；虽然还没有北欧三国实施得全面，也已经成为美国公民生活之中不可缺少的环节。在美国式的福利制度之下，公权力与公民的自由之间如何取得平衡，还有许多讨论的空间，此处不赘。

20世纪，全世界曾经经历两次世界大战。一战的影响将全世界拉入大恐慌，二战的出现实际上是一战未了的许多问题积累爆发的结果。这两次战争中，美国都是先以局外人的身份旁观一个时期，然后在关键性的时刻投身参战。两次战争对美国的经济尤其是工业的发展，有极大的正面影响。一战的正面影响被大恐慌抵消了，二战的影响却是引导了美国开展另一轮的产业发展，其强大的动力至今延续未歇。

二战的前半段，欧洲战场上的作战双方都已经精疲力竭。东方战场上中日之间的战争，几乎将中国完全拖垮。日本侵略的野心，愈来愈走向冒险——中国战场的事情未了，日本又发动了征服东南亚的太平洋战争。进而，日本偷袭了美国的军事基地珍珠港。这在战术上是非常成功的一次冒险,在战略上却是致命的错误。美国投身于欧洲和东亚两个战争之前,世界的大半被战火消耗殆尽,唯独美国还有足够的力量供应全世界的消费。珍珠港事件使得美国投入战场,以其庞大的生产能力,发挥史无前例的能量。举例言之,为了应付两面作战,美国的生产能力发挥到最高峰时,可以每天有一艘"胜利轮"(Victory ship)下水;每个小时,可以有一辆坦克出厂。战争刚开始时,各国的空军都没有巨大的货运机,而到了战争末期,美国已有以百计的"空中堡垒",在欧、亚两个战场上运送人员和物资。

以匹兹堡本身所经历的历史而言,美国参战以后,这里的大钢厂连日连夜地生产钢铁交付国家,应付两个大战场上的需求。匹兹堡俄亥俄河上的内维尔岛(Neville Island),曾经有过制造小船的船坞,每天可以有数十艘登陆艇下水,顺着密西西比河流向海口,然后由大船载运,送往欧洲前线和亚洲前线。

大战期间,许多新发明的产生,见证了科学和技术之间密切的合作。举例言之,飞机制造业采用喷射引擎推动飞机,逐渐舍弃了原来的螺旋桨推进式。这种新式喷射引擎不仅可以用在航空领域,也可以用在海轮上。又例如,雷达和声呐本来是利用电波返折、声波回音作用,来侦察敌人的行踪,这一领域的延伸在今天却成了医学诊断疾病的重要工具。战争期间,天然橡胶不足以供应大量车辆轮胎使用，美国化工界发明了人造橡胶。又例如，为了拯救战争时期大量的伤员，医学界找到了抗生素——这是一条生物学的新途径，不再是依赖化学物质治疗疾病，而是以有生命的微菌消灭细菌。

化学工程的新方向，最值得注意的就是找到了天然纤维的代替品。科学家利用黄豆，将其碳纤维压制为初期的塑胶板，这种方法代替了过去必须用植物纤维制造纸浆的惯例。后来发明更好的方法则是裂解石油中的碳分子，将其聚合为各种长度的纤维——这个全新的项目为石油工业找到了更多的生产品，也给我们日常生活增加了化纤原料的成品，如塑纺的衣服、塑钢的船壳……种种过去没想到的新产品，今天都出现在我们四周。

单从上面几个项目而言，二战以后，全世界的工业分类就与过去不同了。石化工业、生化科技、生物科技、电子科技、核能能源等等，在今天已成为工业生产的主要项目；过去主要依靠机械工业和化工工业的情况，已经完全改观。在这一方面，美国可以说占了世界的前哨。而且，在二战中政府动员学术研究寻找新的方法，以应付眼前的需求。这一习惯将过去学术与科技应用之间的关系颠倒了方向——过去是先有理论，后有实验，然后才有产品；二战以来的经验是先有需求，再寻找方向，产品和理论同步进行。

美国第四波的工业化，实际上可以分成两波：一波是传统的化工、药学等项目；第二波来得更为猛烈，是二战终了

第四章　工业化的过程

以后，在导弹基础上发展出了太空探测。苏联在1957年发射的第一个卫星，等于海洋之中的鱼类第一次跳离海面，回头看波浪之中的同伴。这一波的发展经过十年，美国在各个方面配合着太空探测的需求，发展了光电的使用以及与其相关的电子科技。紧接着是信息工业的发展，将十进制的数码改变成二进制，因此可以增加运算的速度：这一波新技术的开展，影响不仅在技术、计算的速度方面，而且引发了电子科学本身的飞速发展，探测电子功能及一般的运算逻辑，更换成开合交替的双位数字运算。

信息科技的发展，到了1970年以后突飞猛进，出现了崭新的产业系统，包括通信、计算、储存、检索，以至于最后电子通信完全代替了以前电波通信的功能。这又引发了软件系统的升级，以便处理高速度的信息流传输。最后一波的发展，则是通过手机、电脑开发出每个人都能利用的脸书（Facebook）、微信等即时通信工具。这种无远弗届的通信方式，相当于人人之间都有一个小电报局在手头。目前这一波的影响已经达到经济方面。一方面，因为信息的流转很迅速，全球各地物质的流转可以在全球性的市场运作，没有一个国家再能遗世独立闭门度日。在个人的生活方面，也因为信息流通的方便，许多基于信用的买卖方式代替了现金交易。于是，因为高效率的信息流转，资金不必再有开户、支出等手续，而是直接可以从每一个人的银行户头立刻转移到购物所在的商店。资金流转的迅速，也就意味着一个钱可以作几个钱用；

信用的流转迅速，使得财富集中非常容易。

现在硅谷科技的新富，都可以在数年之内，因为一个发明或者程序而累积上百亿元的资产。许多青年学生凭借着他们的创新能力，可以在学习信息科技的基本课程之后，很快找到一个捷径，改善储存、搜索信息的功能。如果有一点突破，一个青年技术人员可以在短期之内跃身为高收入的中产阶层。这一现象，将美国财富的分布曲线往上提升，巨富和高收入的中产大量地增加。现在，美国最上面15%到20%的人口，掌握了80%到85%的全国财富。相对而言，在这激烈的竞争过程中，如果一个青年不能在五年之内找到一个新的发现或突破，他的创业前途也就有限了。他将只是从一个公司转到另一个公司，不断地转移，人到中年的时候终于失业。这个战场上的竞争其实非常残酷，"一将功成万骨枯"，那些跃升上层、中层的成功者后面有不只十倍、二十倍的失败者跌落中产阶层以外。

另外一项新兴的产业，则是生物科技。美国在开发内陆的过程中，带领世界上的农业进入绿色革命。也就是使用化肥、杀虫剂以及品种改良，将农业生产量和质都提升到前所未有的水平。50年代以后，以化学药品促进生产效果的技术快速发展，但是其反面的效应也很快就出现了。农药的使用颠覆了生物界的生态平衡，以至于造成了"寂静的春天"：许多转输花粉的昆虫因为农药而死亡，生物界互相支持和克制的平衡，造成了一些品种的迅速减少，甚至灭种，又使另

第四章 工业化的过程

外一些品种因为没有天敌而忽然膨胀。这一波的影响已经引起大家的注意，也正在努力寻求补救的方法。

另一种生物科技，则是与改良品种有关。由于生物学的发展，工厂选育出高产、优产的种子，将其保留、垄断，进而逐渐转变成为改造植物种子的基因。任何产物经过选种以后的改造，往往不能再自性繁殖——这就是转基因技术。例如，今天美国的小麦、黄豆以及其他的主要食粮，每一年的种子都不再是经过自然授粉、成长而留下作为下一季生产的原种。美国的生物公司孟山都，几乎已经将世界各处的农家都转变成为它的客户。它每年选出新的基因改造品种，可以抵御各种疾病，也可以提高产量。这种基因改造后的种子能够抗虫害、增产量，使得农家乐于使用。其后果则是没有一个农家再有机会能自足地在春季播下自己选择的种子。全世界大部分的农田，相当于都受孟山都的控制。而且，任何品种如果中途发生问题造成灾害，其规模之庞大、波及范围之广也是前所未有的。在农业科技方面的趋向也一样造成财富迅速集中：垄断利益者，乃是大的科技公司和他们的代理商。农家已经无法脱离这些掌握品种上游的公司——无形之中，全世界的农户都已经变成这些大公司的佃农。

与农业科技类似的，则是医药科技。一方面，经由新的科技发明出许多新药，也发明了许多诊断和治疗疾病的工具，例如核磁共振检查等。对于病者而论，这些进步使许多过去认为困难的疾病今天几乎都有治愈的可能。另一方面，从诊疗到医治，由于应用新型科技的诊疗设备，以及配套技术人员的薪俸，医疗费用比过去昂贵了许多倍。今天一个病人如果没有医疗保险制度，将不可能支付如此昂贵的费用。在这行业之中，一样有收入不均匀的现象：医疗人员和医疗研究人员当然都跟着医疗设备的进步，不断地提升他们的收入，但支援这些医疗看护的底层人物，如护理人员和一般缺乏专业的技术助理，他们的收入却降低到最低的水平。

以上三种新行业导致的社会发展趋向，都加速了美国社会财富分配的极度不平均。以我自己作为患者的经验，我深深体会到，这一个行业之中，上层和下层不仅收入差距巨大，他们的生活质量以及文化水平都几乎处在两个世界。

就科学本身的发展而言，有了信息科技和电子科技以后，人们获得新的工具，使得人类对于宇宙的基本结构有了更深的了解。大到外太空究竟是几层宇宙，还有多少大、小宇宙，它们之间是什么关系，都已经列入我们研究的课题。狭而言之，过去认为原子是最小的微观颗粒，现在才知道，原子底下有核子，核子之下还有许多不同的粒子，粒子底下还有更小的结构：外到无限大，内到无限小，层层都还有不断推展的极限。19世纪以来，许多人以为科学是绝对的，而且科学可以走到正确和精准的地步。到今天，如此态度只能归属于"科学主义"的思想范畴。爱因斯坦的相对论曾经取代了牛顿力学，今天，量子力学的宇宙观又补充了许多相对论的不足之处。

第四章 工业化的过程

今天，一个诚实的科学家，不论是物理学家、生物学家还是数学家，不能再武断地声称我们人类是万物之灵、我们可以有机会掌握一切的钥匙。在新的世界，一个真正诚实的科学家必须是深层谦卑但也保留怀疑的探索者。吊诡的现象是，科学探索几乎又和形而上学的玄学思考融合了。已经去世的英国物理学家霍金，提出了对黑洞理论的重要修正：我们似乎已经无法真正区别什么是有什么是无，也无法声称什么是有理什么是无理了。

这一波的思想革命，其严重性将不亚于16世纪欧洲出现的启蒙时代。至于自动化技术的发展，以技术本身而论，也不过是信息科技的延伸而已。然而其影响则十分远大，将会影响到低收入的就业机会，也影响到人与人之间关系的根本定义。

上述科技研究与工业发展的密切结合，乃是这一代出现的现象，对于工业发展的方向具有关键性的意义。美国在二战以后，也是由于政府的提倡，以公家的力量支持了许多研究计划，政府设置了许多基金帮助大学开展新的研究工作。对于战后复员的军人，政府提供奖学金帮助他们接受高等教育，然后再进入研究部门。每个大学不只是提供大学本科的基本教育，每个项目还都有研究所的课程。如此大量的人员投入学术研究，而且大部分是投入理工或农业项目。美国的学府与企业因此结合，建立了诸如此种供需关系。战后数十年来，这一现象已是常态，而且在更多的方面和更多的项目上组成上述学术产业的共生体。这个巨大的动力的确史无前例,使美国在学术和产业双方面的领导地位日益加强。学术工作原来是以"读书明理"为目标。现在,经过如此转折,学术研究竟以"追逐财利"为其任务。学术变质了,知识阶层的性质也改变了。对于人类存在的根本意义而言,如此变化是福还是祸?难以测度。

二战开始,美国上下一致全力发展生产力,男工应征参军,劳工家属妇女也入厂工作。二战结束以后,经过六十余年的发展,美国不断更新自己的产业结构。除了上节所提的项目以外,1980年代到1990年代又是一个转折点。过去的基础工业例如钢铁业,在世界竞争的潮流中失去了优势。二战后,美国身居全球恢复生产的主力,资方宁可提高工资,以尽量避免罢工。于是,美国劳工工作环境好、工资优厚,产品成本不断提高,美国产品终于由于成本过高,被战后逐渐恢复元气的欧洲诸国和日本夺去市场。20世纪的最后二十年,美国工业渐渐老化、衰退,工人从优厚工资的好日子忽然跌入大批失业的窘况,至今一蹶不能复振。

其中原因,有相当部分是由于人力成本昂贵,使美国的产品无法与欧洲和东亚的产品竞争。1980年以后,美国的钢铁厂大为萎缩。匹兹堡的空气干净了,数十万钢铁劳工曾经有三代的稳定职业和可靠的收入,现在沦为失业大军。美国的汽车工业也面临欧洲和东亚的竞争,在80年代以后,美国的汽车市场有一半归于日本车或欧洲车。

第四章 工业化的过程

最近数十年来，美国的电子业和相关的信息业突飞猛进，从1957年原始的计算机发展到今天，人类科技正在走向开发人工智能的阶段，而且将人工智能逐渐转为实用。这个产业的项目愈来愈众多，这是每日面临的现象，此处不用细述。美国不少工厂的生产线，在各个阶段使用自动化装置，已有四十年的历史。进入机器人的阶段后，机器人代替了工人担任生产任务，那些失业的工人又如何谋生？以一艘集装箱船的人员配置为例，十万吨的集装箱船，从装货到卸货以及航程中种种的管理，大概只需要十到十五个人操作。在过去，类似吨位甚至吨位还少的货船，例如我从台湾来美国的四万吨胜利轮来说，需要用五六十位船员。这两者相比，一艘现代管理的货轮，只需要用过去十分之一的人员。

将来，一般工作可能不再需要大批体力劳动的"蓝领"工人，那些没有受过科技专业教育的劳工将何以安置？现代生产事业正在转型过程中，这乃是躲不开的问题，但整个社会似乎还没有找到适当的方向预作规划。

总结言之，美国历史自从向西开发完成，就一步踏入大规模的工业生产阶段。美国工业化规模之庞大、内容之复杂史无前例。而且，与欧洲、东亚的经验相比，在19世纪中叶，美国自从属地位一跃而为领头羊。此后，世界的竞争模式发生改变：过去是每个国家为单位各自为政，如今"全球化"已经将世界融合为一个整体。美国过去有两个大洋与旧大陆分隔，自己拥有巨量的资源，也有安全的保障——这一非常独特的美国经验,很难再一次复制。现任特朗普总统打算拉回全球化趋势,希望使美国再次占经济霸主的位置,诚可谓昧于形势。

再从产业结构的改变,讨论目前变化的重大意义。回顾凯恩斯在大萧条时的预言,那已经离现在将近一百年了。他认为,按照大萧条以后经济恢复的方向,也就是继续不断扩张与转变产业结构,到了2030年时,以美国的生产效率,如果每人一周工作十五小时,就可以实现足够的生产量——他称为"闲暇的开始":人不必需要亟亟劳动,可以将时间放在休闲和其他方面。

现在已经是2019年,离2030年还有十一年而已。美国的实体产业已经转向资本化,包括机器人的设计。看来纯粹以工作效率来说,他的预言可能会实现。但是,如今许多失业的劳工,几乎不可能将体力劳动转变为脑力劳动。这些人从此被排斥在工作圈外,无法糊口谋生。以目前匹兹堡谷歌工作中心的情形而论,他们经常维持五百到八百人规模的年轻人,在信息科技的最前哨探索道路。这些人中,有多少可以创业成功?已有谋生经验的青年人,不断淘汰成为无法就业的失败者,究竟有多少人可以因为闲暇的生产方式获得利益?真正获得利益的,应当只是少数大企业的所有者。

工业转型过程中,那大群离开工作岗位的蓝领工人,虽然有退休金与社会福利补助,大致能保证生活无虞,但其怨怼之情在所难免。这一批失业工人怀念过去好日子,是接受

第四章　工业化的过程

特朗普"恢复美国第一"口号的基本群众。至于目前激烈竞争中,一波一波被淘汰的高科技青年不能如愿成功,只能面对盛年的失败。对他们自己,对于社会整体而言,都是浪费了人才。他们也将是社会问题的牺牲者。

凯恩斯理论主张不断扩大需求面,以刺激供应面。正如在一个大桶之内搅动储水,出现了动态——这个大桶,就是一个主权国家的经济系统。今天正是全球化经济涌现的时代,所有主权国家的"水桶",已经由全球性的贸易和交换,经过许多管道联结为一体。低成本的产品一定因为其价格低廉,夺取高成本生产地区的市场。富有的国家高水位的货币储量,一定会流向贫穷国家的低水位的储存。他预测,消费会带动生产,生产又创造收入,那种密封环境内部的感应,在今天已经不易实现了。凯恩斯的理论曾经使美国脱离大恐慌,然而究竟是否适用于今日的经济局面,既能顾及经济的动力,又能顾到财富分配均匀呢?

美国传统工业离开领导地位的同时,也开启了产业结构的彻底转型。1900年,机器制造业就业人口居美国首位;到1940年,汽车业从业者占比已退至第二位;80年代后进入后工业化时代,钢铁工业代表的重工业从业者占比,居然退出国内产业主流,而以计算机科技为代表的现代产业逐步替代制造业成为美国竞争力核心,信息产业从业人口占比上升至第三位;1990年,这一全新的产业成为美国就业人口占比最多的领域。此外,农林产业、国防和航空、医药与生物科技等项目跃登产业舞台。所谓第三产业，其实并不具体负责将原料转变为高附加值的新产品，包括休闲娱乐（演艺、体育）、金融服务、商品集散等，俨然成为最有盈利的事业。

一个半世纪来，美国的工业化一波一波地不断转型，每一阶段的主要工业兴旺时都会出现财富快速集中的现象。今日新一波的产业转型，也有新兴暴富出现，其累积财富的速度和额度已经推动现代美国产生更严重的财富集中现象，对于社会安宁带来不良效应。

另一现象，则是在美国重工业最兴旺的时候，劳资之间的严重冲突。那时工会还没有完全成熟，可是欧洲出现了马列主义，其他不同形式社会主义思想也已经进入美国。

现在出现的财富分配不均现象，较之过去有过之而无不及，左倾思潮势必再起。20世纪内，马列主义的实验两度变质。目前美国的新左派，究竟会采取哪一途径？这也是应当思考的大事。

美国过去成功，未必完全是因为美国制度的"优越性"，其中还有罕见内外条件才造成它如此辉煌的成绩。从今以后，美国不能脱离世界，也不再能独占优势——美国的产业将是世界产业的一部分。如何规划美国产业的未来，兹事非小。可惜今日美国的精英，尤其政治的领导人，往往只看近利、只看眼前，天天忙于争权夺利，少见有人未雨绸缪，认真规划未来的方向。

第五章

多族群社会及其问题（上）

从16世纪开始，英国移民作为核心，组织了欧洲移民，在新大陆上建立了这个国家。这些移民从数千人到数万人，经历了几乎一百年的繁衍。及至1776年建国时，美国人口已经增长到将近四百万；除去其中七八十万的黑奴以外，都是欧洲各处进入新大陆的不同族群。从那时候开始到今天，美国的总人口到了三亿多，族群成分非常复杂。欧洲人先来后到，大致排定了先后高下的社会地位。但是原居欧洲各处的人民，在美国新大陆上还是有不同的命运。

美国立国原则，如杰斐逊所称："我们认为以下真理是不言而喻的：人皆生而平等，享有造物主赋予他们的不可剥夺的权利，包括生命、自由和追求幸福的权利。"美国宪法绪论强调，到这来的人民基于平等的原则，共同组织一个新的国家。实际上,这个理想和真实的情况之间还是有相当差距。美国曾经坚持这个新的国家是一个"大熔炉",将许多不同来源的人民融合为一个和谐的整体。实际的情况则是,新来的人都是被融合于以英语为国语的文化,而各种族群自己带来的文化成分,仍旧隐藏在各自社群之内。因此,到了20世纪的后半段,有学者提出,"大熔炉"的口号并不真实,真实的情况应当是像七彩玻璃的镶嵌。更有人主张美国的民族融合是一盘沙拉,盘中的各种成分并没有合在一起,只有表面上有一层沙拉酱,勉强将胡萝卜、白菜、洋葱、肉片等黏合在一起。

从这个角度考量,我们必须要从各种移民进入美国的历史着手观察。与英国移民进入美洲时期相距不大的,首先是西班牙移民,其分布大致是在东南沿海的岛屿和墨西哥湾中间的地区。荷兰的移民曾经占据今天的纽约和新泽西一带,纽约的旧名称就是新阿姆斯特丹。法国的移民则集中在南部密西西比河下游。英法二强争夺美洲,曾经发生过长期的"英法战争",其战场不在欧洲而在新大陆。两雄斗争的结果是法国败了,法国移民撤往加拿大,从此,美洲新大陆成为英国人的天下。

这些史事在第二章中已有所陈述,不必再叙。我们更不能忘记美洲的原住民,那些被误称为印第安人的古代亚洲移民乃是真的美洲合法的主人。然而,他们却被驱赶、压迫甚至消灭。因此,新大陆和新国家终于成为英国族群的领土,以英国文化作为基础，接受了许多不同的欧洲族群。这是一个强力压制政策导致的结果，并不是自然融合的产物。

美国独立之前，各处欧洲移民可以自由进入美洲，并没有管制政策。荷兰人、比利时人、德国人等陆陆续续成群进入，在各处组织小的移民社会。英王的美洲殖民地政府并没有强大的约束力，抵制或是管制这些非英裔的族群。但是，前者的总人数和英裔人群相比终究是少数。这个新大陆的控制权被英国后裔取得。独立战争中，英裔移民新设立的政府得到法国的援助，才得以击败宗主国而独立建国。因此，居住在南方的法裔人民与十三州为基础的新国家，其间并没有很大的隔阂。后来"路易斯安那购地"，也就能够顺理成章地将南方这一块并入美国的领土。到了这个阶段，美国的白人人口自然而然地包含了英、法、比、荷与中欧部分的德国后裔——西班牙后裔的垦拓者和美洲的原住民，还不在美国国民之列。

在南北战争以前，大概80%的美国人口分布在阿巴拉契亚山脉和密西西比河以东，只有少数的开拓者，以匹兹堡地区为西域的大门，陆续进入内陆。在这一阶段，也就是从立国到南北战争之间，西欧白人作为主流的地位已经稳固，英语民族、英语文化成为这新国家的主流。进入这块北美大陆的新移民，因此必须接受英语民族的支配，自愿地融入英语文化之内。至于那些被掠卖到美国的非洲后裔，在立国之初只是"会说话的牲口"，不在国民之列。

《"我们"的海港雕像》,乔治·凯勒(George Keller)所绘,1881年。这张宣传华工威胁的漫画,将丑化的华裔劳工描述为自由女神,题目中的"我们"(our)也用斜体强调

第五章　多族群社会及其问题（上）

自从立国以后，美国需要劳力开拓广大的内陆。19世纪后半段到20世纪之间，美国又开始了大规模的工业化。这些发展的方向，都需要大量的劳力。因此，美国采取开放门户的政策，以吸收欧洲的移民。后来，来自东方的中国人、日本人等族群也参与了开拓西岸的工作，中国劳工更是参与了建筑横贯大陆的铁路系统。可是，这些非欧裔的移民并不受到欢迎。最著名的是《排华法案》，将中国的移民配额尽量压缩。其他来自东方的人民，命运也没有太大的不同，只是他们人数不如华人众多，不太引人注意。

这种歧视的政策，一直到1924年依然存在。那一年，联邦政府修改移民种族配额。根据所谓"优生学"的原则，减少已经大量进入美国的犹太人、南欧、东欧移民人数；大部分配额给了来自英伦三岛（英格兰、苏格兰和爱尔兰）的人群，每一群体进入美国的人口都是数万人；其次就是北欧诸国及德国，这些地区进入美国的移民也数以万计。上述移民人数在年度总数十五万余人中占了十一万多；拉丁语系的法国、意大利、希腊，包括东欧的捷克、波兰等国，进入美国的移民数以千计，其他欧洲族群的配额则以百计，而东方各国是以每年一个国家一百人为限额——那时候欧洲的一个小国列支敦士登，全国人口不过一千多人，配额也是一百人。这些数字直白地说明：纽约港口自由女神欢迎的是欧洲的白人，尤其他们认为优秀种族的日耳曼和北欧各族。旧金山港口的恶魔岛，则是囚禁东方人民的监狱。自由女神所谓"各处盼望自由和追逐新梦的人民，欢迎你们进来"，无非供人讽刺的话题而已。

如此严重的种族主义偏差，延续至20世纪中叶才得以修改。二战期间及战后，先是为了接纳战争期间的难民潮，继而面对战后美国经济扩张所面临的人才短缺，经过罗斯福、杜鲁门和约翰逊执政时代的努力，方才于1965年对移民法进行原则性的修正。过去按照移民母国分配名额以优惠欧洲若干国家人民，同时故意排斥犹太人、西语语系人民和东方国家移民，从此以后，这种种族偏差逐渐得以改正。目前施行的移民法，基本上是1965年制定的原则：只分东半球和西半球两个配额。在审查时则按照如下类别，例如依亲、投资、高教育或高技能原则排队循序核准。因此，从那时以来，新移民的教育程度和具有的技术能力都高于过去的水平。美国接纳了这些质量优良的新移民，获得一群有用的人力资源。

美国的发展过程中，曾经有三大移民潮。1820—1920年之间的一百年，形成美国持续百年的移民潮。1820年至1860年，是第一波移民潮，这些移民的主要工作是开拓美洲内陆——那个阶段正是欧洲法国大革命以后引起的剧变时期，拿破仑的兵锋所及，处处都引发民族战争和民主革命。社会结构完全破碎，兵氛弥漫，人民流离失所，很多人因此离家奔往新大陆，寻找避难之处。这些人也就是在第二章所说的开拓西部内陆的新移民。他们有的带了资产，在美国申购土地；有的经过移民公司的招募，除了耕犁和锄头以外身无长物。因为这一次的大移民，美国人口才迅速地从四五百万跃升到超过七千五百万人。这一波的新移民，就不仅是英伦三岛和西欧的族群，也有南欧和东欧的人民。他们带来了欧洲各处的农业生产方式，以及以农村经济为基础的市场交换制度。在整个开拓过程中，他们一样也是以白种人的身份，驱赶、压迫美洲的原住民。这些人在欧洲，并不在精英之列；他们在美国发展，除了自己的宗教信仰以外，并没有深厚的文化素养。但是，这些人很快就同化于英语文化。所以，他们也是以殖民心态，以白人身份自居来开拓新天地。文学与电影中，西部故事都充分表现了胜者为王的姿态。

第二批新移民潮，则是发生在19世纪后半段开始的工业化和城市化期间。这些事迹，在本书别处有所陈述。这一阶段需要的劳力以熟练的技术劳工为主体，以及在欧洲行有余力的资产阶层。后者带来他们的经营经验和资本，投入美国工业化的第一次大规模发展。那些劳工有些进入工厂，移植了欧洲的技术经验；有的进入新社区，参与建筑、灌溉、公共建设等项目。这些人后来成为美国中产阶层的主要成分。其中最可注目者是来自欧洲当时技术水平最高的德语族群和东欧捷克等国家，他们带来了当时发达国家的技术和劳动自律精神。这些新移民，在美国的各处新都市和城镇，甚至于农场和村落都做出了重要的贡献，开启了美国社会重视技能的风气。在前面曾经提到过，我认识一位全能工程师，就是这一群人的最新一代。

第三批移民，配合着美国基础工业的起飞和新兴工业的出现，也就是前面所说的钢铁业、石油业、汽车业、电器业等重要工业飞速发展的时期。在同一时候，欧洲也进入了资本主义经济的辉煌时代。欧洲许多发明家和熟练的技工，在各处投入他们的心力开发新产品，各国之间的竞争也各有所长。这一时代的移民中，最重要的人群是欧洲的熟练技工和企业界人士，包括工程师和企业家。他们进入美国时几乎都是城市居民，或者是工厂中的劳工。这些人群，有一部分后来成为美国中产阶层的骨干，另有一些没有技能的劳动者则成为美国劳工中的主要成分。经由这些新移民带来的经验和劳动力，美国吸收了欧洲的经验，综合他们产品的长处，很快后来居上，生产出比欧洲产品更为优良的新产品。前面谈过，电报、电话在欧洲的出现，其原型更早于在美国；法国、德国、意大利各地汽车的设计，其实也各有所长。借用了这些欧洲新移民的才干，美国才能够生产出最好的电器、最好的汽车，成为世界工业的领袖。

这第三批移民促成美国的工业大跃进，在我们自己经历的现代史上也曾经出现过。日本的汽车工业在战后综合了美国的各种厂牌汽车的长处，生产了远比美国车优良的日本产品。没过多久，日本汽车打倒了美国独占市场优势，以至于美国公路上行驶的车辆至少三分之一都是日本厂牌。在最近，信息工业和电子业成为工业的主流，中国从美国学到了技术，很快就超越了美国的水平。我们不能不感慨，历史确实会重复的。任何优势都是相对的，不会永远不变，总有某些学习者会超越自己的模仿对象。

在20世纪中期之后，美国出现了第四波移民潮。其时间持续超过半个世纪，对于美国现代的文化自觉和社会公理的自觉有极大的影响。二战期间欧洲战乱不停，更由于希特勒的排犹政策，大批犹太裔的科学家和学者不得不寻找避难之处。战后的欧洲残破凋零，美国的经济确实正在繁荣向上，欧洲中产以上的移民也大批进入美国。

在东方的世界，日本发动了侵略战争，使得东亚处处烽烟。二战前后，美国在东方树立霸权的活动也使得战争不断。于是，二战、朝鲜战争、越战之后，华人、菲律宾人、韩国人、越南人、印度人大批进入美国——这第四波的移民潮，就不仅限于欧洲的白人了。这一波移民潮的不同之处在于，各地进入美国的新移民有许多是当地的精英，他们带来了自己文化，也具备一定程度的特长与才能。因此，二战前后出现的移民潮，将美国文化的复杂性提升了一层，同时也出现主客竞争的尖锐对立。

当然，二战以后，美国涌现的种族与文化的多元特色引发了国内有识之士的警觉。他们不仅开始认识到，美国不能只是自诩为"大熔炉"，而应当是彩色玻璃镶嵌而成的艺术品，能够容纳多姿多彩的文化共存。自由主义人士坚持人与人之间的平等，以落实宪法理想的口号，开启了美国对自己的新检讨。

这个浪潮具体的呈现，首先在非裔后代的解放。美国内战虽然是以解放黑奴作为理由，其实黑人并没有完全得到与白人平等的待遇。要到1960年以后，一波一波的黑人解放运动，才将这个始终没有解决的课题不断地推到台前，提醒大众注意和社会反思。此后，从族群的平等又延伸到性别的平等——妇女解放运动，与非裔平权运动几乎平行进展。直到最近，这场运动更扩散于性别婚姻的问题。凡此现象，都是因为现实的社会问题逼迫大众注意到表面上的文化多元，底层结构仍然是白人／英语群体垄断了一切资源。

下面将以我所见到的，尤其以匹兹堡族群为例，讨论各种族群各自的特色，以及他们在美国社会中占有的地位。我选择匹兹堡为例，一则因为在这里住久了，情形比较熟悉。再者，这座城市本来就是向西开发的大门，列次移民潮都曾经在这里路过，也有些人群在此落脚定居，成为可供考察的样本。美国的基础工业大规模发展时，如前面一章所说，匹兹堡是钢铁工业的重心，因此从欧洲吸收了许多劳工进入美国。

匹兹堡市民每年举行一次民族节，最多时有三十余个族群的移民后代参与。这一数字反映匹兹堡及其周边容纳各次移民潮带来的人群中较具代表性的若干部分。我目前居住的住宅，是第五大道的五千七百多号。从匹兹堡大学的三千九百号开始，一直到第五大道末端，也就是七千多号，这中间三千余号的街区及其边街，有不少于二十家的大小教堂，几乎囊括了基督教新旧教的各种教派，以及犹太教的教堂。这些教堂本身各有各的建筑特色，颇能代表欧洲各种教派的信仰——在匹兹堡，各种族群都有相当多的人数，足以维持如此多教派的教堂。论教派的比例，匹兹堡基督教教堂、长老会和天主教教堂为数最多，犹太教的各教派也为数众多。上面所说这些例证表明，匹兹堡似乎恰可以当作美国移民图的缩小版。

在第一、二波的移民潮，也就是向西开发的新移民中，有许多就留在匹兹堡周边经营农牧业，包括多元经营的蔬菜、水果农场，以及种植麦类和玉米作为奶牛饲料。这些移民的来源，从各处小镇的风格和地名就可以知道，相当大的部分来自英伦三岛，尤其是苏格兰、爱尔兰的穷人居多。我曾经去过离匹兹堡大概一小时的小镇，那里有个文理学院，邀请匹大同仁去做系列的演讲，介绍世界各地的情形。

小镇居民很多在当地居住了三四代，甚至在19世纪初就到达这里了。这一类市镇的布局都很接近：市中心是小广场，广场的一面是教堂，另外一面是市政府或镇政府；然后是火车站，旁边是邮局，再有一家杂货店、一家酒吧。时代改变了，可是整个城镇的布局依然故我。这些城镇的老房子是木建的，后来新建的房屋才是用钢铁厂炼焦的副产品红砖砌屋。从他们谈话中可以感受到，这些人安土重迁，孩子们出去在别处发展，老人们留在原地。老一辈故去以后，有些孩子会回到原来的地方继承家业。他们的婚丧喜庆往往参加

《匹兹堡市区鸟瞰》，萨迪德斯·福勒（Thaddeus Fowler）所绘地图，1902年。现藏美国国会图书馆。画面左侧是阿勒格尼河，三角处是匹兹堡市中心，而远处是文中出现的奥克兰区、波兰山等地的宾客达二三百人，在距离一小时车程的辐射范围内，很多都是亲戚朋友。他们现在的收入足够开销，却也积蓄不多；在社会阶层上，很难超越下层中产阶级的底线。

爱尔兰移民为数众多，大约占了匹兹堡地区 16% 的人口，他们现在分布各处，没有集中聚居地。爱尔兰移民大致可以分为两类：一类是长老会的会众，来自北爱尔兰和苏格兰；另一类是天主教的信徒，来自南爱尔兰，颇多是 19 世纪中期爱尔兰马铃薯大灾荒后陆续进入美国的饥民后裔——天主教的教众还有意大利后裔和波兰后裔，并不仅是爱尔兰裔。

沿着宾夕法尼亚大道（Penn Ave）有一家圣方济会医院、女修会以及其附属的护理学校，还有一个颇具规模的墓地；继续西北转西，延伸到市中心的北面，一路都有圣方济会的教堂和学校，可知他们过去的集中地就在这一带。爱尔兰人信奉天主教，与同一信仰的意大利移民比邻而居也很合理。匹兹堡的族群中，天主教信徒不少，在匹大校区旁的奥克兰区（Oakland）有一座主教座堂，建堂于此地并不是由于奥克兰区天主教人口众多，而可能因为该地是匹兹堡文教中心。这座圣保罗大教堂（St. Paul's Cathedral）双塔高耸，气魄宏伟。其旁边是主教住宅，以及教区神父和修女的工作场所；后街是教会设立的女子中学，过街则是规模不小的男子中学。这座教堂只在重要节日或大型婚丧仪式才有教徒在堂崇拜，平时无论意大利人、波兰人还是爱尔兰人，都在他们社区的教堂聚会。

上述苏格兰和爱尔兰的移民,由于自己的独特文化背景,形成了各自特殊的工作动机和行为模式。这两个族群,虽然今天都是英语民族的一部分,但他们在英伦三岛上立足生根的时间,远比日耳曼语系之中条顿族"盎格鲁-撒克逊"的英格兰族群为早——后者是征服者,前面两个族群可说是原住民和先到族群的混合族群,苏格兰、爱尔兰人和英格兰人之间的斗争历时千余年。他们居住在英伦三岛自然条件比较差的地区,这就养成行为模式的差异:苏格兰人居住地方靠北而高寒,必须努力工作才能谋生,他们通常沉默寡言、坚毅不挠;爱尔兰人则居住在欧洲最靠西边,即英伦三岛的外围。这一地区天气潮湿,牧养羊群是他们主要的谋生方式。爱尔兰半岛上常年绿色,因此爱尔兰的族群代表色是绿色;他们的主要农作物是马铃薯,这是一种相当容易栽培的植物。爱尔兰人的谋生条件其实不差,他们与自然之间的关系非常亲密,这就养成他们乐天、淡泊、工作意愿不强的特性,而更为喜欢音乐、艺术。"苏爱"族群则是爱尔兰人接受了苏格兰的长老会信仰后的变种,许多文化因素比较接近苏格兰而不像爱尔兰。

从上述形容的情况,在匹兹堡附近的苏格兰、爱尔兰和"苏爱"族群,就呈现为不同的谋生方式来适应美国社会。苏格兰人信奉的是长老会,爱尔兰人信奉的是天主教,这个信仰分野比族群渊源还要深刻。他们从英伦三岛迁移到匹兹堡附近,苏格兰人群来得较早,颇有在匹兹堡附近从事农耕的条件。爱尔兰人则是之后大批逃荒进入美国的。他们到达时一贫如洗，也正好赶上匹兹堡正在发展钢铁业等基本工业的时代。爱尔兰人移民的工作，大致是进入工厂担任一般劳务，或者在新兴的城市区从事种种杂务。两相对比，苏格兰移民的后代秉承基督新教长老会的行为模式，努力争取社会地位。乘着工业化的潮流，苏格兰移民后裔出现了卡耐基、梅隆这一类的企业家，而爱尔兰人只能靠工作糊口。

我自己在芝加哥大学神学院宿舍中，结识了一位爱尔兰好友。这位同学性情善良，对朋友热心，但是在金钱方面全无观念，打工赚来五元，他可能花费了六元。他的兴趣在音乐和戏剧，暑假的时候，他们三五个爱尔兰朋友结队进入农村地带，借用谷仓表演短剧，以获取一点收入。我的孩子在匹兹堡也有一个好友，从小学到现在认识三十多年了，交情深厚。这一家人性格脾气和我那个好友的模式非常相似。在他家中，没有一日三餐的观念：谁饿了，冰箱掏到任何可吃的东西，就能够随意糊口。他们的性格却是温暖热情，一家人都喜爱艺术，他的弟弟现在已经回到爱尔兰，进入戏剧行业。三年前，舍下遭逢火灾，正值小儿出差外地，这位年轻朋友从电视知道消息后，立刻赶来现场帮助我们老两口投宿旅馆避难。

在美国大城市的爱尔兰人人数众多，又使用英语，与其他族群相比也有一定的优势。他们信奉天主教，教会组织严密、资源丰富，具有一定的凝聚力。于是，在大城市中的爱尔兰人很多进入警察行业。再者,他们人数众多,从爱尔兰人中选出来的政治活动人物,也就成为城市基层政客的重要组成部分。这两种职业不仅在匹兹堡形成了传统,在芝加哥、纽约、费城等处也呈现相似的现象。每年圣帕特里克节,爱尔兰族群举行游行,警察、救火队、大小政客加上老少群众,在风笛声中浩浩荡荡,数万人穿越市区,充分呈现这一族群的社会力量。

由于他们在美国政治活动中的特殊力量,在政治圈倒也具有一定地位。以芝加哥而论,芝加哥是民主党的铁票地盘,也就仰仗这些基层干部和警察群体的支持。匹兹堡的市长各族后裔都可能担任,然而在市议会中,爱尔兰帮始终拥有举足轻重的实力。

铁路开通和工业发展之后,从欧洲进入匹兹堡地区的移民,有的来自中欧、东欧和南欧。离我家不远的一个地区,仍在市区之内,称为波兰山(Polish Hill)。这个地区的居民,分布在陡峭的山坡上,地区不大,却至少有两家天主教堂,还有天主教的学校。由此往西北,则有"洋葱头"金顶的东正教教堂。这些东欧移民进入匹兹堡,乃是配合铁路修通以后的货物运输。大量货物从山谷之中运送到河边再转运,河边上的货车站有长达三里的月台和仓库。这些波兰的工人就是从山坡上负责货运的最后一站——他们负责装卸货物,也将新到的货物包括食物,在附近的长街区(Strip District)就地买卖。到今天,这个地区还是各种食材、菜蔬的集中地。

他们保持传统的风格：门口设摊，后面是货架，食物新鲜，也多选择。街区有一座天主教堂，具有波兰乡间教堂的风格，可见这一地区波兰人和巴尔干半岛的族群占了相当的成分。现在，有几家中国人的唐货市场也在此处。美国的民间笑话常常讥笑波兰人"滞泥老实"，不太知道变通。这种族群笑话也就显示，这些当年从波兰农村过来的移民质朴忠厚，还是小农本色。往市郊区寻找，也会发现一些波兰人的天主教堂，规模不大，分散在小镇市中，成为当地居民的活动处。

匹兹堡的移民中，有不少日耳曼语系的族群。虽然他们通常被称为德裔移民，但其实还包括来自中欧各处——波兰、捷克、奥地利等地——说德语的居民。在阿勒格尼河（Allegheny River）北岸，也就是面对着市区的地方，则是德语移民的居住地，号称"德国山"（German Hill）。那里有一座教堂完全以木架涂泥建造，高达四层楼，形式朴实无华。我在德国乡下常常看见类似的教堂建筑，这些都是路德会的聚会所。我家居住的集体公寓，本来也是一座路德会的教堂，在拆除改建以前，这座教堂的风格也就只是石头堆砌，平平淡淡。我们住宅的后面，还保留了教堂牧师住宅和教堂办事处，依然是石砌库房模样。

在欧洲历史上，中欧四通八达，那些道路中心的城市工商业发达，拥有良工巧匠。工业革命后，中欧通都大邑的传统作坊蜕变为近代工业企业，遂使中欧可以提供熟练技工和管理人才，这些人移民美国后也参与了美国的工业发展。这些德裔移民到达匹兹堡以后，大多是在铁路和各种工厂担任专业技工的职务。在德国山周边仔细观察，还可以找到当年技工同业公所分会的遗痕：机工、金工、水工、电工等行业的会所。美国食物里，番茄酱汁是重要的配料，生产这一配料的工厂亨氏（Heinz）就在上述教堂附近。这家企业已经传承了四代：第一代是来自德国巴伐利亚的农家子弟，最初以家庭作坊生产食品；现在这一厂牌的各种食品，多达七八十项。如今，德国后裔移民不少渐渐进入总裁阶层，分散各处中产住宅区。在匹兹堡周围数县，德裔人口占了20%，可能是这一地区最大的移民群了。

和他们同时进入美国的，还有巴尔干半岛周围国家的移民，例如克罗地亚人。他们也是在工厂之中担任蓝领的劳工，人数多后又分散到市郊，不过最多的还是居住在阿勒格尼河两岸的若干小镇。我在匹大的秘书，就是巴尔干半岛移民的后裔。她的丈夫原是独立的印刷工，有自己的工坊，应顾客的要求排印广告等印刷品。自从有了计算机以后，他的业务一落千丈，因为没有人再要印刷品了。我的秘书从中学毕业以后，接受两年社区学院的秘书训练，二十多岁就在历史系工作；我退休以后，她仍在系办公室任职，现在是历史系的主任秘书。她丈夫失业，又有意外工伤，一家人全靠一些工伤保险赔偿度日。从在我身边到现在，三四十年了，秘书的年薪还是在四万五千美元左右而已。她的两个女儿结婚，婚礼来宾二三百人，都来自匹兹堡周边一小时多车程的范围内。

她这种情况相当有代表性，无论是白领的文员还是蓝领的劳工，这一阶层的移民即使来美已经一百年了，却始终滞留在中产下端，很难有人跳出这个阶层。可是，他们彼此之间的族群和亲友圈子的情谊，却是很多大城市中寂寞的群众难以得到的。

意大利移民后裔在美国人数众多，有一部分在东北各州经营农业，大部分在东部与中西部城市谋生。匹兹堡的意大利移民，居住在自由大道（Liberty Ave），号称"小意大利"。从我家进入小意大利区，也就不过十五分钟左右：那条路上，从五十街往西走直到三十街，意大利色彩明显可见。这一段街上有三座教堂，都不很大，颇似意大利本土的乡镇教堂。小意大利区每年有一次"意大利食物节"，街头到街尾大概有两个街区，排满食物摊位。匹兹堡最兴旺的饮食业，就是意大利的比萨和面店。除了饮食业以外，也有很多意大利人种植大小不等的植物苗圃，提供给客户以布置庭园。这些苗圃通常是在相当陡峭的山坡上，地价不高。他们也会应顾客要求，替顾客打理庭园、清扫裁剪。

意大利人擅于经营，颇有人事业成功，进入中产阶层以上甚至列名富豪，例如美国银行创办人阿马迪·贾尼尼（Amadeo Pietro Giannini，1870—1949）、汽车业巨子李·艾柯卡（Lee Iacocca，1924—2019）。纽约和邻近地区的意大利政客，也颇多当选为地方首长。他们在戏剧演艺这一行业之中，也有相当的地位。好莱坞的明星和纽约百老汇的演员中，意大利人和爱尔兰人占了相当大的比例。成名的演员兼有财富与名声,地位当然可以高居社会上层。因此,意大利人整体而论,在美国社会的阶梯上,相对前面所说的德国、巴尔干乡农移民的后代而言,占了比较优越的地位。

意大利人经营餐饮业颇有名声,匹兹堡比萨店数量可能超过汉堡快餐店。我们的集体公寓中,曾经有一户邻居乃是"小意大利"一家餐厅的女主人,当家店主亡故后,由"情人"照护餐厅。他们饭店的酒吧间会用大荧幕给当地居民转播球赛。饭店的隔壁则是工会的分会会址。这位意大利的"卓文君"家业相当殷实,只是文化修养比较"一般"。现在她的情人病故,自己也老了,已经搬离此间住在女儿家了。意大利人的家庭稳定,族群内婚姻非常普遍;家族关系相当密切,一个大家族团聚在一处,即使离家出去了,和老家的关系也始终连绵不断。凡此内部凝聚力的现象,乃是意大利族群在美国长保优势的原因。

意大利人另有一项特殊的地位:意大利半岛尖端西西里的黑手党,自从中古以来,在地中海地区就是地下社会的强大力量。黑手党的主要活动是在港口地区,他们霸占码头谋取利益,在法律的灰色地带刀口舔血,却也救苦济贫。这种黑社会有自己的"伦理",颇像中国的江湖侠士:同一个帮派的人就是一家人,人与人之间讲究义气,重然诺,轻生死,为了朋友可以拔刀相助,舍命不辞。意大利黑手党的堂口,自称为某某"家族";家族中的"教父"权力极大,其生活

第五章　多族群社会及其问题（上）

之豪华、掌握资源之丰厚，不亚于当年上海的帮会。这些人不仅可以影响当地的政治，甚至可以影响到全国性的选举。匹兹堡是一个中等城市，也还有一个中等规模的"家族"曾经相当活跃，渗透到劳工总工会和各地的分会。最近二三十年来这个"家族"已经沉潜，没有做惹人侧目的活动。前面所说的那位"卓文君"的情人，为人义气，对人热诚。他们的餐厅顾客里，颇多专业公所或工会人士；他在餐厅大约也必须有江湖气概，方能在"小意大利"立足。

南欧和巴尔干半岛的移民，也有一个集中的地区，就是在莫农加希拉（Monongahela）河的南岸，从两河交汇处往东延伸，直达今天的河前区（Water Front）。这一条街上有许多村落、饭店和小商店，临街也有住家，他们都是南斯拉夫、保加利亚等处来的移民。河前区本来是美钢的厂区，从那里上山是蒙荷尔（Munhall），一个捷克人的聚落：一条主街，有教堂、学校和几家小商店，还有一连串的工具店；主街两侧一家家小住宅，旁边都是园地，种植各种家用植物。这个捷克人的地区，其景观也和布拉格郊外农村非常相像。

捷克人是值得钦佩的民族，他们在欧洲的居地夹在日耳曼人和斯拉夫人中间，虽然也是斯拉夫族群的一部分，其风俗习惯却和日耳曼人比较接近。捷克人独立性强，勤劳正直，夹在两大族群之间能够生存，也就因为他们的民风坚毅，不屈不挠。在马丁·路德发动宗教革命以前，捷克的胡斯（Huss）就开始了新教运动，但天主教会将他们师徒三人在广场上烧死。捷克人信奉的宗教就源自这个胡斯教派。在东欧地区，捷克的工业水平应是最为发达的。

捷克人来到匹兹堡，是配合着匹兹堡钢铁业最盛的时候，他们担任的工作是工程师、专业技工和专业文员，例如会计师。从蒙荷尔出来的捷克人，今天还是相当广泛地分布于会计、法律、工程和银行的财务等领域。一位曾经替我办理报税的会计师，就是住在蒙荷尔的捷克人。我在匹大的一个学生身高七尺，是当年校队的大将。大学毕业后，他不愿意进入薪资丰厚的职业球队，自己考上了美林（Merrill Lynch）经营集团的基层工作。至今四十多年了，他去年刚退休，已经是美林宾夕法尼亚西部周围四州地区的副总裁。他代顾客经营财务，也管理匹兹堡本城的匹兹堡基金会———一个有三亿美元资金的地方基金会，以支持匹兹堡种种公益事务。前年开始，他已经将纽约哥伦比亚大学财务硕士毕业的儿子纳入他的工作团队，将来这个团队就会是他家的世业。因此，捷克人在各种族群之中，通常不会停留在中产以下，他们会从中产的底线逐渐进入中产的上层。

匹兹堡的犹太族群也是一个非常特殊的群体。犹太人从欧洲各处移居美国，如前面所说，三波移民潮中都有犹太人参与其中。在欧洲各处，犹太社区永远是一个与城市其他部分分隔的"隔脱"（Ghetto）———意思是与众隔离的族群居地。犹太人并不穷，可是处处被人歧视。在历史上犹太人三度亡国，最后一次是在罗马帝国时期，犹太地区沦为罗马的一省。

第五章 多族群社会及其问题（上）

从那时以来，要到1948年以色列复国，犹太人才有自己的国家。这将近两千年的岁月，各处的犹太人都只有依靠自己的专业特长，从事例如医生、律师等工作谋生。由于各处犹太"隔脱"之间频繁交往，欧洲各城市之间的款项汇兑业务也就成为犹太人的专业。犹太人手上除了金钱以外一无凭借，所以放款、收利息也是一个谋生的方式。然而，一千多年来，犹太人获得了一个贪婪好利的恶名。对于这些在欧洲处处被嫌弃的犹太人而言，新大陆的美国是一个新的机会，也是可以开展更大的生活天地。

在美国的大城市中，银行借贷和汇兑的活动会通过犹太人兴办的银行，其他族群的财经活动也脱不开犹太人的经营。在匹兹堡的犹太人来源复杂，从波兰华沙到西班牙的巴塞罗那都有，但以东欧城市移民为主。欧洲许多大城市中的犹太"隔脱"，都有人趁着移民潮进入美国。

他们在美国金融领域拥有无可匹敌的实力。匹兹堡最盛的时候，当地银行业据全国第四位。今天，由于市场结构的改变，所有的财团都是全国性运作——也就很难说哪家是当地财团，哪家是外来财团。在我刚到匹兹堡时，匹兹堡有个大的百货公司考夫曼（Kaufman），是实力跨越数州的大公司。今天这家百货公司已经关闭了，可是考夫曼家族的各种基金会还是匹兹堡公益活动中的重要力量。许多到匹兹堡观光的客人，大概都曾经访问过考夫曼家族在山溪水边上的一个特殊建筑——建筑师赖特设计的流水别墅。那是他们鼓吹环保的一个标志性建筑。我现住公寓的对门,曾经有一家犹太邻居与我们同时迁入,两年前才离开。这位女主人和她的丈夫都是希特勒排犹时代送来美国的犹太孤儿。几十年来,夫妻二人奋斗,拥有一家匹兹堡颇具规模的家具行,从一家小店到现在分店跨越三州。这位老邻居跟我们交谊不错,她的阅读习惯反映她的教养,她的行为也是中规中矩。她的起居室是我们公寓成员开会地点,数十年如一日。这种文化的软实力,不是其他族群可以相比的。

至于匹兹堡犹太人居住的集中地,从我到达匹兹堡以后,松鼠山(Squirel Hill)长期是他们的社区。在这个地区,有二十余家犹太人的会堂,从大型的教堂式中心以至于小型聚会的讲习所或是学习班,各自代表犹太教内众多宗派的一部分。在松鼠山的街上行走,有经验的人可以判断哪一类的服装代表哪一类的宗派。因此,一般而言,犹太人很团结,但是内部分歧也非常大。在松鼠山的街道上,不知多少家犹太食物的店家提供经过犹太教师检验和祝福的食物,以供给犹太人。他们还有一家犹太活动中心。在松鼠山上的图书馆中,如果有人阅读,无论老幼,十之七八是犹太人。犹太人好学成风,犹太妈妈对于子女的教育、监督不遗余力。因此,松鼠山的公立学校,曾经是全国著名的中学。

如此人口密集而繁荣的犹太社区,到最近十年内却被东方人逐步"侵入":韩国人的教堂,在松鼠山上已有三四家;来自各处的华人、越南人很多从事餐饮业,今天松鼠山

第五章 多族群社会及其问题（上）

的一条主街上，已经有七八家亚洲人开的餐馆。这些东方人已经将犹太人逐渐排到其他地区。我家曾经在松鼠山住过两个地方，之后迁移到微风角（Point Breeze），那附近就有刚从松鼠山迁到当地的犹太邻居。现在我居住的地点是山荫区（Shadyside）的一个集体公寓，对门和楼上共十六家中大概有六家是犹太人，其中有三家是刚刚从松鼠山搬入的。

在学术圈和艺术音乐圈之中，犹太人具有特殊的地位。他们传统好学，在世界的学术界，犹太人的贡献无可置疑。每年诺贝尔奖中有关学术的四个奖项，犹太人往往占有四分之一乃至三分之一的人数。在美国的大学中，假如抽掉犹太学者，很多科系就失去了主力。我在匹大任教时，历史系有将近三十位同仁，大概四分之一是犹太人。我在匹大的后半段是"校聘讲座教授"，据说这个项目有一定的限额，大概是全体教员的百分之二。那时有个新校长刚刚到任，曾经邀请文理学院的校聘讲座教授参加茶会，在座十二个人中有四位是犹太人。可是在美国的大学之中，他们虽然成绩优良，实际的权力却不在他们手中——他们永远是客人。我有一位好友是以色列希伯来大学的社会学家，他在社会学上无疑是少数几个世界级领袖之一。每隔一两年，经由犹太同事的邀请，他会在哈佛和芝加哥大学担任客座一学期，然而这两家大学从来没有邀请过他担任常任讲座教授。从这个角度来看，美国的学术圈还是脱不开欧洲习惯的"排犹"传统。

来自欧洲的移民中，有一个特殊教派的后代值得一提：

荷兰阿米什教派的移民后代，他们最引人注目的特点是始终坚持以农维生、自给自足，并且拒绝使用机械，更不用说现代的科技了。他们的村落没有电灯，还是用汽油灯；不驾驶汽车，还是用马车；耕田仍是采用马拉犁的方式；他们服装两百年来如一日，还是如同当年荷兰的居民一样。来访匹兹堡的旅客，常常以参观阿米什村落为观光项目之一。这种特例当然不能算多，只是说明早期移民留在匹兹堡周围的，一定程度上仍保留他们的族群纽带。

第六章

多族群社会及其问题（下）

在美国的东亚族群今天人数也不少，这些亚洲人的受教育程度和西欧、中欧移民的水平相差不多。尤其中国人和印度人的受教育程度，可能是美国各族群之中具有大学学历者比例最大的群体。东亚族群分别来自中国、日本、韩国、越南以及菲律宾。至于印度人，虽然号称亚洲族群，却并不属于东亚圈之内。

先说日本族群。他们进入美国最多的地区是夏威夷和加利福尼亚州。明治维新以后，日本当局有鉴于领土狭小，想开拓海外领地，曾经有计划地集体移民，目标之一是夏威夷，此外则是秘鲁、巴西和墨西哥。等到日本赢得甲午战争和日俄战争，后来兼并了台湾岛和朝鲜半岛后，其野心转变为在东亚扩张，上述有计划的移民运动就终止了。今天到夏威夷的大岛希洛岛（Hilo），还可以看见若干日裔居民的村落，其布局和景观宛然如日本本土。

太平洋战争开始，日本突袭夏威夷，加利福尼亚州的日本居民被美国圈禁在集中营。夏威夷的日本居民人数很多而无法禁锢，而且他们向美国效忠，愿意组织兵团前往欧洲参战。在欧洲战场上，夏威夷联队表现优异，美国对夏威夷的日裔族群也就放心了。今天夏威夷的各种外来族群之中，日本人的后裔俨然是最大的一群。夏威夷的政治和地方经济中，日本移民的力量不可忽视——这些人确实已经不再认为自己和日本有关系了。虽然他们的口音影响了夏威夷的英语，但却已经习惯使用英语了。在加利福尼亚州的日裔居民自从获释以后，也逐渐分散各处，并不呈现集中的现象。

朝鲜半岛和越南的移民，颇多是朝鲜战争、越南战争的美军眷属：战争结束，回国的军队解甲归田，他们的家属也取得美国国籍，随同回到美国。这些军眷接着又安排自己的家属申请入境。于是，这两群人在美国的人数陡然增加。今天，朝鲜半岛的后裔似乎比较集中在中南部和东北岸以及加利福尼亚州；越南人的后裔则大多在墨西哥湾附近，以及加利福尼亚州的南部太平洋沿岸。韩裔移民很多经营东方农场，种植东方菜蔬、瓜果；越裔移民除了农场以外，还增加鱼虾养殖的业务——这也就是他们集中在墨西哥湾和加利福尼亚州南部的缘故。我们今天在美国能够购买到东方菜肴的原料，必须感激这些韩裔和越裔。这两群人也在各地经营饮食业，在美国的日常生活中，韩、越两种东方菜肴俨然已经可以与中国"料理"对抗了。

韩裔居民颇多是韩国长老会的信徒，越南的居民则有许多是天主教的信徒。这两个教派团结性很强，其教堂分别是韩裔、越裔的聚会中心，他们的活动也围绕在这两个教派的教堂。前面曾经说过，在匹兹堡犹太人的集中地松鼠山以及邻近的山荫区，韩国长老会购买原有的美国长老会教堂，作为他们的聚会所；在这些教堂附近，往往还有小规模的老人中心和托儿中心——这些集体活动，在华人圈中确实并不多见。

韩、越两个族群的凝聚性强固，他们的教育程度相对于白人而言相当于中产阶层。因此，他们的职业选择通常是专业工作，如医生、会计师和工程师，也有一些进入教育界担任教职；总体言之，也大致在中等的上下之间。尤其因为这些人都有美国亲属，这层关系使得他们更容易得到当地白人的合作。有些韩、越裔的人员能够进入当地的企业或是小商店工作，其中的亲属渊源也不可忽视。至于越战带来的其他族群，还有中南半岛的一些少数民族如孟人和苗人，他们人数不多，也就可以归入越系同一大圈内。

至于华人的情况，截至2015年最新人口普查数据显示，亚裔美国人已达两千一百万，华裔依旧以近五百万人居首，其次分别为几乎四百万人的印度裔和菲律宾裔。华裔美国公民和移民主要居住在加利福尼亚州、纽约和夏威夷。宾夕法尼亚州的华裔大多集中于费城、匹兹堡以及几家大型大学附近，人数不多。

华人到达匹兹堡的时间也相当早，在19世纪中叶就有华人从西岸进入匹兹堡，其中大多数是修筑跨大陆铁路系统的华工和他们的后代。在早期，他们一部分经营洗衣房，另外有一些开小杂货店。他们也曾经担任过铁路和码头的运输工人，但是被欧洲族群和非裔工人排挤，不得不以开办洗衣房和中餐厅作为谋生的手段。当时匹兹堡的华裔，以广东开平的余姓为大宗。只是因为移民入境时，有人借用别家姓氏的"出生纸"，从此袭用为英文户籍的姓氏。于是，同一余姓后人，英文的姓氏却完全不一样。余姓的后人在匹兹堡还是不少，均是中产阶层专业人士，有医生、牙医、律师、会计师、教员等。

1970年我刚到匹兹堡时，华裔的洗衣房有二三十家，还有七八家华人餐厅，基本上分布在城区、山荫区和松鼠山等地。这些都是老华侨经营的事业。诚如前文所说，当匹兹堡还是钢铁中心时，洗衣房业吸纳了许多华人后裔，他们辛苦劳作但收入有限。这些人在如此困苦的情况下，还是不忘故国。在匹大的"学术之塔"，有若干代表不同文化的教室。1930年代，"中国教室"就是由匹兹堡和大湖区周边几个大城市中的洗衣房华裔，每家捐助三块五块、十块八块凑成一个整数，再由在南京的中国政府补助了五千元，从福建请来师傅，运来家具和雕刻石料，建造了这一间纪念中华文化的

匹兹堡大学的中国教室及写有"忠""信"等字的天花板。匹兹堡大学共有 29 间国际教室,每一间都代表不同的国家及其传统文化

教室。我刚到匹兹堡时,当时余姓的一位耆老已经七十五岁,特地将这间教室的管理委员会职务,郑重交由我接手。在他的诚意之下,我重组了教室的管理委员会,也邀请了两位余姓后人参加工作。退休后,我当然也辞卸了委员会职务,所幸余家家属还有人在委员会之中。有一位余姓后人长期担任委员会的主任,他也在当地的美国华裔组织担任数十年副会长的职务。

在第二街有一家"安良协胜公会"的会所,曾经是老侨的聚会中心。在19世纪,这个组织曾是纽约和西岸非常兴旺的华人会所,也是华南地方帮会的延伸物。由于当时的《排华法案》,华人很难进入美国;新人经由法外进入美国的渠道就必须依靠帮会安排,入境后也仰仗帮会保护——在美国人眼中,如此组织也就和意大利的黑手党属于同类。我刚到匹兹堡时,那位华裔耆老提到上述帮会时居然还要压低声音面带恐惧:"这一个组织如果要对人报复,千里飞符,杀人灭迹。他们对自己人也是生死一诺,绝不相负。"匹兹堡的会所今天还在,不过已经没有当年的功能;当年帮会的组织大概也已经消失,这里成为老年穷苦华人的寄居地。匹兹堡城东有一个大公墓,其中有十个墓穴是这一会所购买,用来暂时埋葬故去的同胞;等到方便时,才将骨灰运回广东交给原籍的亲人。

二战结束后,中国内战导致国家分裂,许多留学生滞留在美国,有的在相关专业做工程师,有的在学校从事教研。

匹兹堡几个大工厂，钢铁、化工、玻璃、制铝、电器、电机等领域都有华人工程师，据我的学生吴剑雄调查，1970年代华裔工程师的总数有四百多位；再加上担任学校教职和其他专业人士，等等，这个庞大的华裔中产阶层约有四五千人。不在这个范围之内的华人移民，大多从事餐饮业，其次则是供应华人生活需求的杂货店和食品店。90年代以后，匹兹堡的传统工业衰退，专业工程师们有的退休，有的跟随工厂迁往其他地方。现在许多故人老去，旧日的朋友逐渐稀少，思之黯然。

21世纪以来，又有大量来自大陆的华人前来匹兹堡。尤其最近新兴的高科技和医药相关工作带动了匹兹堡的复兴，也带来了大量来自大陆的学者和学生。目前，匹兹堡大概有上万华人分散各处，并没有集中居住的趋向。他们基本上都属于中产阶层以上，和过去以洗衣房、餐饮业为主的华人社区性质大为不同。

自从19世纪以来，美国的华裔经过《排华法案》的辛苦阶段，直到1943年，美国取消对外不平等条约，也取消了《排华法案》，华裔在美国才有扬眉吐气的日子。论起学历，华人的大学学历比例之高，在各种族群之中名列前茅——最近统计显示，华裔教育程度具有大学以上者达65%。从家庭收入中位数来看，2016年亚裔美国人的家庭年收入居所有族裔首位，达到81 400美元，而华裔家庭稍低，是70 689美元。2016年亚裔贫困率为12%，比去年降低0.5%，其中华裔贫困率达 15.5%，稍高于平均水平。整体看来华裔的受教育程度高，收入比上不足比下却有余。但是，似乎华裔始终滞留在中产阶层，偶尔有少数富翁，但家产能超过一亿美元者凤毛麟角。相对于意大利和苏爱后裔，华裔高管在大企业的名单之中很少出现，更不论犹太人了。有人认为，或许因为华裔有母国作为事业的根基，在中国大陆足够开展宏图，不须在美国客地与他人争长短。

然而，二战和内战期间中国大陆经济、民生凋敝，到美国来的人谋生不易，他们如何在大陆大展宏图、建立大企业呢？三十年前，台湾的台塑集团在得州设立工厂；最近台湾郭台铭的富士康在美国大湖地区威斯康星州设厂，这就是另一现象的开始。也许有一天，华人在美国的企业界也能占有一席地。至于华人从政者实在不多，只有加州和纽约有几位国会议员，偶尔出现两位部长，也未必有什么作为。华盛顿州的州长曾经是华裔骆家辉担任，这已是异数了。

华人真正有良好表现之处，应当还是在专业和学术圈内。美国的好大学有众多优秀的中国学者任教，在追寻知识的道路上他们表现优异：加州大学圣地亚哥校区的钱煦先生，一身兼跨医学、生化、力学、艺术诸领域，乃是华人学术界中我最佩服的学者；专业圈内，我觉得贝聿铭先生的工作堪称世界第一流，他的建筑设计兼具艺术和工程之美，不仅冠绝当时，而且会长久传留；林璎女士设计的纪念性建筑，配合自然、别出蹊径，更是建筑设计中奇葩；音乐园地内，马友

第六章　多族群社会及其问题（下）

友、林昭亮等都已是世界第一流。在文学、艺术、演艺等园地，下一代的华人逐渐有崭露头角者，将来也许会有出类拔萃之人。在体育界尤其各种球类运动中，似乎华人并没有真正出头的机会。整体言之，中国人的受教育水平高，人数不如很多族群，如果以质量补数量，我们盼望还会有更多人才出头，为社会创造优异的贡献。在我工作的时代，华裔居民有过几个团体，不论来源、不论职业，目的在同气相求、同声相应。不过，因为各自来源和政治立场不同，近年来华人社群分裂为三——台湾地区人士、台湾来的原籍大陆人士和大陆新到的人士，没有共同的组织将这三个群体团结为一体。华人在匹兹堡的地位，也就滞留在各自努力的阶段。

最后，我们必须说明两个面临最不幸的族群：一个是西语系的居民，另一群则是非洲后裔的居民。这两个美国的族群，从美国建国至今始终滞留在收入最少、工作最疲劳，而且社会地位最低的状态。他们的不幸，有一大部分原因是在号称族群平等的国家里，起步就在最弱势的地位；再者，这两个族群本身没有深厚的文化传统，缺乏自尊，也就缺乏上进的动机。

先说西语系，这个族群实际上是两三个族群的混血。自从白人进入新大陆以来，原来居住在这里的人类被压制甚至于被消灭，始终无法翻身。由于最早进入新大陆的白人是西班牙人，美洲原住民也就受西班牙语的影响，发展了一套西班牙语和原来土语混合的语言。后来，混合土语实在不能成为有用的工具，他们使用的日常语言，就变成冲淡了或是变质了的西班牙语。美国西语系的人数大概有三千五六百万，今天很可能已经到了四千万——也就是在美国三亿人口之中占到16%—20%的比例。2010年，美国有35 468 501人使用西班牙语为日常语言，包括以西班牙语作为主要语言的波多黎各人。美国超过一半的西班牙语使用者居住在加利福尼亚州、得克萨斯州以及佛罗里达州。此外，纽约、芝加哥、新泽西州等大城市地区也吸引了不少西语系劳工。[1]

纽约、新泽西和其他大城市，有相当庞大数量的西语系人口。这些人一大半是加勒比海岛屿中的西语人民，例如波多黎各、海地和其他岛屿。他们的血统是原住民加上西班牙血统，有的身上还有被从非洲掳掠来的黑人血统，是相当复杂的混血。他们的语言称为Creoce，是一种自成系统的混杂方言。在美国大陆上的各州，尤其从波士顿、纽约到华盛顿这些大城市中，他们的职业都是待遇最低的体力劳工，如搬运工、建筑工。

在美国南方内陆各州，从得克萨斯州到加利福尼亚州南部，则是当地原住民各个部落的后代。这一大片土地占了美国领土相当重要的一部分。其实原本是西班牙在新大陆殖民，

---

[1] 各处西裔人口数字：新墨西哥州823 352人，43.27%，加利福尼亚州12 442 626人，34.72%，得克萨斯州7 781 211人，34.63%，亚利桑那州1 608 698人，28.03%，内华达州445 622人，19.27%，佛罗里达州3 304 832人，19.01%，纽约州3 076 697人，15.96%，新泽西州1 134 033人，13.89%，伊利诺伊州1 516 560人，12.70%，科罗拉多州545 112人，12.35%。

第六章 多族群社会及其问题（下）

建立了新西班牙。18世纪到19世纪美国向西开拓，许多武装的开拓者有组织地侵入了后来的墨西哥帝国领土，占据土地建立城堡——实际上，这就是无可遮掩的侵略。[1]

在这一片西南领土上的原住民，其实是墨西哥的居民，语言和混血情形几乎和前面所说的完全一样。在今天，墨西哥居民仍旧不断地进入这块领土，季节性地为美国的农场和工厂担任临时工。在他们心目之中，自己是到原来的土地上工作，不觉得是移民；可是美国政府和民间却认为他们是侵入美国领土，夺取了美国人的就业机会。美国政府在边境上拦截这些过境的移民，美国的农场、工厂主却在等候这些廉价的劳工为他们工作。最近，特朗普总统声称要在边界筑墙拦阻，也声称要武装驱逐在这边土地上工作的西语系移民，因为他们夺取了美国人的工作。实际上，这些酬劳微薄的工作，又没有白人愿意从事！在今天的美国，谁有武力谁就有强权。这些弱者工作时是被人贱价剥削的劳力，而没有工作时却被当作非法的入侵者，遭遇拘捕、押迁，没有公道可言。

据美国2016年人口普查，非西班牙裔的白人家庭年收入为65 000美元，西班牙裔家庭收入为47 700美元。各族

---

[1] 1845年爆发美墨战争，1847年1月13日，美国与墨西哥签署条约在加利福尼亚停战。但是，直到1848年2月2日签署《瓜达卢佩·伊达尔戈条约》，这场战争才最终结束。美国获取了加利福尼亚（下加利福尼亚半岛仍属墨西哥）、内华达、犹他的全部地区，以及科罗拉多、亚利桑那、新墨西哥和怀俄明部分地区，同时向墨西哥支付1825万美元作为补偿（价值相当于2012年的627 482 629美元）。

裔的贫困率存在很大的差距：19.4%的西班牙裔美国人生活在贫穷之中；相对而言，亚裔美国人及非西班牙裔白人的家庭，年收入低于贫困线24 339美元的比例仅分别为10%及8.8%。2018年初统计的美国失业率，全国平均水平是4%，西语系人口失业率却在7%—8%徘徊。西语系族群生活的艰难困苦，由此可想而知。

美国西语系人口毕竟数字庞大，其中也有一些人挣扎上进，经由选举得以出任公职。西南各州的公职人员里面，已经有西语系的后裔出现。终究会有一天，西语系人口不再留置底层。在匹兹堡，西语人口的比例比较低，他们的工作大多是不需要明显的专业素养却相当劳累的体力工作。举例言之，我所居住的公寓不幸遭遇火灾之后，花了两年时间重建。重建过程中，一般的技工、水工、电工等都是白人，有些待遇较低的劳力工作几乎全是西裔劳工在从事——例如铺设地毯，尤其走廊上被踩踏最多的地毯，需要人工将地毯推向墙边保持平整，以免使用过久出现褶纹造成意外。这些劳工以中国所谓"五体投地"的方式，尽力以四尺长、两英寸宽的木条向前后推压，也向边墙推到极致，以保持整个地毯的平整。这些西裔工人静默地工作，一天真正工作八小时，就只是跪伏在地，尽力推动木板压平地毯。

匹兹堡的中餐厅，几乎家家有所谓"老墨"担任后勤工作，洗碗、擦地、清洁、去污等，从事不断的琐碎劳务。现在已经有很多中餐厅是由"老墨"在后面按照"抓菜"的菜份下油锅，然后浇上预先配好的调料，就做出了一盘菜肴。这些老墨完全不懂中文，也不懂中国烹饪技术，纯粹是按着数字管理要求，安排一道道中国食物。他们的待遇微薄，还不到大厨的五六分之一，却是后面厨房的主力军了。同样，美式快餐店如麦当劳一类的店家，厨房里面炸鱼条、煎肉饼、包装汉堡的工作几乎都是一些西语系的工人在操作。这些西语系的工人工作努力，也不惹事，而且知道积蓄，家庭关系基本上也相当稳定。在美国打工的工人，定期将储蓄寄回墨西哥或是加勒比海的老家，以维持家用。这些人不会长期寄居篱下，而且他们人口增加迅速，今天他们所占美国人口比例不足20%，不久就会超过这个比例。据估计，到2050年代，西语系族群可能会占美国人口三分之一以上。

在前面一章我们已经叙述过非裔族群的社会地位和经济情形。虽然内战以后，美国在法律上已经取消蓄奴，但黑人的解放还是不彻底。六十年前，黑人和白人曾经有严重的冲突，经过阿肯色州小石城的冲突，以及马丁·路德·金领导的解放运动，美国的非裔居民社会地位受到法律的保障。然而，他们的经济情况相对于白人和其他族群仍旧相对低落。前面对比过白人与西语系居民的收入线，非洲裔家庭的收入为39 500美元，远低于白人、亚裔以及西语系的族群。据2018年初的统计，他们的失业率高达10%，居各种族群失业率最高位。

在当今美国的社会福利制度下，非裔居民接受福利接济的比例数,在各族之中人数最多。尤其单亲子女获得的补助,往往可以使未婚母亲不用工作,就可以得到足够维持生活的福利救济。这种奇怪的现象并没有帮助非裔居民争取上进,也没有使得他们要组织正常的夫妻、父母、子女的家庭单位。看来,福利制度对非裔居民而言,爱之实足以害之,他们往往因此缺乏上进的动机。恶性循环的后果是,非裔族群永远停留在社会的最下层。

非裔族群人口到今天将近百年了,始终停留在美国总人口的15%—20%。从黑奴解放运动以后,美国不断爆发民权运动,主要的任务就是帮助非裔人口提高地位,不论是民间的活动还是政府的立法,都尽量设法免除黑白人种之间的界线,提高非裔人口的生产能力、财务状况和社会地位。可是,如此种种努力,得到的成效却并不多。

从匹兹堡作为铁路中心以来,又加上后来钢铁和其他工业的发展,就有大量非裔劳工担任体力工作。他们集中居住的地区,有很明显的变化规律:他们搬入居住某一区域,社区就渐渐脏乱、败坏,社区的其他族群人口被迫迁往他处。我在匹兹堡四十年,眼看着有三个社区完全败坏,第四个社区正在经历败坏的过程。

非裔人口的工作,劳累而待遇菲薄。我经常出入医院,有时住院数周甚至数月。医院中的护工及清扫工大概都是非裔的工人。这些工人工时长、工作劳累,待遇却非常微薄。论起工作的态度,某些非裔护工并不敬业,也不想学习,只

第六章 多族群社会及其问题（下）

等一天时间到了快快回家。这些年轻的孩子可能只有十七八岁，到二十出头他们可能已经有一两个孩子了。以如此态度，他们如何能在社会上提升自己地位？

平心而论，非裔族群的这种生活方式，以及对于前途的茫然不顾，并不能说是族群本身先天的不足。经过二百多年长期被奴役的状态，一些人的心态是听天由命、得过且过。匹大历史系有一位讲授非裔历史的非裔教授，进入本系也有四十年了，花了大概十年时间勉强升到副教授，到现在还是副教授，也并不退休。此人为人和善，非常易于相处，也没有什么坏习惯，就是不肯花力气做研究。校方、系方对他相当宽容，可是却无能为力。非裔族群"小群体文化"，乃是几百年来不公不义的待遇之下逐渐养成的。大社会虽然有很多人努力想要帮助非裔族群提升境界，可是在另一方面，却又将就某些人不太重视家庭、不太重视教育的习惯。这是一个几乎难以解决的僵局，言之令人心酸。

在本章，我们陈述了美国各种族群的情况和他们在美国发展的机会。成败荣枯，各族情形都不一样。综合地观察，每一个族群进入美国时都多多少少带来了他们的文化传统。笼统言之，欧洲进来的白人，最大的区别是天主教群与新教群之间的差别。前者将一切信托于上帝的安排，只要求告上帝、仰赖神的福佑，也就是一种听天由命的态度。在竞争激烈的新大陆上，如果只是听天由命，这个族群将很难有取胜的机会。反之，新教的后裔，不管是盎格鲁-撒克逊人，还是苏格兰的长老会信徒或是西欧加尔文信徒的后代,则都因为他们的信仰,相信只有经由自己的努力才能符合上帝对人们的盼望——上帝的拣选可能是预定的,可是,上帝会等待信众以自己的行为证实上帝拣选的准确,这一动机就与听天由命不一样了。

来自东方的亚洲移民,华裔、韩裔、越裔以及日裔,都曾经接受儒家传统文化遗产的洗礼。他们努力的动机相当旺盛,只要给予机会都会力争上游。只是亚裔的起跑时间比较晚近,许多上层的位置和资源已经牢牢地掌握在白人手中,只有犹太人有欧洲带来的经验,能够在财经界挣得一杯羹,东方族群的后裔在财经领域中目前还没有足够的实力。然而,亚裔后代和犹太人后代一样,对于求知识的动机非常旺盛,这些族群和犹太人一样,也就在学术界和文化界占有一定的地位。

至于广义的演艺界,又是另外一番天地。西语系和拉丁系原来都在海洋周边。他们的生活习惯和文化传统,就与中欧和北欧的白人不同。南方温暖的气候、明媚的风光和比较容易谋生的环境,使得这些海洋地区的居民都具有比较浪漫的倾向。在艺术界、文学界和演艺界,他们的表现也就比较突出。运动界需要体力,非裔居民和一部分的西语系居民在体力方面还是有他们的特色。因此,在各种职业球队之中,这两个族群的表现抢眼,一些优秀人物可以获得高薪。然而,这对于提升整个族群的社会地位帮助还是有限。

社会地位之中，最有权力的政治圈始终是白人的天下。即使是一人一票的选举制度，由于白人掌握了"选举机器"的运作，其他各族到今天还是相对地居于弱势。因此，总而言之，根据美国宪法的理念所宗，美国以平等对待所有的人，每个人都有平等的权利，可以追寻快乐，也得到安定的生活，这终究还是带有"大问号"的承诺。

不过，最近发展的形势显示，新一代非裔和西语系政治活动能力大有进步。纽约州2018年期中选举，一位西语系青年女子击败政坛老人——一位多次连任的白人议员，出任民主党候选人，角逐纽约州众议员席位。2018年9月6日，一位波士顿市非裔女议员也击败多次连任马萨诸塞州联邦众议员的白人，被民主党推出参选这一联邦众议员的席位。同一新闻报道说，南方有四州的州长候选人都由非裔新人代表民主党参选，挑战共和党的现任州长。这些新人几乎都属于民主党的"进步派"，他们的崛起意味美国政界的巨大变化。这些变化，应是延续2016年大选中左派力量的兴起。美国终究是政权开放的国家，特朗普现象令人担忧。古语说"穷则变"，希望这一转变终于能实现"变则通"，为美国开一新局。

第七章

经济运作的模式

梁启超先生曾经在1910年访问美国,这一位观察敏锐的学者,对美国的各方面都有他的看法。在下面各章中,我会陆续提到一些他的个人想法。他最关心的是美国的移民问题、族群关系和托拉斯制度。上两章介绍了移民问题和族群关系这两个课题,此处从他关心的托拉斯现象,讨论美国经济发展的特殊风格。

他所指的托拉斯,是每一个行业出现垄断独占的现象。在这行业之中,有的企业捷足先登站定了地位,就不允许其他人挑战;有的是大鱼吃小鱼,挟其特殊的优势兼并同行,形成独占的现象。美国工业发展的时期,也就是19世纪后半期到20世纪初期的那一段,是"镀金"的时代。那时候,美国工业从无到有、从小到大,在世界的工业化过程中跃登首位。时势造英雄，洛克菲勒、卡耐基等人物都成为世界巨富。在各自行业之中，这几个大人物的麾下，也不再有其他人可以占一足之地。

梁启超先生注意到的现象，就是这种大集团的垄断和独占。他指出这种现象的弊病：一则在于，这些企业找到了他们以为最好的生产方式以后，就不再允许其他的生产技术和方法出现，亦即独占排他的现象；二则，某个行业占满了市场，其他代替品因为性质类似，很难与已经占满市场的原有产品竞争。这也就造成了工业不容易逐渐升级、汰旧换新以及开拓新的产业和工业领域。

梁先生担忧的现象，确实使美国长期霸据世界经济的首席，却在最近这半个世纪盛极而衰，逐渐不能对抗世界上其他国家的挑战。以他所说的第一个例子而言，美国开采石油时，打井采油是最能立刻取得大量石油生产的方式。这一技术在美国不断地改进，即以钻井的设备和效率而论，可说已经走到了最高峰，其技术也输出于其他国家。直到现在，钻井采油还是石油工业的主要生产技术。最近几年来有了从页岩榨油的可能性。然而，页岩采油终究相当昂贵：这个新的技术和新的油源，依旧不能和钻井采油的方法相提并论。各大学的研究室研究了许多不同的可能技术（例如，从煤炭中取得液化油），可是这些尝试没一桩能够离开实验室被油商们采用。理由很简单，用惯了一个方法，犯不着更新设备另起炉灶。美国钢铁工业的没落，也是类似的原因：在其他国

第七章 经济运作的模式

家已经发展出更经济、更有效率的炼钢技术,而美国的钢铁厂不愿意更新设备,以至于一吨瑞典钢或是日本钢,运到匹兹堡的钢厂门口还比美国的钢铁低廉。

既有的工业排除新工业的现象,在美国也是常常出现。美国习惯于从煤、石油、水电这三个方面取得大量的工业能源。这些企业有的是政府的投资,有的是民间的长期发展,他们不愿意看见新的能源来完全代替原有能源。二战以后,核能发电是新的能源,美国在这一方面比任何国家发展得都早,也占有相当合用的技术。然而,在中国高度发展的太阳能,在美国却是始终无法大规模采用,就是因为原有的能源企业不愿意看见风能、太阳能、生物能发电出现。在医药制造方面更是明显可见,美国大规模生产的药厂经常以某一种有效药物的专利权长期把持市场,不允许新药轻易出现。如果有新药,也是大药厂自己发展以后,设法与原有已经获利的药物互相补足,而不是代替原有产品。

梁启超先生指出的托拉斯现象,也正是马克思当年批评资本主义时候特别担忧的一个趋向。他们二位所说的托拉斯是由产业的独占发展为市场的独占。从20世纪初到现在这一百年来,实际上美国经济的运作方式,已经超越了产业个别发展的范围。现在正在美国当令的经济形态,乃是资本的独占——运用资本的机制,将生产事业掠夺为少数财团旗下的工具。1930年代,摩根财团所控制的大银行、大企业的资产总额,占当时美国八大财团的50%以上。"J. P. 摩根时代",

即金融寡头支配企业大亨的时代。他曾经声称:"推动历史的不是法律,而是金钱,只是金钱!"只要有货币在手,可以购买一切,一切的根本在于货币。这一个观点,其实已经远离马克思指出的工厂独占生产工具而奴役劳动群众的对立方式。货币本来只是一个交换的媒介,本身与产品之间并不能够画等号,可是现在货币的意义,已经远超过媒介而成为经济活动的主体。

根据 2016 年的福布斯报告,美国巨富人家的类别及财富总值统计数字是:从事金融业者的财富有 1320 亿美元,科技工业者占 730 亿美元,餐饮业者拥有 520 亿美元,百货零售者占 480 亿美元,房地产业者有 380 亿美元。从这些数字可见,金融业——这个以钱换钱的买卖——最有发财机会。既然摩根说过"货币就是财富,有了货币就能购买一切",从这观点来看,我们必须要先讨论一下什么是货币。

自古以来,无论东方还是西方,旧大陆许多文明都使用过贵金属货币,主要是金和银。金的价值远高于银,所以金币常常代表大数额的价值单位,银币则是日常使用的单位,接着的铜币则是辅助用的小单位。这种制度下,各国货币的比值很容易决定,就是按照金银贵金属的重量,即可取得一致性。在经济发达的时候,贵金属货币常常无法配合市场的扩张,于是才有纸币的出现。在人类历史上,纸币出现最早的地方是中国:唐代就有当作信用证的"飞钱",元、明两代的纸币非常盛行。欧洲各国使用纸币,也是以信用证的方

第七章　经济运作的模式

式开始出现的；到欧洲商业主义时代市场活跃，才有纸币以代替金属货币。

哥伦布找到了美洲航道，西班牙人先是大量搜刮印加帝国的黄金，这是美洲原住民数千年的累积。之后又开发墨西哥附近的银矿，取得巨量的白银。黄金流入欧洲，刺激了欧洲的城市发展和消费能力，整个改变了欧洲的经济状态。以大量黄金支撑的贵族消费者，购买力异常强大，到处购买消费品。中欧城市中的熟练技工得到如此庞大的消费市场，也致力生产各种货品，终于导致了工业革命。另一方面，新大陆的白银被运到美洲西海岸，然后进入中国市场，以偿付欧洲对中国的贸易逆差。经过几乎两百年的大量白银流入，中国曾经富足过一阵，但是也造成了白银和铜钱之间的比差逆转，使中国的市场结构和生产制度失去了平衡。

当时，世界大市场的环境下，银币作为交易的基本单位，美洲的白银和墨西哥的银币都是市场上常见的交易媒介。这一转变，无形中造成了银本位的国际货币交换制度。

18世纪中叶，美国西岸发现大量黄金，在将近半世纪的淘金潮中，黄金产量陡增。不久之后，澳洲和南非又发现大量金矿，引发淘金潮。整个世界黄金供应量剧增，黄金俨然足以挑战国际银本位的交换制度。进入20世纪，美元和银币在世界各处流通。当时英国的经济力量庞大，银币和英镑实际上等于是世界各国的基本交换标准，美国无形中也要承受英国经济的约束。然而，美国政府库存的黄金量十分巨大，究竟采取金本位还是银本位，成为一时辩论的主题。

在1920年代大恐慌时期，已经混乱的市场，究竟是依赖黄金还是白银取得再平衡？这始终是无法解决的问题。我在1957年到达美国时，美元的票面上还有一行"Tender of this bill"，即（持票者）可以向美国国库兑换票面币值的金属货币。

1944年，美国终于落实以金本位作为美金的保障。当时二战刚刚终了，美国是唯一拥有强大生产能力的大国。美国储存的黄金，占世界的一半以上。于是，美国将这个巨量的黄金作为准备金，以黄金的价值作为国际货币交换的基准，经过国际协商成立了国际货币基金组织，维持国际间的汇率。那一年，出席布雷顿森林国际会议的各国同意以美元与黄金挂钩，各国货币则以美金作为交换标准。这一决定，将金本位的制度改成美元本位，美国担起了世界复兴的重大任务。马歇尔计划使整个欧洲恢复了生产能力，以美元支撑的国际金融秩序于有功焉。

不久之后，世界经济复苏。尤其欧洲和日本的生产能力重新登上高峰时，美国不再能独占世界经济龙头的地位，美元的价值也常常不及英镑和马克。1967年，美国发生金融危机；1971年，美国宣布停止美金为国际交换标准。许多国家的货币准备金逐渐转化为"一篮子货币"，在这个阶段也就无所谓金本位、银本位了。

到现在，美国政府的联邦储备基金并不是依靠任何准备

第七章 经济运作的模式

金,而是政府任命专家组成一个专业评估经济状态的委员会,随时决定国库可以释出适当的货币数量,供应市场流通。理论上,美国各州都有权力委托银行发行流通的货币,但是必须经过联邦政府的核准。在现行的联邦储备系统下,所有银行都必须要将自己发行货币的准备金,存储在联邦储备银行中;在各银行需要现金流通时,可以向联邦储备银行领回若干需用的数字。实际运作的方式,则是各银行可以按照联邦储备委员会决定的贷款利率,以一定的利息向储备银行领取"公债",作为流通的货币。美联储随时调节贷款利率,低率的时候放宽银根,高率的时候收紧银根,以此调节市场上流通的货币量。如此运作,乃是依据凯恩斯理论,通过货币流通量的调节控制市场的荣枯程度。

这一制度下,美金实际上并不再依靠任何准备金,美金价值的保证者就是美国这个国家。美国政府代表国家,保证这个货币的价值。因此,美元只是一个信用证,本身不过是一纸符号,并不再具有实际的价值。这种状态的货币制度的运作乃是新的资本主义,与18世纪时代,以财富作为资本支撑工厂生产的资本主义颇有差别。

现在的货币制度可说是经济魔法师手上的魔杖。谁能掌握这个魔杖,谁就能操纵市场以钱生钱——货币作为符号,本身就有自我滋生的功能。前文提到摩根所说"金钱是一切",在今日居然就落实了。前面曾经提过的福布斯调查估计,美国财富的拥有者,金融银行业所占的比例超过全部社会财富的三分之一。也就是因此缘故,在20世纪中期,那些本来就掌握巨大生产能力的巨富都转型为控制美国经济的财团。现在美国可以找出十大财团,有些财团曾经代表某一生产业,如洛克菲勒、卡耐基等财团。然而今天,这些财团的旗舰却是金融银行业。

这些大财团都以金融事业作为主力,正是反映了19、20世纪之间美国工业最辉煌的时代。其不同于今日之处在于:那个时代生产业是主力,经济秩序主要是基于技术、资本和市场这三个因素。在今日,正如前面所说,凯恩斯魔法师的魔杖乃是货币本身。货币的流通是由经济部门操纵,货币与生产脱节,大量货币流通出现了荣景,如果没有适当的生产量与生产力相配合,则这种荣景不免是空虚的。

二战以后,美国经济力量一枝独秀,主宰了全球的经济。如前所说,在欧洲和亚洲各处经济逐渐复苏之后,美国的优势逐渐衰退。可是,因为美金是所有货币的标准,如果美国生产力不佳,势将无法背起世界货币龙头的重任。里根总统执政时,一面倒地采取宽松货币政策以刺激市场。表面上看来美国一片繁荣,华尔街的"牛市"涨势长期延续。美国满心以为,只要推动市场全球化,以自己的生产力就可以独霸全球市场。在那个时代的经济学者心目中,"全球化"的内涵应当是全盘"美国化",各国的经济都屈从于美国的经济。

老布什的任上仍旧延续里根时代的政策,而且利用美联储的机制,释放大量货币进入市场。美国原来的制度里面,

第七章 经济运作的模式

银行往往称为"国家的"(National),但意义并不是国家开设的银行,而是国家核定其信用能力以后,它们可以向美联储申请释放货币。这些资金形式上是公债,领取美联储资金的银行,等于是向国家以低率借用贷款;然后银行可以将新获得的货币投入市场,获得比联邦基金利率更高的利润。过去,美国的小城小镇甚至于社区都有信用合作社一类的机构。在合作社存储款项的客户,有权从自己参加的合作社取得贷款,以作为事业和资产的周转。这种小额存储和放贷的金融单位,基本上受自己会员的约束和管制,并发挥一定的功能,但是他们没有资格领取美联储的贷款。

在老布什时代,为了加速货币流入市场,政府赋予这些合作社等同于银行的地位,允许其向美联储申请公债。于是,前所未有的大量资金不断流入市场,造成了通货膨胀;表面上看来一片荣景,实际上货币贬值。而且,经济全球化后,美国的产品必须与世界其他各处产品在世界市场上竞争。美国的大量资金已经用来炒作非生产事业,没有相当资金投入改进设备和技术,以致美国的产品无法和世界各国的产品竞争。于是,欧洲和日本生产的汽车、亚洲和中南美生产的日用品,都充斥美国的市场。美国原以为经济全球化对自身有利,没想到首当其冲吃了大亏。美金迅速贬值,拖累了一些全部挂钩在美金之上的欧洲国家的经济。在亚洲经济中,生产能力最好的日本居然也被美国的泡沫经济拖累至今。凯恩斯的魔法杖反过头来,打到了魔法师自己。

在那一段时期，美国的货币经济其实已经和生产脱钩了。可是，上述所有的财团，几乎没有一家不是利用这种金融的活动空间，以大鱼吃小鱼的方式吞噬比较弱小的生产事业，造成了更多的托拉斯。货币在流通中没有生产力做后盾，就只是"以钱生钱"。21世纪初期十年左右，美国经济的秩序大乱。2008年出现了经济大衰退，就是经济失序走火入魔的后果。那时候，每一家市场经营的金融机构，都在做种种的包装，将质量混杂的项目推入市场。例如，最著名的"次级房贷"，便是将各种房屋贷款的单独项目绑成一包，当作一个整批交易的"产品"。银行将自己的贷款凭据——无论是否到期，无论是否已经烂尾——低价出售换取现金收入。在市场上购买这些凭据的客户，无法检验包装内部实际的情形。于是，各种混杂的包装里不仅有房贷，还有保险、创业风险贷款。买主明知是笔"糊涂账"，又将其用于抵押换取现金。一路过手之后，每家银行的账面上都有大量的盈余，而实际上都是空头游戏。大多数的金融机构明知故犯，内部没有检查机制，外部也没有人监督，金融纪律荡然无存。那种百年老店，例如雷曼兄弟，就是在这种情况下，一个环节露了馅，进而拉动一片，最终导致公司破产崩溃。

另外一种作假的方式，则是利用各种规则漏洞逃税。从20世纪后半期开始，许多美国的企业机构，在海外小岛或者瑞士一类的国际城市成立空壳公司，经由复杂的国际贸易过程，财团将自己的利润挂在空头公司上，只纳当地的少量税

第七章 经济运作的模式

负,逃开美国的纳税义务。更有甚者,那些空壳公司又彼此借贷,造成纠缠难解的账面记录,再以此种记录当作营收业绩借入款项,最后以破产逃避偿付。全世界的金融秩序,完全被类似的欺瞒、诈骗脱离了轨道。"巴拿马文件"和"天堂文件"都揭露了世界巨商大贾、重要财团利用这些逃税机制兴风作浪的事实。计算机巨头"苹果"一家,去年全球利润的70%是挂名于海外离岛的虚设公司。据说二十年来,美国财团的盈利有63%是挂名于那些海外小岛的空头公司,逃避了应付税款。而且,各国的贪污、走私等不法金钱,也流入这种逃税地区,避开法律的监督和惩处。

美国的证券交易本身是资本主义经济下必需的机制,使得上市公司股权可以在市场流通。经由如此流通,一般的老百姓也能分享经济成长的后果。可是,现在这一个环节越来越有问题。20世纪初,股票的交易只是股权的分享,持有某公司一股就有相应的分红股利,持有者可以此作为储蓄,在老年后领取股利维持余生。我初到美国读书时,芝大图书馆的一位老秘书曾经说:"我有十股ATT,老年可以生活不愁了。"那时美国一般老百姓,的确可以剪下股权格子领取股利,获得年底分红。

大概70年代开始,证券交易出现了一种共同基金(Mutual Fund),也就是将各种股权绑成一堆,买主拥有这基金若干份的权利。这种共同基金后来又变质了,从持有固定的若干公司股份,转变为不断买卖各种股权来获得利润。共同基金的购买者，也可以在市场上通过各种共同基金的流转赢取利润。于是，原本当作分散股权机制的证券市场，一变为投机取利的赌场。

证券市场上还有一种操作，就是所谓的对冲基金（Hedge Fund）。这种基金的操作者，在一个包裹内分别包含各种多头与空头，或者债券与股权的混合基金，从多、空买卖中获取利润。操作者每时每刻都在运作，他的客户却完全不知道操作者如何运作。其后果往往是客户赚微小的利润，而操作者赚大利——盈利了归自己，将损亏推给客户。某些两三年内让客户取得甜头，第三年将所有款项席卷而逃，或者以破产脱身。这种掠夺性的行为乃是利用人类贪利的弱点，明目张胆地偷窃客户的资金。

扩而大之，同样的原则之下，也可以出现财团性质的多种行业投资，挖西墙补东墙，处处可能亏，处处也可能赚。例如，"黑石财团"就是证券交易出身的两个年轻人合办的一个投资集团。从1958年到现在，刚刚过半个世纪，他们手上拥有的财产就数十亿。但是他们财团名下的产业却是经常变化，也经常宣告破产。这个财团的股份在证券市场上上市，经常大起大落，规模之大也常常出人意料。凡此种种方式的经营，号称是多元投资的灵活运用，究其实际则不外乎投机取巧、谋取短利。经营者自己累积成巨富，他们的客户则是飞蛾扑火，能够全身而退的其实寥寥无几。

美国最近几十年来，新科技层出不穷，尤其在信息和生

位于华尔街上的纽约证券交易所,曾经是世界上最大的证券交易所,左右世界经济,1929年开始的世界经济危机就以在此上市的股票暴跌为标志

化方面，现在又加上自动化。这些事业能够迅速发展，拜赐于风险投资的制度。某种创新的事物，预期会有很好的前途，在其发明、研究者计划创业之初，财团的风险投资基金就会投入创业资本。等到这事业发展到确实非常蓬勃时，风险投资的出资人可能取得最大的一份，而且是原始股。有些新的事物在市场上要失败了，风险投资者可以在关键的时刻立刻开放股权。一般的客户不明就里，以为有利可图，纷纷购入股权。在这个时候，风险投资者抛出原始股，取得数十倍的大利。该新创产业可能从此发展有限，或是一蹶不振。上述后知后觉致使赶热门的新股东，就必须承担该产业的失败。这种行为，在道义上和法律上都有很大的模糊空间。有人可以眼光很准，拿捏的时机正确所以抢了先机；也有人是在运作过程中上下其手，在关键时刻获利脱身而去，留下一群小股东套牢赔本。

再有一种方式，则是所谓"老鼠会"。发起人和早期参加者，采用金字塔式的结构拉人入会。从推广的绩效上看，这种基金不断增长，但是从这种机制上说，他们推销的产品其实利润不大。例如推广化妆品的安利（Amway），每一个人能够招募新的入股者，就能获得相应的奖金，奖金的分配比率也增大。早期入会者，获得的利润很大，但其实是由后来的支付者支付前人的收入。这种制度也是在法律和道义的模糊空间运作。

美国的大学教员有一个大学教员退休联合基金，会员有

第七章 经济运作的模式

数十万人。退休的教授都在任职的时候每个月扣缴会费,退休之后,开始按月领取退休的生活费。从制度上看,这是相当公平的制度。然而,随着美国经济的空虚化以及美元的贬值,再加上有些老教员选择"老而不退",后进的年轻教授人数越来越少;新进教授几乎等于上述"老鼠会"的后来者,他们负担了很多退休教员的月退费。这个制度的创始者可能从来没想到,原来用意很好的机制,却被实际的情况影响,竟如此变质。

严格言之,美国的社会福利金,也是由中青年支撑前辈老年人的退休金。美国人口正在老龄化,年轻人口的比例不断缩小——他们也等于"老鼠会"的后来者,要背负庞大社会福利金的支出。这些令人哭笑不得的现象,已经引起不少讨论。

最后,还有一项需要讨论:在美国已经非常普遍的信用卡制度。信用卡的流行也影响到货币流通量,由于货币流通的速度增快,即使发行量稳定,也就等于将货币的提供量相对地提高了若干倍。

在我记忆之中,二战以前信用卡并不普遍,只有与银行有很深关系的个人或者公司行号,才能以信用卡在外面付款,然后由银行支付。那时候,最著名的卡片大概只有三种:一种是富商大贾在豪华的旅馆、餐饮等地方请客时用,称为"食客俱乐部"(Diners Club);另外一种更为炫耀的是"空白信用卡"(Card Blanche),意指这种卡片持有人可以填写任何数字的支出，让对方向银行收款；第三种则是美国流行的"美国运通卡"（American Express），持卡人与美国的电报公司取得协议，旅行者在外，可以随时用这卡片支付款项而由当地的电报公司垫付，月底才结账。这些卡片都是具有特权或是身份特殊的人才能使用，会员费相当昂贵。因为数量不多，而且每一个持卡人都在银行有相当的存款，银行不怕他们不认账。于是，这些卡片的运行，也不会影响到整个货币流通量。

二战以后，美国经济繁荣，尤其到了50年代，公路系统四通八达，航空业也迅速发展，使得旅行者愿意持有卡片方便在旅途使用。于是，除了上述几种有限的卡片以外，各个银行纷纷发行信用卡，有些百货公司甚至于石油公司也都发行类似的卡片。信用卡甚至流行到这种程度：大的单位例如学校，也可以和银行合作发行信用卡，银行承认该校某个同仁可以携带卡片在购物时挂账。

信用卡的泛滥，造成了一个危机：有些人用了很大的金额，但不实时还账而一跑了之。由于卡片发行非常容易，许多发行者应该核对申请人的信用，却没有尽到审核的义务，这又引发另外一重弊病：一位持卡人知道卡片的过期偿付，必须支出19%甚至更多的利息，也许就申请别的卡，偿付上一张信用卡的债务。80年代左右常看到的现象是：一个人的皮夹中，可以掏出十几、二十几张信用卡，居然能够"以卡养卡"。到了最后，巨量欠债之下持卡人一走了之，或者申请破产，也就前债全消。为了抵制这种弊病，现在的信用

第七章　经济运作的模式

卡制度一分为二，一种是传统的信用卡，另一种则是预支卡。后者的预支款项，在银行中的户头上直接扣除；刷卡时，机器立刻反映这个户头是否有足够的存款待领。经过如此安排，卡片刷爆的情形已经比较少见了。

可是，大量的卡片在市面上流传，从持卡人的刷卡到持卡人的付账之间，通常有一个月的时间差。这一段时期的空白，按众多卡片的使用量来计算，也就等于是有数倍于货币流通量的信用在外流传。这种通货膨胀，其实并不容易管制；其对于市面的影响，表面上看来可以促进繁荣，但实际上却掩藏了通货膨胀的严重隐患。以上关于信用卡的问题，也是反映着今天的货币已经脱开了当年真正由政府保障的安全性。货币本身以信用的方式，在市面上膨胀若干倍而无人能约束。一个国家或一个市场的经济，几乎就立足在空虚的泡沫之上。这些泡沫会刺激货币的生产量，造成生产过度而无以偿付的窘态。如果不加管制，随着大泡沫的破裂，经济也就崩溃了。

最近又出现了一个现象，更是由虚拟的符号代替实质的货币。2017年11月19日，芝加哥商品市场（Merchandise Market）宣布，将"比特币"（Bit Coin）正式纳入交换货品。所谓比特币，乃是一种虚拟货币，并不是任何国家货币，现在居然成为可以买卖的"货品"。在市场上，比特币的价格随时增高、降落，非常敏感。有人就在空头之间投机取巧，上一时买进多少比特币，下一时卖出多少比特币。到了这个地步，交换的货品就不是真实具有独立价值的产物，也不代表后面有支撑这个货品的信用。

世间并没有比特币的存在，如此一个虚拟的货币空洞无物，居然可以当作交换投资的对象。现代的经济走到这个地步，确实已经离开了生产、消费之间的关系，市场成为一个赌局，经济成为博弈。这就不是我们理解的资本主义，而是货币堆积起来的假象。然而，因为有利可图，就有人在其中兴风作浪。人类制造的假象，居然可以影响到本来应该自行趋衡的经济。我们只能说，魔法师在玩弄他的魔杖。

美国的经济发展是由开拓荒地、增加农产品的供应，进而提升国民的购买力开始；然后设立工厂生产基本原材料，例如钢铁以及机械，最后生产日常的消费品。这种资本主义生产方式以货币支付设备和劳动的费用，也许还要加上运输以及土地的取得成本。在这个生产成本上，单位产品的成本加上原始资本应当获得的利息，成为消费品的价格。投资者取得利润，也就是以利息为代表的赢利。各个阶段的工作者，包括从生产线上的工人到最后一个阶段替顾客包扎货物的店员，经由劳动领取薪资，这是正规资本主义生产体系和交换体系构成的经济制度。

到了今天，经过了一百多年的演变，高度工业化以及科技研究成果带来的不断更新的生产模式——如此制度优越的现代工业文明，居然陷入一个虚假泡沫的信用经济！信用经济不断地以膨胀维持繁荣，以刺激欲望来增加消费量，而且

第七章　经济运作的模式

唯恐其流转的速度不够迅速。本章后半段叙述的种种行为，维持了这个泡沫不断扩大。无论经济理论如何玄妙地解释，以常识而论，这种制度体质并不扎实。经济全球化的时代，别处的经济体制正在成长中日趋充实，而美国却是日趋空洞。美国的经济霸权，如何能持久不塌？特朗普不明白这一现象，却号称要恢复"美国第一"，宁非梦想？

第八章

独特的城乡二元结构

人类聚居于一地构成了一个社区,而由于这种群居的方式,这个地区之内的生活状态超越了部落家族等群体。聚居的现象增加人际合作共济的可能,但也同时出现了人与人之间的互相干扰和冲突。聚居的状态有许多资源可以共享,同时也在共享的过程中,由于社会地位和权力分配得并不均平,而呈现社区内部的分歧和异化。在考古学上,新石器时代人类开始自己生产食物,也就出现了资源的流转和分配。聚居在一起之后,个别人员也出现了对这一社区的归属感。这种现象,在考古学上称为城市化(Urbanization)。后来引申出的大家习惯使用的"城市",则是物品交换的市场。因此,中文的"城市化"和新石器时代的"Urbanization"相关而并不完全贴合。

上面所说的"城市化"现象，乃是新石器时代以后，那些自给自足的农村逐渐发展为彼此依附的单位，既可以在有无相通的情况下出现市场的交换，也可能在不同族群之间因为分工合作（例如治水和开垦）而互相依赖。在这种情况下，会有一个中心聚集点，也就是上面所说的城市。城市成形以后，城外的近郊、远乡与城市之间的关系出现由亲而疏的差别，不过总体而言，城市应该是一个共存互依的网络。各个单位之间，无论是中心到乡郊或者乡郊与乡郊之间，都应该是和平相处，而且逐渐融合。

另一形态则是因为族群的扩张，造成了征服者与被征服者的分歧：占据优势的族群，往往会在地区的中心点建立城堡，防卫自己的利益，同时以武力或是经济的优势控制周边的异族。这种形态在中国历史上，周人东进代替商人成为中原主人的时候就出现了。那些分封的姬、姜诸侯修建城郭沟池以自保，城外的近郊则是城市的外围，而更远处的乡野居住着原来的当地居民。这种状态的网络，城市内外的关系是紧张的。城乡之间的差别，不仅是经济和政治的差异，也有一定程度的文化差别。古代中国的春秋到战国，经历六七百年的时间，才把这种城乡结构逐渐转变成主权国家，而最后成为统一的大帝国。

欧洲历史上也有类似的情形，city（城市）这个词的意义与 civic（城市的、公民的）相关，其典型的状态是最早在两河流域的城邦和城外的市集。在希腊历史上也出现具有守

第八章 独特的城乡二元结构

卫功能的城堡，以及城门附近的市集。两河和希腊的城市现象说明，"市集"与"文明"有密切的关系，城中居民相对于城外的人民来说，是具有文明的一个群体。

无论中外历史，从古代的定义延伸到今天的"城市化"，确实有共同点。城市中的生活与农村的生活颇有差异：城市是多元而复杂的，然而总体而言，这个多元的复杂体又代表一种约定俗成的生活规范，亦即各自"文明"的开展与演化；城外面的农村或者游牧的营地，相对而言成员较为同质，生活也较为单纯。人口集中的数量愈大，城市内部的分歧性也愈严重，而城市之内的分工与冲突也就成为城市生活的特色。以这种语源学的观念来说，现在的城市化，可能有助于理解城市化之后的"城乡分离"现象。

资本主义工业革命以后，欧洲各国强势扩张，纷纷在各自的征服地建立城市，作为殖民的着力点。如果不是以武力侵略，它们也会以强大的经济能力在被控制的地区建立商埠：这就是马克思著作中所谓的"临海城市"。欧洲列强的扩张，基本上是经由海道占有临海的河口、港湾，使之成为殖民地的立足点。中国近代史上出现的"五口通商"，即是我们熟知的个案：英国凭借武力，强迫中国开放海岸的五个据点，接纳洋人通商。如此形成的欧式城市，与其周围原住族群的关系有经济上和权力上的巨大差异；而且，在文化方面，欧美的潮流凌驾于亚非等地，以致逐渐取代了原来的当地文化。马克思认为，这些临海城市与内地之间的对立很难消除，它是资本主义压迫弱者开放市场的模式之一。

美国初期发展，从波士顿到纽约，以至于新奥尔良都是这种临海城市。不过，欧洲人在北美建立的临海城市，由于原住民的美洲人民已被欧洲移民强力驱赶和消灭，外围不再有对立的人群了。欧洲的新移民从进入美洲开始，就是借重临海城市的立足点，一步一步往内陆扩张。他们建立新城市，腹地是空旷的内陆，四周并没有乡郊的异民族。于是，美洲出现历史上崭新的城市形态：城郊乡野之间的关系是逐步扩散的，并未长期维持城市压迫或控制郊野的紧张关系。

在人类城市化的历史上，各地区发展的速度和形态并不完全一致，我们也不能在这一章做细致的比较。在本章所处理的问题，应该只是工业革命以后的生产方式，以及远程贸易带来的商业经济形态出现以后在世界各处纷纷呈现的现象。在全世界的城市化个例之中，美国的城市化现象有比较完整的记录，以资讨论演变过程。而且，美国城市规模巨大、人口众多，在全世界中也是非常突出的。

从"五月花"号到达新英格兰开始以至今日，这三四百年的历史几乎都是城市化的进程。不到两代，新英格兰就出现了以波士顿为中心的城市。独立革命的时期，北方有波士顿、纽约、费城三座大城市；南方在取得路易斯安那领土以前也至少有两三个港口。在建国以后，华盛顿（哥伦比亚特区）作为政治中心，立刻就和波士顿、费城获得同样的重要性。

第八章　独特的城乡二元结构

那时候,这些城市都不过有十多万人口而已。

我居住的匹兹堡,在建国以前就已经从英法争夺的"三河"地区的战略重心转变为向西开拓的门户。那时,匹兹堡人口也已有三五万之多。到今天,经过了三百多年的演化,美国的城市规模及其复杂程度已在人类历史上开创了新的阶段。

在全世界类似规模的大城市中超级都市纽约位列前茅。纽约从一个哈德孙河口的港口,发展为美国第一大港,陆续兼并了五个邻近城市,其"市区"已经相当广大——大都会地区超越纽约州界,北自康涅狄格州,南至新泽西州,跨州兼郡,俨然一个欧洲中等国家的疆域;其人口将近三千万人,比台湾省的总人口还多——如果把纽约当作一个独立国家,其人口数在世界各国人口排序里也位居中段。这一个大城的经济规模,可与世界前列的几个发达国家比肩并列。单以地铁长度言,竟可以千里计算;其市政的复杂程度,比一般国家有过之而无不及。

纽约以外,美国第一级大都市从东到西有:波士顿、迈阿密、亚特兰大、费城、华盛顿、芝加哥、新奥尔良、休斯敦、达拉斯、西雅图、旧金山、洛杉矶。这些城市的市区人口都在八九百万到千余万,市区涵盖的范围都在九百到一千平方公里以上。这些大都市均是交通要地,有的是海运港口,有的是铁路、公路的交会点。凡此大都市内部,涵盖政治区、商业区和居住区,有些还要加上工业生产区。这一级城市四周，通常有广大的郊区。

美国的二级都市则有巴尔的摩、匹兹堡、克里夫兰、底特律、圣路易、凤凰城、丹佛、波特兰、圣地亚哥、檀香山，总计也有十余处之多。每一座城市往往跨越郡县，或是从一个郡兼并了附近数郡的一部分，而在城市外则还有郊区。这些二级城市涵盖地区的人口总数，大致在三百万到七八百万之间。二级都市都有一些自己的特点，或是某种工业的集中地，或是某个大区域的区域中心。每一座二级城市的功能并不完全一致，也可能在某一方面特强，其他方面则有不足。再下面就是第三级城市了，每座城市的人口可能在十万到三十万之间；它们也有自己的郊区，范围也不很大，这一级的城市约有百计。

整个美国就由这一百五十多个市区所覆盖，美国三亿多的人口，十分之九在城区或是郊区居住。剩下不到百分之十的人口则分布在各处农村，也即那些成分同质、结构单纯的小社区。不过，美国的农村和我们理解中的中国的农村还是有很大的区别。在拓荒的时代，若干农庄之内是居民点，通常设立在道路交会之处，有三五家车行、旅店、邮局、小百货店，等等。在东岸人口密集之处，农村的居民住在自己农田附近的"散村"。在道路中心点，另有周边农家都仰赖的镇市，提供众人生活必需的公共功能。从上面叙述可见，美国的人口确实众多而密集。美国的城市化现象，在整个世界而言也最为密集。

第八章　独特的城乡二元结构

城乡关系是社会学和历史学上重要的课题之一。可是，在不同文化传统之中，族群关系的性质和改变过程并不完全相同。真的要简约成一个词语来定义它也并不恰当，也许我们可以用中心和周边的关系，以说明大聚落和小聚落构成了一个城乡网络的情况。在工业革命以后，城乡关系的形态发生改变，和古代部落移动以及国家形成过程中的情形已经有很大的差别：工业革命和资本主义社会阶段城乡关系的要件，是中心都市和周边之间的财富分布和供求的关系。固然马克思在他的《资本论》中，也曾讨论那一时代的城乡关系，但他并没有预料到后来发展的方向以及特性。美国地方广大，开发过程中各区都有自己的特色。即使是以美国本身而论，从白人进入新大陆至今，这四个世纪中城乡关系也有其地区性的差异和阶段性的发展。

第一个阶段是在美国东北方向沿海出现的临海城市和它周边扩张的外围。英国来的移民曾经尝试在南卡罗来纳州建立基地，但这个任务没有成功。因此，英国移民第一次成功开展据点是在今天马萨诸塞州的波士顿周边：那是一个河港，具有河海汇聚的特色，适合船只靠泊，也可以循着河流向内地伸展。同样地，荷兰人在今天曼哈顿建立新阿姆斯特丹，即今天的纽约，也是一个河海相聚的港口，然后从那一港口逐渐向内陆伸展。

这两个地区都有可以登陆的海滩、相当广阔的内陆与河流及其支流，因此都是从河、海据点又沿着河流向内陆伸展。

它们的腹地和中心城市之间，形成扇形的结构。在几何学上，这种扇形的扩张和典型的六角形扩张有相当的差异。这两片大扇形，沿海的狭长地带逐渐靠近，构成了两大人口密集地区，又终于联系为一片。这两片集中地区的中央又有新的河港，形成了费城。后来，这三座城市逐渐结合为一片，成为立国以前就呈现的中央地带。立国以后，为了平衡南方殖民地和北方殖民地的关系，新建的首都在华盛顿，那是在一片沼泽地上，平地起楼台建设为国都。既然这是政治中心，当然也就成为大型的城市，四周发展为相对接近六角形或是圆形的外围圈。

上述四座大城市，分别具有政治、文化、经济上的重要性，聚合为人口密集的聚落带。四个中心各有彼此独特的功能，也可以互补。在此后的三百余年发展中，这庞大的人口中心吸引了更多的人口和资源，发展成为巨型都会区（Megapolitan Area）。

每座大城市本身不断地吸纳原来的周边，扩大成为更大的中心区，而中心区和中心区之间人口密集、道路纵横，也就很难界定为哪一面的边陲。到今天，这东北区四大城市构成的巨型都会区，始终是美国中心的中心，以人口数字五六千万而论，大约占了全美总人口的五分之一。其政治、经济和文化的领头地位，更非任何其他地区可以比拟。这四座大城市的周边也还是有自己的近郊和远郊。每一个地区还各有次级中心，重叠在郊区之上：这一个巨大的人口集中地

第八章 独特的城乡二元结构

区,已经无法再用"城乡关系"四个字来作为议题讨论了。

从宾夕法尼亚州匹兹堡及密西西比河上游往西的大湖地区,则是广大的中西地带。匹兹堡城是东北地区到中西地带的连接点,具有其重要性。匹兹堡的枢纽特点,使这一据点既可以是东边的延伸,又可为中西部的一部分,也可以成为前往南方的起点:堪称各区的联络点,却又不属于任何一区。关于匹兹堡的城乡关系,后文有更详细的讨论。

以中西部这一个大地区而论,芝加哥地区、大湖区向西建立据点,其南部的顶点即是大湖区的中心。从纽约到芝加哥之间,先有运河后有铁路,之后芝加哥成为中西部与东部、北部连接的枢纽:从这里向东、向南、向西扇形发展,向北则是沿着大湖的边缘发展。以芝加哥为中心的庞大内陆,是美国开国以后逐步西向开拓重要的中转区域。这里有广大的农田,后来又是重工业的集中处。以芝加哥为中心,铁路网密布,东、南、西三方面的重要城市,都是从芝加哥辐射出去的。芝加哥往北则是沿着河边扩散,有几个北方湖区的中心。这些中心周围都是广大的农田,人口较少。因此,中西部人口不可能像东北"波、纽、华"大三角地带那样密集。

美国中西部广大地区之内,幅员辽阔的各个次级区域也必须有若干适当的地点,作为商品集散和物资供应的中心。这就是中西部各区的政治和经济中心,州政府也就落脚在这几座城市,例如内布拉斯加州的林肯城。中西部的城乡关系也就成为层级型的布置:中心在芝加哥,地区性的中心都市是第二级，下面十万人左右的城镇是第三级，然后才是各地由市集转化成小镇式的人口集中点，再下面则是广大的农村，以散村的方式成为个别小地区的中心。这个布局，倒是最符合几何学上"中心—边缘"的形态。

美国的南方，从密西西比河下游，加上从墨西哥帝国取得的南方内陆，又有自己的特色。密西西比河中下游以及南北卡罗来纳州，本来就是法国殖民的地区。这里地处南方，水源丰富、气候温和，是良好的农业地带。后来，因应机器纺织业的需求而种植棉花，比粮食更有经济效益，这些地方成为经济作物的农庄。大地主的农庄本身就是一个经济功能自足的个体。各个大庄园之间会出现一些地处交通要道的市集，河岸适当的地点则有港埠，作为和欧洲及美国东北部交通的中心。不过，既然庄园本身是一个相当程度的自足单位，这些地区的中心城市的功能也就往往只是转输，而不能发展为芝加哥那种形态的巨大城市。

美国取得了密西西比河以西广大的南方内陆，最初的产业也是农业，尤其是生产粮食和水果。因此，南方内陆的发展形态，也和大地主经营庄园的方式相当类似。在石油成为南方内陆握有的重要资源后，因石油带动的新工业才创造了必要条件，使南方有若干地区发展为大都会区。然而，整体而言，整个美国南方并没有像芝加哥那样的广大地区的中心城市。南方城市中心的阶层形态，也就常常呈现为二级制：城市周围有一串城镇，然后才有散居的村落和小镇。

第八章 独特的城乡二元结构

美国的西部也是发展较晚的地带。从西班牙的墨西哥手中，美国取得整个加州，再从那里开发了西北各州。这个地带从加利福尼亚州南部到华盛顿州，是被落基山脉隔离的海岸；落基山贴近太平洋岸，这个狭长地带实际上是落基山的山坡上散布的几片台地；太平洋岸的峭直陡立，沿海只有有限的平地。受天然条件的约束，西部的长长海岸能够形成都会区的地点其实很少。每一个都会区的海滨、台地和内陆的腹地，仅是局促于崇山峻岭中的谷地。在黄金潮的时代，大量人口进入西岸追逐黄金梦。金矿挖光后，这些开拓者才进入山谷，开发农田，种植有高经济价值的水果、蔬菜，生产制造酒、糖等的经济作物。

凡此地理形势约制了西岸的发展，每座城市四周只有一定的平地可以成为都会区。几个大都会之间，仅凭单线的道路联系为一片。这个广大地区，每一个都市区都用尽了平原、台地和山谷；可以使用的面积有限，因此也就难说哪里是城市，哪里是郊外。南北两大城市之间，单线交通的路线上，两边都较远的地区即是边缘。这是一种"联珠串"的模式，和中西部的六角形结构完全不一样。都会区本身的集中性，通常达到了饱和；周围延伸的空间，往往是不宜居住的陡坡、深谷，或者地震、火灾频频出现的后山。

在美国的历史上，城与乡之间发展出一种别处少见的形态，即是所谓近郊住宅区（suburb）。就一般的形态而言，城市是财富、资源集中的地方，从最富到最穷各阶级的人在都市之内各自聚集、分区居住。在农业经济时代,农家住在城外的农村居住点,小镇市县是小型工商业的据点,为周围的农户人口服务。在美国历史上,如我们以前说过,19世纪中叶以后,工商业一波一波发展,不断地开发新产业,也不断地吸收新人口。到了20世纪初,美国拥有世界上史无前例的庞大生产规模,生产各种工业产品,也就出现了大量的劳工和中层的管理与技术人员。于是,在工厂主和劳工之间,出现了一群中产阶层;这些人口的社会地位、经济地位,取决于他们的贡献和收入。他们的专业性,与过去传统时代的军、政干部的情形不同。这些新兴中产阶层,在20世纪初期以后,一般言之都是居住在城市之内,或是靠近工厂的二级城市;而他们的雇主,就是洛克菲勒、卡耐基那一类人物,也居住在城市之内的特定地区。在那时,还并没有近郊住宅区。

第二次世界大战后,整个世界的经济盟主是美国。美国生产了全世界最大数量的产品,支持战后各地的复苏。而且,战后新兴的产业,不断更新工业本身的性质和结构。这种产业的扩张和升级,必须仰仗大量的专业人才担任管理和技术的任务。二战以后,美国政府设立军人复员的奖学金,让回乡的军人进入大学深造,学习新的技能。与之相对,美国各州都增加了州立大学,或以原有的学校扩大、升级,或者增设新的学校培养各种人才。

1942年,欧洲战场结束;1945年,亚太战场结束。60

年代后期，那些培训的新人才都离开学校，进入职场各就各位，服务扩张了许多倍的企业界。他们的收入是过去农户收入的若干倍，新兴的中产阶层遂成为美国社会的骨干。他们的家庭背景可能是工厂的工人，也可能是农业地区的农家子弟；此时，他们取得了良好的经济能力，也有相当的社会地位。但城市之中，一时之间不会有这么多的中等房舍供他们购产居住。当时汽车工业发达，国家正在全面建设公路网，美国的一般人士都有可以移动的条件。这些涌现于各处的职业人口，不再回到原来的农村，于是，农村与城市之间，有许多农庄就转化为居住的郊区。

这些近郊的分布通常在城市的边缘，随着中产阶层扩大，城市边缘既非城市、也非农村的居住区也逐渐扩大，成为围绕着城市的边缘带——我们通常借用纺织品的名称，称之为"裙边带"（skirts）。这一形态的聚落，大的生活需求仰仗于城市，日常生活的需求则依靠沿着公路发展的购物中心或者购物商场——宛如覆盖于室内的街市。从60年代持续不断地扩张一直到80年代，全美国各地大城市外面的近郊因为其宽敞的空间和良好的自然环境，吸引了许多本来在城市居住的居民前往。这就产生了购物功能的扩散，相对地，财富也就从市中心流向城郊。

这些新兴的中产阶层，有许多经历过二战，曾经在海外服务，他们认识到美国以外的世界：无论是欧洲的原乡，或者东亚地区，都是他们曾经以为古老神秘的地方。他们忽然发现，这些地方都有一些值得注意的特色。欧洲是美国文化的源头，美国文化的一些基础还留在欧洲，移民只是从原乡带过来一些旧日文化的皮毛。然而在东方，风俗习惯和文化的趋向与美国有显著的差异。异地风光刺激他们认真地思考：美国的价值和生活方式，是不是如过去在美国长期居住的人口所想象的那样："美国第一""美国最优秀""美国的价值是唯一的选择"？

从更现实的层面来看，新兴的中产阶层往往卷入世界化市场的潮流，他们的职业就可能是全球性贸易网中的一环。这些特色，也为他们开拓了新的视野。我们可以称之为一种新的世界主义，也可以说是由于这刺激，引发了他们对美国传统精神和文化的反省。这一广大的中产阶层，在生活方式和思想形态方面，都与过去美国一般的公民不一样了。假如他们各自回到自己的故乡，这种世界化的影响也许会整体地改变美国文化，即使内陆地区也不能例外。然而新兴的中产阶层，绝大多数离乡之后不能再回去；他们的心已经属于城市，也超越了美国——这些人代表着美国新兴城市文化，也因此具有与以前完全不同的风貌和内容。

中产阶层为主体的大都会区，增加了许多新的就业机会。那些大多是城市的服务业，工作人员待遇薄弱，需要的技能要求也不高，于是在城市之中出现了底层的低收入人口。这些人很多都是来自外国的移民，尤其中南美的西语系人口和东亚的亚裔人口。在二战后，美国曾经在东亚有过两次大规模的战争，一次在朝鲜半岛，一次在中南半岛。许多东南亚的劳工和韩国、中国劳工都是在这些战争期间，因缘际会进入美国，加入低收入劳动者的队伍。

在大城市中，这些低收入的人群，其实与内陆农业地带吸收的西语系劳工并不相同。那些内陆的农业劳工在过去季节性地出现，农忙时他们从墨西哥和中南美进入美国，收获季节一过，就带了工资回到家乡，再过半年或是一年又来美国。在城市中，这些新到的外来者却是永远流落在美国城市的底层，只有相当少数可以在美国社会中逐渐增加收入，提升社会地位。

最近半个世纪以来，由于中东地区的形势不安定，又有大量中东和西亚的劳工，先是就近进入欧洲的城市；在欧洲的吸收能力饱和时，美国成为另一选项。这些伊斯兰教的信徒，在欧美各处与当地社会均有格格不入的矛盾。基督教和伊斯兰教都是唯一真神信仰，二者之间本来就有长期的对抗和敌视；伊斯兰教徒的生活方式颇多禁忌，是以他们和周围的生活环境很难兼容。种种新仇旧怨，使美国城市地区因为这些新到的中东移民，发生了许多众所周知的暴力事件。从2001年最剧烈的"9·11"纽约世贸大厦的惊人事件，以至最近不断发生的枪杀案，美国城市之中发生了许多过去罕见的意外和冲突。

于是在当今美国，城市中出现了"水泥丛林"（没有法律的蛮荒地区）。例如芝加哥市中心南面，三十余号到四十余号的街区乃是非裔人口的生活区。纽约市的西城原本是西语系的地带,那里也是枪杀不断,现在这一危险区域更扩大及布鲁克林。在曼哈顿每一个街角上,都经常出现韩裔人口和西语系人口的水果摊,二者因为业务的竞争而发生摩擦。纽约出租车行业更是各种新到移民的混合,这一个特殊社群之内,各种各样的事件都可能发生。都市里面本来事故就很多,现在更加上了随机不可控的危险,如两群出租车司机的械斗。大都市中有许多禁区外人不敢涉足。

这种复杂的低收人口,因为族群的构成不同,对美国都市生活有巨大的影响。简单言之,一个美国大都会之中,最大多数的居民乃是中产阶层;他们寻求的是安定和一定程度的生活需求。然而,也就在他们肘腋之下,却是有接触而无来往的另外一个阶层——过去中产阶层与劳工阶层之间的密切关系已经无复当初。中产阶层和雇主群的富豪之间原本关系相当密切,现在由于富豪迁移他处,只留下旧日豪宅改装为若干户共居的集体住宅,与他们的中产阶层雇员之间也彼此脱了节。

大财主们转而迁往物资更为充沛、房舍更为考究的大城市内,居住在城市之内的豪宅或是高楼大厦的顶层。至于大的商店,则集中在每座城市最为繁华的市区(downtown)。整体而言,因为上层和中产阶层的离去,城市反而成为穷人集中点。以华盛顿为例,大概从1960年以后,除了白宫和联邦政府各部门还在城市之内,一般的居民都离开华盛顿,纷纷移往弗吉尼亚州和马里兰州的近郊。当然，郊区本身也有分等，真正的豪宅不在郊区之内，而在许多城郊中间的空旷地带另外辟开的价格昂贵的豪宅区。

如此转变，使美国的都市形态和城乡关系呈现整体的变化：城中心区最穷困破烂，市区只有白天是公司开门工作的时候，晚上除了饮食店以外没有长住居民。过去城内的大公寓成为贫民区，有若干地带竟沦落为荒芜和贫穷的代名词。如前面所说，芝加哥从市中心向南到第四十街左右简直就是战场——白日群殴，夜间枪战。华盛顿的市中心区也是如此，居然到了无人敢夜行的程度。这一个阶段的转变虽然引起大家的注意，各级政府也采取相当措施希望能加以矫正，却是很难挽回大势。上述这种情况，虽然各城都有不一样的发展，只是基本上大同小异：同一趋势的人群分裂和冲突激化。

第九章

阶层固化的社会现实

以我亲眼所见,以匹兹堡外围的变化为例,1970年代后期开始,美国的工业结构出现转变。战后,欧洲和亚太地区复苏,各地出现新的产业结构,比美国的工业更为发达。美国的工业本来是领先世界,但是在这个时候开始却逐步落后了。第一批落后的是轻工业,包括家用物品如纺织、电器等类。通常,欧亚的产品都比美国的更为先进和价廉,在轻工业方面美国很快就失去了领导世界的优势。

接着是1980年到2000年之间,在重工业方面也发生了变化:钢铁业、汽车业和大型机械工业方面,美国的产品因为设备与生产方式陈旧、工人工资不断地提升,其市场价格无法和新兴工业国家的产品竞争。最严重的困境呈现于匹兹堡的钢铁工业和底特律的汽车工业。欧洲和日本的钢铁卖到匹兹堡的大钢厂门口,还比本地的物品价廉物美。德国、日本的汽车,甚至于法国、意大利的汽车,在设计和成本方面都比美国更具优势。于是,美国本国的汽车市场,一半沦陷于外商的汽车。底特律汽车产业受到的伤害非常严重,到今天才逐渐恢复。

匹兹堡钢铁产业受到的伤害,集中在1980年到1990年左右。本地的钢厂纷纷关闭。有的是因为设备老旧,汰旧换新过分昂贵,干脆迁移异地另设新厂——例如在亚拉巴马州的伯明翰新设的钢铁厂就代替了匹兹堡附近的旧厂。我们眼看着本来半边天都是红光和黑烟的山谷地带,逐渐变得天色晴朗、空气干净了。然而每一家工厂的倒闭,就意味着附近整个小镇面临失业,附近与日常生活有关的交易市况都随之一落千丈。

整个大湖区从匹兹堡到芝加哥,原本是美国的工业带,在那时候以后,却得到了一个新外号——"铁锈带"。产业结构改变的连锁反应,带来了全国各处工业结构的纷纷转变。在城乡关系方面最显著的变化出现在原来旧工业的干部,如工程师和管理人员身上。他们原本都是中上阶层收入,所从属的工业垮了,这里面的资深人员也就纷纷失业或是退休,提早结束他们的职业生涯。

由于工会不断要求改善待遇,美国劳工的生活水平相比世界其他地区远为优越。这些人失业以后,尤其是资深劳工已经习惯了旧日的技术,很难再学习新的技能,从此就沦入贫困阶层之中。那是一段凄惨的岁月，眼看着本来待遇丰厚的劳工，竟然要在天色黄昏以后，悄悄地到果菜市场的后门捡取当天要抛弃的过剩货物。这些工人经济上的损失，还不如他们自尊上的伤害更令人酸鼻。

这种反应是连锁性的，有大批人员失去了原有的职业或是经济优势地位，他们原来生活的标准也就跟着逐渐低落。这些中产阶层、劳工阶层、上层人物的收入，不能转变为过去一样的消费，影响所及就是美国整个市场经济必须调整了。

前章所说城乡关系里，有些市中心区到了晚上不再有人，而城中的住宅比较老旧，中上阶层的人都已经移居城郊。这些城郊的住宅，跟着战后美国经济的优势一起发展，每座城市的中产阶层人数都逐渐增加，而且每一家的个人收入都是向上曲线。于是，最近的近郊可能房屋比较小，也比较旧；虽然比起城区已经是新建，然而十年下来也就成为旧住宅了。一波又一波收入丰裕的人员不断向外迁移，建筑所占的空间越来越大，房屋的使用面积也相对增加。这一个形态导致了前面所说，大城市周边区域出现许多购物中心和大型商场。

后来，中高层收入的人发现自己已经失去了优势，不得不改变生活方式，或者退休到物价比较低廉的其他城市，或者将自己的豪宅出售，搬进城内购买翻新的旧宅。这些反方向的人口移动，将城内贫困人口本来占有的社区处处翻新改建，这些人又不得不移向郊外；他们移入的大概就是离城比较近的近郊——离城稍远的豪宅地区,他们还没有购买能力。如此内外对换的形态,使得城乡之间的主客关系也因此颠倒。日常生活所需的商店又移入城内,郊外的那些购物中心和商业大厦,有的拆除有的荒废。一个比较富足的城内,不再是有许多贫困人口的袋型地区;整个城市周边的小社区,则是贫穷住户的安身之所。周围的近郊区房价低落,治安也频频出现问题。

以我所居住的匹兹堡为例。这座城市的城中区面积不大,只是三河交流的三角地带,纵横不过几十条街。在狭小的三角地带,曾经有过美国大企业总部的集中区域,仅次于纽约和芝加哥。城中心区的办公大楼、百货公司、旅馆、银行、商店,鳞次栉比,许多建筑虽然古老,但还是看得出当年设计的优雅、建筑的考究。跨过中间一段高地区(Hill District)——那里本来是犹太人的社区,曾经有过相当不错的岁月——再往山上走则是文教区,有四五家大学、学院、医院和博物馆;这是"东城",也就是奥克兰区和山荫区,是当年匹兹堡最盛时代梅隆等人的豪宅所在地。

在早期城市中心逐渐败坏时,高地区最先败坏,犹太人迁移到松鼠山。匹兹堡钢铁工业兴盛的时候,工程师、管理人员、医生等都向东角迁移,分布在东向的大道两边,逐渐经由松鼠山隧道推移到门罗维尔(Monroeville)和更东地区。那一条公路两边,一个个小社区都是中上阶层人的住宅,越往东发展越新,房屋的使用面积越大。1980年左右最后一

第九章 阶层固化的社会现实

波,推到离市区三十多公里以外;假如早期的东郊房屋是十几万到二十万的价码,这些最东地区的豪宅价格就已经是三四十万到四五十万;使用面积从东角的一百八十平方米左右,扩大到四五百平方米;周边用地,至少两三公顷。如此荣景维持了三十年左右,等到钢铁业以及其他相关产业衰落时候,最后一波建设的东郊豪宅,到今天跌价跌了一半,但还是有价无市。

相对而言,在城内三角地带的市区,当年的大公司只剩下它们的名字,例如"美钢大楼",整楼由玻璃和钢材建构,今天已经称为"匹大医药大楼"。当年市区内园林式的办公楼,已经改为高价的集体公寓。匹兹堡城区复兴,一方面匹大的医药中心发展迅速,今天拥有三千位医生。这个医药中心的服务区域涵盖了整个匹兹堡大都会区,包括周边五六个县,并涵盖纽约州西部、西弗吉尼亚州北部和俄亥俄州的东边。卡耐基梅隆大学则迅速发展信息工业和硬件、软件,包括无人汽车、人工智能等项目。谷歌的研究中心也设在东利伯蒂(East Liberty),也就是山荫区的邻近地区。这几个新兴的企业,再加上两家大学和相应的国际学术活动中心,使本来的文教东区又恢复了当年的繁荣。当年在东利伯蒂的贫困人口,由于这一地区的改建、翻新,东迁威尔金斯堡(Wilkinsburg)、彭希尔(Penn Hill)以及门罗维尔的周边。东郊商业大厦门罗维尔购物中心,今天成为不良少年聚集的地点。这种内外转变的形式,在全美的各城市都以不同的步骤和不同的方向正在进行。

新出现的社会阶层化，在这二十年来就与过去不同了。过去的富人、中产、贫寒三级区隔，其间生活方式与意识形态的差异，没有今天各阶层之间的距离如此遥远。以匹兹堡发展形态所呈现的状况而言，美国的城市与乡郊的关系，在近现代产业结构不断转变的每个阶段都会因其产业的特色，形成社会财富分配的差异，造成社会严重的阶层化。大企业家、企业管理人员和劳工，这三个阶层本已成型。不同阶层的生活条件和各自的文化，于无形中将城市的居民分割为不同的社区，每个社区之内呈现自己的特色——这就是城市之内的社会异化（Alienation）。

这种社会异化是美国城市化所产生的后果。城市内部有严重的分化，富人区与贫民区之间、住宅区和商业区之间，都有不同的变化；凡此变化，随着新产业不断转型，使得区间内的差异一代比一代严重。贫民区逐渐从市区的中心又退向角落：本来中产阶层居住的近郊，逐渐变成贫穷居民的住所。中产阶层移向都市内部，使内部的富庶程度更为显著。美国本来是一个还算平等的社会，但最近三十年来迅速变化，现在大概已经进入长程演变的第三个阶段：贫富差异的程度加大，各阶层之间彼此异化，已经无法逆转。于是，城市生活既有分工，也有异化，而且各区之间犬牙相错，并不一定是像古代城邦那样从中心扩散到边缘。

前几章和本章都谈到19世纪以后美国急速工业化的进

第九章 阶层固化的社会现实

程。每一次产业转型，都出现社会阶级格局的重新洗牌。以匹兹堡而论，兴建杜肯堡是法国人为了控制三河交叉点的战略需要。英、法殖民者争夺密西西比河的控制权，分别利用当地的印第安族群——那个阶段，这一据点确实有临海城市的特色，也就是殖民者和原住民之间巨大差异和矛盾之下的产物。这些原住民在与英、法对抗之下，仍旧不能长久居住在匹兹堡周围，不得不往内陆迁移。英国殖民者完全控制三河地区后，匹兹堡成为交通要道的分叉点。于是新到的殖民者在城郊开拓农地，城内则是供应乡郊农民的市场中心。随着向内陆殖民的进程，一大批过路的开拓者仅仅在这里歇脚，很快就转入内陆，匹兹堡周围剩下了很多分散的农庄。在这一个范围内，邮驿、马车道路和三河运河系统联为一体。从那时候以下两百年左右，匹兹堡延伸的范围也就逐渐成形：宾夕法尼亚州西部的一块，加上纽约、俄亥俄州和西弗吉尼亚州的一角落——这个区域，大概相当于半个台湾地区的面积。

钢铁业发展之后，匹兹堡的生产能力将其地位提升到全国重要城市之一。新来的劳工居住在每个工厂的周围，因为工作的需求，形成一些工厂工人的居住区。他们与工厂之间的关系，也有经济上的主从和文化上的差异。同时，在匹兹堡的三河市区向三方面发展时，整个斜坡地又成为工厂主人和管理者居住的地点，市区本身则成为商业单位和生产单位的总部所在，城市中的各个分区，又出现上层企业主、上层管理人员、中层管理人员三级的划分。这也是一种经济关系而决定的异化，他们的族群来源、生活方式、受教育程度各有差异。

匹兹堡成为工商业中心以后，城内有限的土地不足以容纳逐渐增长的人口。而且，周边工厂的空气污染，使许多新到的中层阶级纷纷向近郊开发新的居住地——这就是战后出现并形成美国特色的城郊生活。

在大企业家纷纷迁往更大的消费城市，例如纽约、佛罗里达、南加州等处以后，匹兹堡市中心是文化和教育机构、工商总部以及大商店集中的地区。在这些最繁华地区之外，有一圈中下层和穷困劳工的住宅。星状放射的道路网络，则将中上层的居民移往郊外。在郊区，每一个住宅都拥有自己宽广的宅地，围绕着的是花树、草坪；每个住宅离大路都有一定的距离，各有支路联系分散的住宅。在大路边上则出现带状的商业区域，就是所谓的购物商场，甚至是封闭的购物中心。这个新的形态，也只有在北美大陆地区广阔有足够空地扩张的情况下才有出现的可能。欧亚旧大陆其实都缺少足够的空地，容纳如此高度分散的郊区。

最后是第三波的发展：在钢铁工业迁离以后，匹兹堡逐渐转型成为新的科技城市。旧日劳工的社区随着工厂的倒闭和迁离，逐渐沦落为贫穷的小社区；住在城外郊区的中上阶层因为大型工厂的消失，也离开了原来的地点。郊外房地产的跌落，使新兴产业需求的高科技工作人员都集中于城市：

第九章 阶层固化的社会现实

他们的工作，无论是研究、医疗、法律或是商务等，都不能离工作地点太远。于是新兴产业的新中产阶级，居住在城内新建的高楼大厦或是联排、叠拼等不同形式的住宅中。翻新的城区排挤贫穷居民，使后者移向郊区，将那里变为分散的新贫民窟：这是内外互换的社会区位分化。

匹兹堡出现至少三个时期的居住形态转变，在其他城市也多多少少有类似的发展。前面提过，首都华盛顿现在是市区中心最穷、离城越远越富的"扩散型"。又以北卡罗来纳州的三角"科研园地"为例，那是一个全新的科研集中地：三家大学各占一角，中心则是最新高科技的研究中心，以及他们在大量投产前的实验工厂。这一个地区人口不少，中心掺杂了许多农家，这些人收入不高，也无法与内部三角和四周的大学融合。这一"城市"聚落没有市中心，却有许多沿着大路边上绵延不断的购物中心、旅舍和服务站等设施。在三角地带之外，由于北卡罗来纳州气候温和、风景优美，各种小区之间存在着大片的树林和山野。外围山坡分布着许多养老社区，供外来居民居住。北卡罗来纳州的整个东半部，大概就形成了一个和传统城市完全不同面貌的居民集合区。上列不同性质的居民或工作人员，彼此之间互不往来，对面如陌路。

美国两百多年发展的城乡形态，实际上已经将半数以上的全国人口纳入若干城市都会区。这些都会区的居民生活，出现了一些城居生活的特色：社区居民的多元和异化，而且这些异化的趋向，不断分类、重组又分类；产业结构的改变引发不断迁移，于是城市中的居民，无论其文化或是利益都只有分歧和离散，难得出现凝聚的现象。每一个人在他一生之中可能都要迁移若干次：或者是跨城，从这个职业转到另一个职业，从这个地区搬移到另一地区；或者就在本市之内，由于收入增减而不断地搬家。

我在1970年到美国时，社会学家观察到的特色是：一个美国的中产阶层家庭，会因为年龄、职业和家庭结构的种种改变，一生之中可能每隔五年到七年迁移一次。我迁来匹兹堡，至今有四十八年了，一家三口也曾迁移过六次，和上述五年到七年的频率相差不远。

小家庭结构之下，子女长大之后各自展翼飞向他处，组织新的家庭。社区迁移、离散，在社区之内邻居之间没有交流，更不谈守望相助、嘘寒问暖的交情。在匹兹堡居住将近五十年之久，目睹原本是社区中心的教会纷纷衰败，一家一家的教堂因为教众离散不得不改建为其他建筑。我现在住的一个集体公寓，就是由原来一座路德会教堂改建而成。城内的居民如果是住在多家庭的公寓或是集居，三尺的走廊如天涯之隔，最多在电梯里彼此点头——见面不点头的情况，则更为常见。

美国的国民教育场所，本来是社区凝聚的中心：儿童从幼儿园到高中毕业，左右邻舍都是同学。现在不然，自从当年为了消弭族群的隔离，而将社区学校合并为大型学校，由

第九章 阶层固化的社会现实

校车接送散居各处的儿童,一个中小学竟有数千学生,同学之间就不再有放学以后成群步行回家的交情,更不说邻居同学一声吆喝大家一起游戏的机会。更加上最近十余年来,电子通信工具的普及,每个人都可以经由电波和其他地方的人甚至于从未谋面的人传来消息,讨论一些共同关心的事务,但是对邻座面前的家人、邻居和同学却可以视而不见。家庭成员共餐的时候,每个人都忙着摸手机,当面在场的各人之间没有交集。中国古诗说"天涯若比邻",今天的美国则是"比邻隔山岳,同室如天涯"。

除了市区之内有上述的贫富差异以外,在本章前面也叙述过:美国已经有四个极大的超级城区——东北从波士顿到华盛顿特区,西岸整个加利福尼亚州,得克萨斯州也在形成从达拉斯到休斯敦的庞大都市区;中间一带,从芝加哥附近到大湖周边,又是一个虽然比较松却是以芝加哥为中心的大都会区。再加上匹兹堡、底特律等二级城市,也有二十多座城市,每个都会区聚集了数百万人口。这些大都会区和中型城市的居住人口大概已经占了美国总人口三亿多的一半以上;另外小半人口则居住在小型都市、市镇和农村。随着美国农业的企业化,农村居住人口正在逐渐减少,以至只占了总人口的10%以下(我估计,大概只占了5%)。

从上面的叙述可知,美国都市化现象以后,除了城市之内的贫富差异以外,有另外一种状况出现:小城市的发展机会越来越少。小城市集中的人口少,能够掌握的资源原本单薄。虽然有些小城市也曾经有过光辉的时代，例如俄亥俄州的阿克伦（Akron），本来是以汽车橡胶轮胎业为主的工业城，曾经非常富足；天然橡胶被石化橡胶代替以后，这座城市的工业完全倒闭，今天几乎如同死城。这一类城市和它周围的人口几乎全部仰赖其特定产业工作求生，一旦情况改变，整个地区全部遭灾，阿克伦这座城市已经衰败无法重振。

另一个例子是纽约州的罗切斯特（Rochester），当年是摄影底片的生产业集中之处——世界所有的底片，一半以上由这座城市供应。然而，在计算机技术发达、摄影不再需要底片时，这座城市失去了所有的生活资源。当年在这里不仅有发达的胶片事业，还有舞蹈学校、音乐学校等各种支持电影业的企业。摄影底片工业败落后，那些摄影业支撑的产业也就跟着崩溃了。到今天，这里也是死气沉沉，只剩了一家罗切斯特大学，还能维持一部分校区的人口和学生。

这两个例子呈现的现象并不独特，在美国内地处处都可以看到。科技的变化引发了产业的变化，在新产业夺走了旧产业的资源以后，依靠旧产业度日的小型城镇也就被排挤在经济繁荣圈外了。[1]

上述大小城镇的分化现象，是美国极度都市化过程中，最近一次的两极分化。其呈现的现象正如洋流，浩浩荡荡的

---

1 Eduardo Porter, "Why Big Cites Thrive, and Smaller Ones Are Being Left Behind", *The New York Times*, 2017-10-10.

第九章 阶层固化的社会现实

巨浪边际则是被推挤到角落的"浅水湾":那里只是大海剩下来的一些残余。在经济洪流的浅水湾,那些抛落于边际的人口,已经没有任何可以凭借的资源改变自己的命运。这一类的分化现象,和前面叙述的大城市之内贫富悬殊现象,都是两极分化,只是一个出现在都市之内,另一个在都市之间。在一个当年标榜平等的新国家,也号称有无限机会的新大陆,在成长到了世界最富有国家的今天,却有将近一半的人口,犹如浪淘沙被遗留于过去,被推挤于边缘。

第一级层大都会区和第二级层的周边,是美国产业的集中地,也是财富的集中地。美国的主要大学也都在这几个地区之内。城市中的就业人员,知识程度相对而言是中等以上,许多重要媒体也是以这些城市人口作为读者和观众。因此,这些地区居民所接触到的文化是现代的尖端、前卫文化,而居民的生活方式和行为心态都比较偏于自由和开放。

综合这些因素,在美国的两党政治每次大选中,这些城市人口基本上偏向于民主党。他们的政治理念和社会意识也都比较偏向于全球化,关心族群之间的开放,也注意社会的公平和公义。尤其在最近的四五次大选,这些都市人口选择的对象愈来愈趋向于民主党。即使一向城郊选票拉锯的大城市如芝加哥,最近两次大选的选票也经常投给民主党。在美国选举地图上,这些城市人口是所谓"蓝色地带"。

最近大半的世纪,美国产业结构改变,尤其最近数字化和自动化的工具出现,服务业从业人员的素质也发生极大的变化。19世纪末到20世纪，是以基本重工业和一般生产事业为主的时代，但旧日的员工都无法在城市里面得到适当的工作。产业革命的大浪潮，将过去曾经是一代天骄的劳工甩到远郊。城市近郊中心是中产阶级的居住地，只有远郊还是保留当年小城镇的色彩。美国内陆的大弧形中间，人口稀少，还是以农业为主体，这些人安土重迁。一些当年农业地带的服务业和日常工业的劳工还留在农业广大地区。这些广大内陆和上述城市区远郊留下的旧日劳工和乡村人口，知识程度比较偏于中下，不太容易找到工作，更有一些人是老年退休回到家乡去长住。

上述内陆和远郊的人口，就是美国产业结构改变大浪潮推移于各地停滞的"浅水湾"。这些人口在投票倾向上是趋于保守的，通常会投共和党的候选人。他们的意识形态是美国至上、美国的制度不容改变、美国与世界各地相比乃是最好的地区，而自己的家乡更是子子孙孙生根不走的原乡。那些劳工大致都已经退休，他们还记得当年工运时代的辉煌，而今天产业的升级把他们抛在一边，不能再得到产业升级以后新财富的利润。

另一角度看，在这投保守党候选人的红色地带，居民无处可去、很少迁移，社会却比较安定。前面有一章提到，我当年秘书子女的婚礼上，在一百多公里附近可有以百计的亲友出席。我的老秘书终生是秘书职位，她的丈夫本来开办独立自营的印刷厂，在今日的数字化和计算机时代，印刷厂

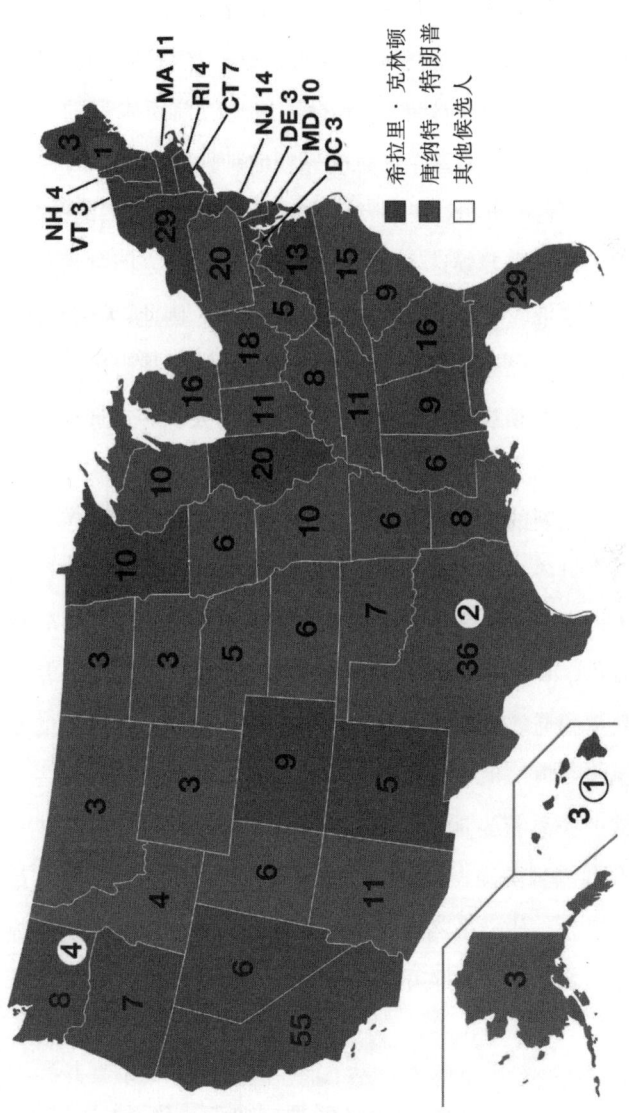

美国2016年大选时各州投票情况

也没有存在的可能。这对夫妇和他们的亲友,正代表着社会大浪潮之后被遗留在浅水湾的人群。这一次特朗普的当选,全国有百分之四十的票源,是投了这一位前所未见的候选人——他的票源就是这个红色的保守地带。

红蓝两色的分野,在今天非常显著地表明了美国的分裂。过去的大选,跟着候选人本身的政见,红、蓝之间常常有中间的模糊地带,2016年的选举却是截然两分。因此,大家感慨,美利坚合众国已经分裂,不同意识形态与认知视野决定了个人选择的政党和政策,不同阶层和归属的人群各自选边——其间对立、抗争的严重程度,俨然处于内战之态势。[1]

如此分裂的美国,两个群体的生活方式和意识形态也已形同两个世界。城区的居民住所经常升级或是降级,居民不断进出,当年乡党邻里的亲密也无复可见。数十年前比较稳定的时代,乡党邻里建构亲密关系的条件常常是依托基督教会的教堂和与教会有关的私立学校。教会的聚会和学校的家长会组织,再加上一些社团如扶轮会、青年商会,等等,千丝万缕的关系将当地的人口编织为一个关系网。记忆之中,50年代我刚到美国,当地社区的凝聚性还是城市生活中弥足珍贵的部分。他们虽然不像中国传统社会,有宗族、亲戚等纽带,结合为一个坚实的社区,可是那个时代的美国社区,

---

[1] Thomas L. Friedman, "The American Civil War, Part Ⅱ", *The New York Times*, 2018-10-02.

第九章 阶层固化的社会现实

也足够使人觉得回到自己的故乡,彼此都熟悉,人与人之间有关怀。

在城市里面移动频繁以后,上述教区、学区以及社团的凝聚性,也都由稀薄到逐渐丧失。前面曾经提过,基督教教会人口逐渐减少。今天大家一般估计,真正上教堂的人数,在城市之中大概只有人口总数的25%。

在农村地区和内陆,许多当地原有的教会宗派还是维持他们的教区和教堂。只是愿意到乡村服务的神职人员愈来愈少,内陆和远郊的居民维持地方教会的财力也逐渐薄弱。虽然教会照旧存在,他们在地方上维持社区核心的功能却已经大不如前。何况,这些远郊和内陆地区的年轻人,既然在家乡很难找到工作,有不少离乡之后就不再回来。教会的年轻教众日渐减少。我有一次参加离匹兹堡一百多公里路的远郊拉措伯(Latrobe)的活动,聚会地点是当地的教堂——一个可以容纳二百余人的大堂,只见到五六十位长者在座。牧师本身也必须寻找额外的兼差,维持基本的生活。

群众取向最浓厚的福音教派,还是可以有成千的信徒,聚集在帐篷中祷告和歌唱。他们在内陆和南部的力量远大于蓝色地带。一般的理解而言,南部和内陆福音教会的传道人并不真正以教义服务信众,而是将娱乐和信仰混合为一。更为众人诟病者,这一地区最活跃的传教人,信仰之虔诚远不如敛财的倾向。大都市的市区内部,不仅传统社区教会教众流失,福音教派也没有活动的空间。将红色地带、蓝色地带的教会影响力作为指标,以及群众对于宗教信仰的投入程度作为对比,则美国一般百姓在意识形态方面也已经分裂了。

美国国民教育久已普及,过去的地方中小学也是社区凝聚的中心之一,现在,私立学校逐渐被大规模的公立中小学代替。因为20世纪六七十年代的民权运动设法突破学校的种族界线,许多大型中小学的学生都是跨区入学,学生家长和学校之间的关系完全脱节。日常生活方面,大型商店和大卖场代替了街角的"家庭"杂货店,也不再有街坊邻居闲聊天的地方。固然今天也有星巴克这些咖啡店,但咖啡店中的常客都是埋头摸手机,彼此不谈话;有人发出声音来,就有人嘘止。街坊的理发室、药房、酒吧,过去都是工余打发时间的地方,也是社区儿童小球队的赞助人。今天,这些地方已经消失了。内陆和远郊的人口在当地固然还维系一定的凝聚力,他们与城市之间的落差与距离却是日渐遥远。小社区的凝聚力,不能补救全国性的稀释。

总体而言,这种状况的后果是人与人之间的孤立。最近,和美国的工业化和都市化同一程度的英国,在内阁中增加了一个部长,称为"孤独事务部部长"(Minister of Loneliness)。这个部门的职守,就是负责处理孤独人口面临的问题:生活上无人照顾,情绪上无所依靠,由此造成种种的个人病态和社会的病象。美国虽然至今没有如此专设的政府机构,但是大家都知道,美国老年人有老年人的寂寞,中青年人也各有其孤独。

第九章 阶层固化的社会现实

青年人在职场中工作难得而易失,往往导致婚姻的不稳定。夫妻关系已不再是神圣的关系,中年人也就常常没有可以倾诉情绪、分享成败的伴侣。大致言之,接受过大学教育、有职业、中等以上收入的人士,70%的人能有正常的婚姻;教育程度只在高中、经常失业的贫穷人士,能有正常婚姻者大约在30%以下。带有孩子的单亲妈妈,能够领取国家社会福利的单亲家庭补助,一个年轻女子如果有两三个子女,有了社保补助,即使没有工作也足以糊口。如此"单亲家庭",常常只有随时更换的异性伴侣,却没有家庭生活。那些"伴侣"也因为生活不安定必然感觉孤独,情绪哪能稳定?

美国的社会学家也常常讨论这类问题,吸毒、自杀、无故侵入学校和公众地区盲目杀人,都是孤独症的后果。的确,美国社会称他们为"寂寞的群众":今日在大城市的街道上熙来攘往的很多人,他们没有真正的朋友。不仅在街道上,即使在家庭之中,一家共餐的情况也愈来愈少见——如果一家夫妇及子女共餐,在孩子们长大到十五六岁之后,餐桌上每人一个计算机或是一个手机,低头摸索而没有四目相视的对谈。这种情况的出现,究竟是因为宗教情绪的淡薄,还是人与人之间情感的稀释?哪个是因,哪个是果,我们也很难下结论。人类走到这个地步,在历史上罕见前例!

在美国地图上,如前面所说,有红、蓝明显的对照。更深刻的分野,则是心灵上的距离。最近几届政府,都盼望能因为教育程度的普及,消除内陆、远郊与都会之间的间隔。

以最近调查的结果而言,却是适得其反。小城市和内陆的孩子们很少有能力在激烈的竞争中进入理想的大学培养就业能力,进而提高收入转化为中产阶层。他们往往只是满足于在当地受教育,在当地的小城市就业,不再梦想美国是个开放社会,也不再自信到认为"只要我努力,我就可以从小木屋进入白宫",或者"只要努力,我可以从一无所有的年轻人变成富豪"。

今天的美国梦有两个。一个是外国来的新移民:他们的美国梦是在世界最富的国家有立足之地,以美国低收入的工资,换算成他们故乡中等以上的生活标准;另外的美国梦则是城市中的中产阶层。他们的孩子以为可以从新兴的产业中,由于创新或者冒险,靠着一个新的发明或是新的服务项目忽然变成另外一个盖茨,或是另外一个索罗斯。

后者有梦,却难以实现。那些心怀不平的失落者,已不能理解也不愿面对世界正在变化的情况。他们眷念已经悄然隐入历史的光辉,无法面对全球化浪潮的冲击——旧日的美国,必须接受一群一群他们不熟悉的新移民。他们也无法理解,外国进口的商品居然占满市场的货架,排挤了他们曾经生产的货品。强烈的排外转化为爱国、爱乡的情绪。凡此内卷心态,遂将单纯贫富阶层之间的异化,转变为认知与情感纠缠难分的隔离,更因不能沟通竟恶化为仇恨——对外,他们坚决支持美国至上的霸权;对内,他们拒绝接受新移民,尤其肤色不够白的"异类"。美国自从开国以来,内部族群

第九章 阶层固化的社会现实

间的矛盾竟恶化至同城如寇仇的程度。特朗普这一个民主"怪胎",遂得趁潮崛起,推行其政策!

整体言之,美国内陆和远郊,已与城市愈行愈远。而在城市之中,芸芸众生熙来攘往,满街是人,却都是社会学家所谓寂寞的人群。这是美国人的特色,也会是世界其他各处,跟着美国模式发展至一定地步即难免出现的共同特色。人与人之间的疏离代替了温暖,合作变成一时互相之间的利用——这是美国文化和社会结构最大的隐忧。当人与人之间只能以"利"相处时,人间不会再有人类情感,也不会再有共同信仰。美国社会将会退化:城市之中处处是人,却随处可见低头独行的孤独者,在各处挣一口食、过一天日子。

在美国的华人曾经保持亲密的亲友关系,今天也逐渐失去了当年的情谊。我们的下一代和他们的孩子,成长在美国环境之中,也不能避免同化而成为寂寞的群众。

这一个新大陆,曾经是人类寄托理想的地方。这一个国家,也曾经昂首前进。过去一百年来,人类经历过两次世界大战,这一片土地,曾经是难民们最后一处安全的庇护所;他们也曾经托庇美国援手,重建战火破坏的家园。今日,美国内部竟然出现如此衰象!能不令人感慨?

第十章

动态更新的美国政治

17世纪,"五月花"号登陆美洲时,正是欧洲地区的西方文化经历了历史上最巨大的变化,包括宗教革命、民族国家的兴起、资本主义的萌芽、近代思想的启蒙时代。这些变化在人类历史上如此集中,而又产生如此深远的影响,新大陆纳入世界历史以及美国的兴起,都和这些运动息息相关。上面几项大变化,几乎都直接、间接地与美国的兴起有极大的关系,其性质也决定了美国的政治制度——近代史上大手笔的国家制度设计。这一个规模宏大而内容非常复杂的公权力结构,有命定的一些特性,但是也有其不断更新的调整。到今天,美国的国家制度还没有完全定型:美国究竟走向何方?当下面临的社会分裂该如何选择?以目前呈现的方向展望,这个空前未有的新制度,可能踏向为财富贪欲服务的公权力。城头变幻大王旗：现在看来极有可能，这幅王旗的图案是一个庞大的"$"符号！我们只是盼望，这个趋向还有改变的可能性，庶几我们不致沉沦于无限的贪婪。

欧洲移民进入美洲，"五月花"号在普利茅斯登陆后建立的新社区，并非欧洲殖民史上第一次出现的新社会。在此以前，西班牙人、葡萄牙人已经在新大陆毁灭了古老的美洲原住民的国家和社会，他们在中南美、太平洋和大西洋的两岸都已经建立了许多殖民地。来自英国的殖民者也曾经在"五月花"号以前就到达过北美南部诸处。然而，目前美国历史标举普利茅斯社区的重要性，却也有其特别的意义：因为一切设计新社区的理念都由此开始，在建立美国政治制度的过程中，终究有其举足轻重的意义。

"五月花"号移民留下的设计理念，确与后来美国整个政治制度设计密切相关。这一批移民带来的是一个社区的自治精神：他们登陆以后，致力建设一个立足点，组织自卫、自治的社区——他们界定这是所有参与者有意识地组织的一个共同体。这种共同体，用今天法律学上的名词是法人（incorporated）。凡参与这个共同体的成员，归属于这个团体，也有意识地共同管理这个团体。在这小小的基地上，他们将公权力掌握在参与者手中，不交给王者，也不交给任何外在武装力量。他们有权决定对错是非的标准，参与的每一个个人，既有责任，也有权力维持和修改这一个共同体的性质与功能。这种自治团体，在欧洲旧的秩序崩溃时，曾经出现于

《"五月花"号抵达普利茅斯港》,威廉·哈尔索尔(William Halsall)所绘,1882年

《在普利茅斯的感恩节》,珍妮·奥古斯塔·布朗斯科比(Jennie Augusta Brownscombe)所绘,1925年。现藏华盛顿特区国际女性艺术博物馆

克伦威尔领导的大革命中，也曾经成为法国大革命的理论基础。只是，前此国家制度的规划仅是修改旧制，并没有重新开创一个崭新的设计。

"五月花"社区出现的时候，作为一个独立国家的美国还没出现。理论上，英国后裔在北美建立的基地，都还是英王陛下的领地。我所在的匹兹堡1758年建市，其出现早于美利坚合众国的诞生。实际上，英国并没有执行其直接的统治权，美国独立运动就正是为了否认英王有如此的权力。在建国以前，北美许多英国殖民的社区，终于都仿照普利茅斯的模式，自己组织、缔造所归属的共同体。美国独立运动之后，整个建国的模式都是从小社区的自治体，发展为一个涵盖许多不同层次的共同体，构建拥有共同公权力的国家机制。

回到社区共同体的结构，大到波士顿、纽约，小到穷乡僻壤的小市镇的政治结构，都需要经过组织法人团体的过程：参加者以平等的身份共同缔造这么一个团体，自己选出行政官员，作为共同体的行政首长。

他们组织法庭，代表公权力：在法官的左右两侧，一侧是代表公权力监督成员行为的检察官，另外一边则是代表共同体个别成员的律师——依据社区规定的程序，由检察官指责犯规者，由犯规者的代理律师为他依法辩护。而法官听审的时候，如果是刑事案，也就是牵扯到人身自由与存在的案件，法官的判断不能依据被告自己的认罪和自白，也就是共同体的成员不能因为自证其罪而受惩罚。犯罪的认定，通常

第十章　动态更新的美国政治

要根据所有成员的代表者——陪审团，认定被告是否违法，是否应当接受惩罚。这个共同社区雇用警察，授予警察维护治安的权力。为了维持这个共同体的行政机构的运行，每个共同体成员必须从自己收入中拿出一部分作为税款，缴付给这一个共同体。理论上，社区共同体的成员能够执干戈以卫社稷者，都有权持有武器，负担保卫团体的责任。上面所述的情况，乃是美国宪法中人权法规修正条文的精神。

美国建国前有十三个英国殖民地，每一个殖民地都以国家体制存在。它们都由一群上述的共同体自治的城镇，以共同的意愿结为一体。这十三个殖民地后来成为十三个州。在今天相当于古老政治制度的省份，其实都自认是独立的主权国家。例如，我所在的宾州正式的名称不是"宾夕法尼亚州"（State of Pennsylvania），而是"宾夕法尼亚联邦"（Commonwealth of Pennsylvania）。美利坚合众国其实是一个联邦政府的体制，是所有各州分别授权才形成的大单位，联邦政府并不是各州的上司，也并不是拥有各州的主权者。

众所周知，美国的宪法规定三权分立：立法、行政和司法各自独立运作。共同体中人民选举为众人服务的行政官，由人民代表立法构成市议会，为了维持公秩序而设立司法部门。更需注意者，联邦政府的司法部门另有一个大法官会议，是以法学专业者的专长，根据成文法和习惯法的内容来做裁定。与行政权、立法权有冲突或是有错误、遗漏时，这个大法官会议根据已经规定的法律做出裁断，约束和纠正行政权和立法权过分或不足的缺失。

在最初设计时，司法权部分除了人民授权以外，就任大法官的人选还必须具备充分的法律专业知识。逐渐演变的过程中，美国政府中又多出了一个以专业知识服务大众的机构，其组成成员必须具备经济学的专业能力，足以判断国家维持经济运作而必须发行的货币量——这个机构就是美国联邦储备委员会。这两种要求专业知识的机构，就将单纯的民意加上了专业知识的条件，以防止公众民意因为对于法律和经济运作的知识不足而投票做出错误的决定。

在地方层次，美国有两条平行的单位：一条是上面提到的城镇，是一个自治团体；另外一条的郡（County）、区（Borough）乃是行政单位，是州政府的延伸。他们管辖的事务包括收取地方税、监督地方公路和其他交通设施等。在美国开拓的时期，郡和区也有核准和发放领垦土地执照的权力。从地图上我们可以看见，匹兹堡以东的郡和区的边界并不整齐，但是匹兹堡以西基本上都是直线的方块，也就是说这是人为划分出来的边界，不是自然形成的社区。

上述作为自治单位的城镇，却是一群移民共同生活进而结合为一个团体。他们共同订立团体的规范，在法律上形同有主权的团体，亦即"法人"，拥有自己的财产，也有自己的价值。因此，有些小城镇如果因为情势改变，败落至没有居民或是很少居民时，城镇的"法人"解散，可以将城镇的权利和财产标售给得标者，相当于公司破产。以上的比较，是为了说明自治团体和行政单位之间的差异。

联邦政府和州政府之间权力和权利的划分,是个严重的宪法问题。在美国立国之初,第一次面对这个权力区隔的问题,就是货币发行的机构由谁管辖。汉密尔顿主张设立一个中央银行,总管全国通行的货币。这一决定,无形之中首次将联邦的权力有所界定。于是,联邦政府就不再是空洞的机构了。如果没有这一次的决定,美利坚联邦政府其实就和今天的联合国一样,没有具体的权力来约束全国的各州。

另一次非常重要的决定,则是南北战争的时候,林肯面临的大问题:南方各州认为蓄奴与否是州的权力,联邦不能干预。这一争执终于导致兵戎相见,进行了五年的内战,才确定了联邦政府有决定全国事务的至高权力,州政府必须服从。如此处置之后,美国的国家体制才得以确立。经过两次考验以后,联邦政府才有代表国家主权的完全权力,决定对外关系的一切事务。否则,国家的主权分属在各州,国家政府不会是完整的权力机构。

最近多少年来,各处都有持枪者任意枪杀造成的灾难。虽然大家都不能容忍如此无谓地牺牲许多性命,却由于宪法中第二条修正案而无法改变这一局面。这一法案规定公民有持有武器保卫自己的权力,甚至更进一步延伸到公民持有武器才能够反对政府非法的统治。于是,虽然持枪规定已经不断造成灾难,不少人也想启动立法程序废除第二条修正案,但至今竟无法撼动这一条款。这一条款代表的意义,是人民有权推翻政府。人类历史上，自从有了政府以后，大概只有美国开动了一个例子："造反有理"，人民可以合法地推翻政府。

美国宪法中规定的联邦制，由每个加盟州选出两位参议员，组成联邦两院中的参议院。这一体制的原型，是美国大湖地区原住民易洛魁部落联盟的制度。参加部落联盟的部落，每个可以推出两位长老出席长老会议，决定有关主权体制的问题，例如是否再容纳新的部落，是否开除原有的部落，等等。此外，每一个部落按照人口，选出一定比例的代表出席部落会议——这一原型在美国宪法上就成为今日的参、众两院的两级制。在近代西方帝国主义殖民的历史上，难得出现如此例证：殖民者采取原住民发展出的制度，构成国家体制的一部分。

联邦政府的总统是全民选举的，其权力之大俨然君王。但是，总统有任期，一任四年，两任八年，最多两任之后必须退出政坛，让新人来接替——这就不是任何世袭君王可以做到的了。只是，总统的选举要尊重加盟者州权的权力。州有大小、人有众寡，如果只是按人口比例来选出总统，那些小州永远没有发言权。美国宪法的调停方法则是以选举人票来选出总统，每一个州按照人口比例，选出相当于众议员人数的选举人，出席选举人投票会议；另外，按照每州两名参议员的数字，每州又可以有两名选举人，与上述相当于众议员数字的选举人，共同出席选举人投票会议选出总统。如此安排，使得小州即使以人口总数推出的代表人数很少，但加上这两名代表州权的名额，也可以有超过人口数的比重投票选举总统。

举例言之，弗吉尼亚州有十一位众议员，加上两位参议员，该州就有十三张选举人票。在总统大选中，一名候选人如果在弗吉尼亚州得多数选票，就赢得十三张选举人票。首都华盛顿也是政治实体，分配了三张票。选举人票总数538张，候选人只要能赢得270张，就能入主白宫。各州之中，大多采取赢者得到全部选票的模式，但内布拉斯加州和缅因州是例外：这两州是根据各选区大众选票比例，分配选举人票数。于是，如果候选人A在人口较多的一州以微小的多数得胜，而在另一人口较小的州以比数悬殊大败，则他的对手B获得该州选票。如果二人所获全国总票数相差不远，虽然A获得的大众选票少于B，却可能因得到的选举人票多于B而赢得了选举。2000年和2016年，共和党的提名人都是以全国总票数的少数、选举人票的多数进驻白宫。这种不公平的计票方法很受讥评，只是由于修宪不易，至今不能改变。

美国立国时国土辽阔，还没有火车、汽车，更没有飞机。要计算全国的总投票，很难准时、准确地得到投票结果。如此才有"选举人会议"制度，让选举人代表选民，在11月全国总投票的日子，长途跋涉聚集到首都，代表本州的选民选出新的总统。在今天，这个制度失去了补救交通不便的原意，全国的选票几乎都可以在投票当夜就得到结果——这一

"选举人会议"实际上已经没有意义了。目前大多数人的想法，是直接全民投票，再加上每州选出两个名额的比例数，计算选出总统的票数。

也有历史学家认为，开国元老麦迪逊设计"选举人会议"，乃是担忧全民投票可能因为选民素质不齐，选举结果会沦于"群众"（mob）的民粹主义。他盼望群众选出的"选举人"素质较佳，可以自作判断选举国家领导者。

目前选举制度的另一项难题，则是两党制投票之下，很难有第三党崛起的机会。因为第三党通常只在本州有一定的票数，超过原始发源地，就很难得到几个大州的选票。至于两党制的利弊，其利在两个党的立场对立非常明显，选民抉择非此即彼；其弊端则是，每一个时代都有每一个时代选民关心的议题，党纲的改变和具有某一党党籍议员的意见并不能同步开展。选民对某一个议题的界定，以及他的主张改变了，但是众议员所代表的是从他参政时期不断发展综合而来的立场，他当选所代表的立场，可能已经是十年以前的了；由这些人代表选民决定国家大政，并不能够同步地吻合此时选民的主张。在新的意见涌现时，两党体制以及议员选举制度都没有容纳新意见的空间。尤其在那一关键时刻，选举活动可能已经过半以后，大家才发现选民其实已经注意新的议题，在选举的分野之中却无人代表这一新出现的民意。例如今天，就是关系到美国前途走向的"关键时刻"。美国社会贫富不均已至极点，新任总统和议会都必须立刻处理这一严

第十章 动态更新的美国政治

重课题。目前参选的新人，颇有注意财富分布形势的人物，可是，有一位资深老人，还有特朗普，却没有理解情势的急迫性。

美国宪政史上，确实有过好几次老党衰退新党出现的情况，现在的两党，其实都已经和建国时代的两党完全不同了。今日的两党也和四年前的两党有所不同，参政的代表者和被代表的选民之间，其意见有相当大的落差。过去大概总是在一个旧的政党崩溃离散，显然不能运作的地步，新党才有出现的机会。新旧观念之间青黄不接，往往使得国政兴革的时机，无端地耽搁了至少四年。

20世纪初期发生的经济大恐慌，幸而有罗斯福总统推出新政，也使美国的选民具体认识了财富分配作为课题的必要性。那一次进步党的政见，能够借着民主党的理论空间被罗斯福总统采用；这种状况之所以出现，很大程度是由于罗斯福总统本身的远见和威望。这种机会，在最关键的时刻有关键人物出现，只能说是幸运。像2016年的选举，选出如此荒谬的国家领导人，就是因为两党制度之下第三方意见无法出现，以致落得这么一个令人扼腕的下场。

回到三权分立的制度。其中与政党关系最大者则是立法部门，也就是国会的参、众两院。其中，参议院是一百位参议员，其职权主要在决定国家大政的方向——在许多日常行政和立法事务上，参议院只有复核众议院的权力，本身并不能引进新的法案，于是众议院的权力在日常行政中占了最重要的位置。众议院四百多位议员，每一个人代表大约七十万人，因此，众议员必须面对人数庞大的选民。四百多位众议员要代表四百多种选民的群体，每一地区的选民，社会成分和利益需要都不一样，如何整合这些选民的愿望，反映于众议院的立法，是非常繁重的工作。

今天美国众议院内部，分别组织为二十多个专门委员会，每个委员会下面还有次级的分工组合，甚至还有跨组的联合委员会，再加上一些程序问题有关的委员会。其中，最重要的一个是Ways and Means（综合度支委员会），先要经过这一个委员会分题和分组，其他委员会才能运作。如此复杂的一个结构，如何将全国选民的意见整合为有关条文，作为建议先通过专题委员会——假如是跨专题的议案，还要几个专题委员会分别通过或者合作研讨，再由各个专题委员会个别通过——然后才能提到众议院投票，通过以后再送到参议院核定。参议院还要针对众议员的法案再做一次核定，也是一样要经过繁复、耗时的过程：先从专业分组的委员会、跨组委员会等各个步骤开始，再由参议院全体大会核定。

美国的议会政治，选民们有权游说表达他们的意见。同一选区，不同立场的选民各有各的游说人员，合法地代表他们与议员们磋商。在华盛顿地区，登记在案的合法游说团体有五万多家。这五万多家就有五万多游说客，背后也包括议案可能牵扯到的不同利益团体，由他们代表有关系的利益团体说明其立场。例如，一个有关能源的法案，水电力、石油、煤以及再生能源的生产者都有巨大利益，并会受到新法案的影响。这些利益团体的立场和选民的立场常常并不吻合，免不了有许多利害的冲突。这一些游说团体对法案的影响，其实比选民们自己希望得到的结果还直接而且深入。于是，任何一个法案，从提议到讨论以至到终结，过程重叠、反复，各种利益团体都会使尽所有的手段，包括合法的贿赂（例如，某一个利益团体会为某一种方案的性质，尽力支持某一个议员继续当选，或者支持另外一个议员与现任的议员竞争）。这种"合法"的贿赂，实际上乃是利益输送的另一面貌。从以上所说，我们可以理解，为什么某一个法案的讨论过程如此冗长和琐碎，而最后得以通过的法案，又可能与原意有多大的差距！民主政治号称汇集民意，代表人民的意见和利益，制定国家行政的方针。然而，美国现行的制度中立法这一环，可能如此地迁就不同利益团体的利益，而借民意使各个有关方面获得最大的私利！

美国代表立法权的参、众二院中，参议员的地位非常崇高。这一百个人影响全国的政治包括外交、内政等，他们的起家身份也因此往往是已经在各州地位显赫的政治人物。当选参议员以前，他们或者已经做过州长，或者做过众议员，也可能在政府之中做过部级首长，再不然就是大企业的经理人，或者在重要学科有学术成就者。如此背景的人物，不大容易从平民之中直接出现；他们的背景非富即贵，再不然就是声名显赫。从好的方面看，他们的教育程度、个人见识和格局都不平凡；从另外一个方面看，这些人多多少少都是有既得利益的上层人物。每一个参议员的背后，都有某一种特定利益群的支持，他们其实并不代表一般的平民。

众议员是由七十多万人的选区选出的。美国议员的选区，是由每一州自己在每一届选举之前，按照人口的分布规划其区域。每一个州在大选前后，都必定有两党之中某一党在该州具有优势：这种政党政治的影响，往往导致选区规划怪异。美国选举制度中，有一个名词"gerrymandering"，意指弯弯曲曲、左绕右歪，将每个选区的地理位置拼凑成最有利于现在掌权政党的选举区域，使他们能够得到最大人数拥护者，以扩大当选机会。如此勉强凑合的划分选区，难免被人利用，运用权力偏袒特定人士。

众议员候选人都必须在当地的地方选区有过长期的经验。例如，在匹兹堡还是工业重镇时，有数十万工人，几乎可以肯定，必定有相当数字的众议员是由工会支持的。在农业地区当选的，必定是当地最大教派支持的候选人。这些候选人都在当地长期经营，本身往往是从最基层的选区参加当地的公众事务，一步步建立地方的声望，然后他的意见与某一政党的意见吻合，因此被吸收加以支持和培养。选举是很费精神的事情，必须要有相当财力的支持才能组织竞选的团队，也才能够有足够的力量直接、间接地购买广告，经过公共媒体塑造一个形象，使得一般选民知道有这么一个人物。这些基层工作的第一步，有的人是当地的学区委员，有的是

第十章 动态更新的美国政治

与警察、救火队、清洁大队这些非常基层的生活需求有关。在工会力量强大的地方，这种人必须长期参加工会积累声望。如果是商业市区，这些人则可能是一些社会团体，如扶轮社、青年商会等团体的成员，或者是代表少数族群的民权组织的领袖。上述这些团体的参与者，本身受教育程度并不一定很高，他们的长处是能够"接地气"。他们对国家大政未必有具体认识的方向，当然更谈不到对国际事务能有足够的理解。在这些地方人物进入国会，要代表全国的选民制定国家方针时，我们就可以明白，那些游说客会有多大的影响力。在国家层级与国际事务层级，那些熟悉地方事务的政治人物就未必具备足够的知识和能力，抉择合理的国政方向。美国的民主政治，说穿了，竟是如此不够专业！

美国的总统既是行政首长，也是三权最高的总持者，这种双重身份以致总统难以调和各方而经常卷入三权冲突的旋涡之中。司法权本身是审核另外两权的运用是否违背宪法的宗旨，代表者大法官会议，由九位专业的终身法官组成，他们的立场应当是只从专业考虑：每位法官针对某一议题，独立提出自己的意见；意见的形成过程并不磋商，庶几各人的意见能得以充分发挥，然后投票，以多数意见裁定所涉案件是否合法。这九人既然是终身职的法律人员，有的在担任大法官之前还是成名的法学家，他们的专业立场其实已经相当固定。若是大法官缺额出现，便由总统提名合适的专业人员，经过参议院投票核定补缺。法官是终身职，他们自然的生命在哪一位总统手上终结完全不可知。于是，有的总统运气好，在自己任上可能提名与自己政治立场相同的大法官。这位总统本身的政治立场，也就决定了在他任上组成的大法官会议的倾向。大法官个人法学立场已经形成一定特色。多数人员是哪个方向：是左？是右？是民主党？是共和党？是联邦干预？还是州权高张？因此，大法官会议的独立性和合理性，竟受总统和法官个人年寿及出缺的时间和人数影响，使得综合权力长期地偏向某一边。这种三权制衡的方式，具有相当的偶然性。在我个人看来，如此彼此牵扯，未必是合理的制衡。

三权之中总统的权力非常大，虽然受上面所说立法权和司法权的约束，但由于是首席行政官，他可以以行政命令的方式，直接处理许多没有法案依据但并不违法的事务。因此，当年华盛顿做总统时，很多人以为选出了皇帝。建国以来，经过二百多年的演变，总统的权力实际上并没有受很多的约束——只是，如果选出一位不能干的总统，不知道如何控制和驾驭国会，他的职权就受到了很大的限制。另一方面，一位能干的总统如果知道怎么运用立法机构之中实质的意见领袖（亦即国会之中，享有高度声望的人物），替自己在国会护航，这位总统也可以得心应手。假如一个总统曾经担任过众议员或是参议员，尤其曾经担任过众议员，他自己在原来的国会已经结合了一批同志——这一总统的手即已伸入国会：他不再是调停者，而是能够利用国会权力的行政官。美国历史上最能干的总统，例如罗斯福、杜鲁门、约翰逊都曾

第十章 动态更新的美国政治

经担任议员，在国会中有相当的影响力。又例如，里根虽没有国会的经历，可是他找了布什这个有过国会经验的政治人物担任他的副手，可以经过布什拉拢国会中的权力者，操纵国会。

不过，总统的选举是大事情，要在全国各州得到超过一半的选举人票，耗时也花钱。没有大的组织在后面运作，没有大量的金钱在后面支撑，任何人不大可能凭自己的人望当选总统职位。

我在美国看过的第一个大选，就不是一次干净的选举。1960年是我第一次亲身经历的美国大选，那时候，民主党的候选人由肯尼迪和史蒂文森竞争。史蒂文森品格高、学问好，办事能力也强，尤其他的见解是中间偏左，顾及老百姓的福祉，也有执行的能力，但是他没有财团的支持。他的对手肯尼迪是马萨诸塞州世家大财阀的子孙，又有哈佛为首的东北名校作为智囊。肯尼迪的竞选，从党内竞争开始就开创美国选举的新传统，第一次使用商业广告的力量，雇用了美国广告业的高手，以大量的金钱投入媒体。尤其电视正在普及，在每家的客厅中，经过塑造的人物，在电视荧幕上侃侃而谈，立刻就抓住了一般选民的喜好。但是这种塑造出来的形象就如同卖香烟或是卖汽车一样，并不一定是真实的人物，而是很好的推销员。在他与共和党尼克松对阵的时候，双方都是辩才无碍的高手，然而尼克松的公开辩论，停留在无线电前的讲演，但闻其声而不见其面貌表情。肯尼迪则有广告商替他设计，面貌、衣着、神情等都是着意打扮和训练出来的结果。于是一个化过妆的肯尼迪，和一个完全没有化过妆的尼克松，在荧幕上立见高下。选民们只看见形象，而没有看见能力。

到了最后投票的阶段，伊利诺伊州是大州，这一州的选票，民主、共和两党几乎是打成平手。芝加哥所在的库克郡（Cook County），肯尼迪获得芝加哥市长爱尔兰人理查德·戴利（Richard J. Daley）的大力帮助：后者以其在当地的势力，包括芝加哥爱尔兰警察的支持，为肯尼迪"做票"，取得一千多票的多数，帮助他获得总统大位。我当时正在芝加哥读书，和一群小牧师都深深投入选举活动，对于肯尼迪一派"做票"手段其实相当清楚。那一次是我第一次体验，对我而言造成极为强烈的震惊：如此长期的民主传统，其中最重要的选举环节，竟可以如此的卑鄙和肮脏！

从1960年的大选以后，美国的总统选举进入了以财力比拼的阶段。政党本身的理念应当是考虑候选人的第一要件，然而从政党本身的初选开始，每一个参选人都要投入大量的资金，才能买到必需的广告；至于两党竞争的时候短兵相接，更是仰仗媒体的推介和哄抬，候选人才能得到选民的支持。这些行动，一次又一次变本加厉，造成的后果是：一方面动员媒体的规模越来越大，在这方面的开支也就愈需要大量金钱的支援；另一方面，财团和巨富的个人尝到了自己支持者当选后可以得到多少的回报——食髓知味，提供金钱者和需求金钱支持者，有意无意间发展了一套金钱与权力挂钩的游戏规则。这个风气开始后一发不可收拾，每一届的大选（除了卡特当选那次没有太多的竞争以外），金钱参与大位追逐，无所不用其极。最近这一次，也就是特朗普击败希拉里的2016年大选，双方各自投下以亿计的金钱支援，拉开大选阵仗。在这种以金钱来比赛的游戏之下，纯粹依靠理念说服选民的桑德斯，根本就没有机会进入政党初选。

回顾上面所说，在这种依附强者的情势下，力量薄弱的第三党不可能得到大财团和巨富的支持。至多在若干州级或市级的初选，有些第三党的意见能发出微薄的声音。可是他们的主张通常是为了弱者的选民，例如贫穷阶层或是外来的新移民，没有财团会愿意将自己的资本投入这个不可能获胜的候选人身上。美国政党政治的败坏，从特朗普时代开始，大概就只有愈走愈偏向财富决定的"富人政治"，也就是当年柏拉图指称的五种不良政治体制之一。

本章前面叙述国会与总统之间的互相牵扯，造成了制衡的反作用，也就是存在两种可能：一种可能是行政权与立法权结合。由于后台同样是大量的财富在支撑，它们在维护富人的目标上利害一致，于是制定法律和执行的过程都是将大量的公权力投向使富者愈富的方向。另一种可能性则是，国会之中有两种或两种以上对立的财团。他们也许在事业上是竞争者，尤其更可能在利益上有所冲突，而总统必须向其中之一达成协议，才能得到自己想要通过的法案；或者国会之中比较强大的一方，可以压服弱者，将有利于强者的法案送给总统执行；最无奈的可能性是两方面或是三方面僵持不下，结果是四年争执、一事无成。奥巴马倾其全力，才将接近于全民健保的医药保险法案通过，可是其他配套的案件，以及环保、发展清洁能源包括交通设施的更新方案，都在国会与总统的拉锯战下一事无成。

上述行政权与立法权的制衡，上院与下院的制衡，呈现为三权中的二权之间不断斗争、互相抵消。任何国家应兴应革的事务，都在光阴蹉跎之下无法实时得到解决。回顾六十年来，这一趋向愈走愈烈，目前看来全无回转的余地。将美国总统制的缺陷与英国的内阁制相比，问题就出在三权鼎力的构想最终可能演变成为行政权与立法权僵持不下的危机。

英国的内阁，是从议会的议员中挑选若干熟悉政务的人员，组织成为行使行政权的内阁。执政党的议员在开会时，和这些内阁的阁员站在一条阵线，与反对党的议员辩论，法案获得通过之后，就可以交给内阁付诸执行。如果内阁与反对党的议员之间无法协商一致，内阁就必须解散重新大选，以确认民意之所在。这种方式的安排，从执政党的方面看，是行政权与立法权合一，不至于有互相牵制的忧虑；在选民方面看，一个内阁偏离了民意，反对党可以攻击内阁，在两党僵持不下后逼迫内阁辞职——经过大选重新呈现民意抉择，两党之间确定可以执政的一党。因此，议会和民意之间

第十章 动态更新的美国政治

不会脱节，民意立刻能反映于执政；美国的制度之下，若是总统施政不合民意，选民也无可奈何，必须至少忍耐四年才能更换行政权的主持人。

美国总统制的另一缺陷，则是行政权过分寄托于总统个人，而不是寄托在民意依据之上的集体单位——政党。美国开国时期，一切都没定规，由那些一时的俊彦经过长期的磨合，完成了如此的设计。自从内战以后，美国的总统真正能够以个人的声望领导国家度过危机，例如林肯、罗斯福、杜鲁门几位有所作为的总统，也就因为危机当头，必须依靠强有力的政府领导整个国家渡过难关。除了上述几位以外，近代历史上，勉强有所作为的总统只有约翰逊。虽然他是副手扶正，却因为总统死于非命，国本动摇——肯尼迪留下的使命不知能否付诸实现，约翰逊必须极力支撑。有如此重大任务之下为举国期待，他才能够补充新政留下的不足，创造了新政第二阶段。

肯尼迪最初的胜利，在于总统夫妇郎才女貌，总统自己能言善辩。这些形象固然是有一些天然的条件，可是无可否认，也由于肯尼迪家族是波士顿"婆罗门"的外围——所谓"波士顿婆罗门"，乃是美国早期，居住波士顿灯塔山（Beacon Hill）的一群富商大贾和教会领袖：这数十家豪族，掌握马萨诸塞州一切资源和权力，彼此之间通婚，俨然世袭贵族。后来他们又拉拢佛罗里达州南方大地主和纽约荷兰海商集团诸家族，形成美国开国时期的社会高层。他们的财富与权力交互纠缠,牢不可破。他们创办哈佛、耶鲁及常春藤名校,教育子弟、培育人才;他们组织财团、设立金融机构,以掌握国家财富和资源。最最重要者,这些家族台前幕后操纵政治权力,几乎成为世袭贵族。19世纪中,自己也是其中一分子的奥利弗·温德尔·霍姆斯(Oliver Wendell Holmes, 1809—1894)著书揭露这一集团的力量,借印度婆罗门阶级名号,首创了"波士顿婆罗门"这个名词,说明他们的巨大影响力。在本章之末,附有这些家族的名单,其中不少家族的子孙今日还是名人。这一群门第显赫的人士,至今在政治、商业、文化等各方面,仍旧在民主国家中堪称"贵族"。

肯尼迪家族的先世,本来没有资格挤入贵族阶层,而且他家经营的商业有许多不能告人处。罗斯福总统抓到肯尼迪祖父的短处,也赏识他的能干,"招安强盗当捕快",任命他作海关总监,负责取缔种种偷关漏税等不法事务。至此,肯尼迪才挤入了美国隐藏的贵族阶层。

这个家族经历三代经营,终于将约翰·肯尼迪送入白宫。那一次是真正露出了财团和知识贵族之间的密切关系。"波士顿婆罗门"的学术机构哈佛大学引领风骚,将全国学术界的精英揽入肯尼迪门下。他们借"亚瑟王圆桌武士"的故事,号称这一执政团体是最好与最聪明的。中古的武士都要效忠于某一位贵妇,肯尼迪夫人杰奎琳天生丽质,当然堪担此任。哈佛大学经济学名教授加尔布雷斯(John Galbraith, 1908—2006)竟公开自称为杰奎琳"裙边的宠物"!其行为之可笑

第十章 动态更新的美国政治

竟至如此！约翰·肯尼迪被刺，他的弟弟罗伯特·肯尼迪参加竞选，打算接下哥哥的职位，结果又被刺杀；第三个弟弟就不敢参与选举，终其一生只是担任参议院中最有权力的参议员。肯尼迪故去以后，副总统约翰逊接替总统大位。约翰逊是得克萨斯州平民出身，与"婆罗门"阶层无关。将肯尼迪和约翰逊对比而言：肯尼迪任期内声势虽然轰轰烈烈，却找不到真正有国际影响力的建树。他与苏联之间的对抗，以及发展太空计划的大手笔，都是炫耀美国实力的作为，对一般老百姓其实无所裨益。倒是约翰逊在任时，推广了"大社会"的政策，将罗斯福时代新政、社会保障的各种措施更进一步推展，使更多的国民获得裨益。

肯尼迪家族世世代代有人参政，时至今日，罗伯特·肯尼迪的儿子已经进入了国会，约翰·肯尼迪的女儿也曾是驻日大使。这一家世荫不绝，虽然每一代死于意外的人出奇众多，但其地位还会延续下去。以肯尼迪家族的功业和能力而论，他们不能和美国过去历史上著名的几个世家如麦迪逊和罗斯福相比。到今天，美国政坛上除了肯尼迪家族这种政治世家以外，布什家族也已经执政两代。还有许多参议员和众议员，他们家族也已经是连续二代、三代甚至于四代人进入中央政坛，或者是在地方长期掌握权力。

在地方一级的豪门，例如芝加哥的市长戴利（Lichard Michael Daley）一家，父子、兄弟世代掌权，先后四次担任芝加哥市长，也是当地无法动摇的豪门。奥巴马从芝加哥崛

肯尼迪与夫人杰奎琳,斯坦利·特雷蒂克(Stanley Tretick)所拍,1961年 © Photo12/Universal Images Group via Getty Images

第十章 动态更新的美国政治

起,其政治生涯的前半段全仗戴利家族的支持。克林顿的女儿和特朗普的女婿、女儿,无不野心勃勃,要接续他们一家的荣光。这一些现象也显示,美国在富人政治的同时,也有贵族政治的体制存在,即柏拉图所说五种政治体制的另外一种。

特朗普的当选也是划时代的现象,这一位总统无知、乖张,可以说是史无前例。可是,他能够得到40%铁票;虽然第一年的执政可说一无可取,而他的铁票支持率屹立不能动摇。这40%的支持者,即是在上一章讨论阶层分异时指出的,美国社会下层正在出现的一批将要永远沉沦在贫穷无靠中的群众。在高度竞争的美国,他们的财力和才力都无法将自己提升,没有机会进入中产阶层的下端。这些人满腹愤怒,对未来一无指望,却对过去曾经有过的安定岁月和美国的伟大眷念不忘。这些不幸的贫穷无知者陷在无法自拔的泥沼里,将要成为美国式的印度种姓制度的底层。这一股力量的涌现,是社会败坏的后果,不是这些人的过错——他们乃是牺牲者,不是造孽者。这种力量支持出来的政权,也是柏拉图五种政体之一:民粹政治。美国开国元老麦迪逊早就担忧:如果社会底层大众心有不满,这一群知识程度较差的"群众"可能冲动之下,拥护出"僭主",凭借大位胡作非为。今日美国的情形,被麦迪逊不幸言中。

在希腊古代城邦史上,民粹政治曾经将雅典最优秀的政治家放逐出境,而致使雅典本来领袖诸邦的地位拱手让出。

我们可以预见，特朗普不会是最后一位言行不适任的国家领袖。如果有两三次同样的民粹政治出现，美国在文化上和经济上的优势大概无法再维持。在那个时候，如果一直仰仗军事力量维持霸权，对世界、对美国都不是好事。

美国的政治体制，自从独立宣言和宪法以来，重视的是人民自治，而且由于历史的发展，美国是由十三州形成联邦结合而壮大的。这两项理念，在人民自治方面，就产生了立法权和行政权之间的紧张。而在联邦制度之下，也因为顾忌到各州的独立主权，又出现了地方与中央的关系紧张。

当美国建国成功不久，一位法国的学者专程访问美国，此人即是著名的托克维尔。他回去以后，将所见所闻撰述为旅美的见闻录。托氏向欧洲报告：这个新兴的共和国，具备了不起的构想，落实人民自由民主，其理想之高超，目标之远大，值得欧洲知识界钦佩，也盼望美国的实验能够成功。

然而，他也指出了美国如此设计的构想，将会留下一些后遗症。首先，一个民主社会的隐忧，乃是极端的个人主义，或引向以个人主义来代替自由——可能终于因为强烈个人主义导致的散漫，造成国家共同体的崩解。其次，在强大的国家公权力之下，可能会产生个体无法抗衡国家公权力的问题。最后，这种政治体制下，完全以数量来计算民意之所向，公民本身的素质参差不齐，有智慧的高低、知识的有无，也有是否能控制私欲的修养问题。这些条件一旦失控，纯粹按多数表决送进一批不够格的代议员，以及不适任的总统，国家

第十章 动态更新的美国政治

可能沦入无可挽回的境地。这些公职人员代表的是数量庞大的群众，他们凭借意气行事，或是过分地考虑私利；他们的种种行为选民们不能判断，也无法监督——如此一来，依托民意选出的政府，可能会产生多数专制的危机，也就相当于民粹主义的暴政。

托克维尔的预言果然逐渐应验。美国近三百年历史中，凡此紧张关系的拉扯，让出了空间，使得财富阶层和政治家族都介入体制内的冲突，而获得操纵国家大政的机会。到了今天，财富能够决定政权所向，也将指挥公权力采取种种有利于发展财富的政策和法案。这使得在国家支撑之下，财富愈来愈向上层集中。各种大财团合而为一，全盘指挥政治；若干矛盾和对立的利益集团，为了利益又彼此抵制和拉扯，使得一些良法美意无法在国会通过，也无法在行政权上顺利地执行。再加上政坛人物一方面依赖财富的支持，另一方面财富和权力合二为一的时候，一定会出现一些掌权的人物，类似世袭地延续他们的政治地位。这两个方向，时而交叉，时而平行，势必将美国立国的原则——个人自由、人与人之间的平等，逐渐消解殆尽。眼看着一个人类历史上难得出现的伟大实验政体产生、发展，其目的在使人人能够决定自己的命运，聚合在一起能共同获得全体的福祉，如此伟大的实验，经过近三百年却是逐渐变质，沦落到如此地步。言念及此，能不感伤？

附录
美国政治的"婆罗门家族"

1. Adams	2. Amory	3. Appleton	4. Bacon	5. Bates
6. Boylston	7. Bradlee	8. Cabot	9. Chaffee/Chafee	10. Choate
11. Coffin	12. Coolidge	13. Cooper	14. Crowninshield	15. Cushing
16. Dana	17. Delano	18. Dudley	19. Dwight	20. Eliot
21. Emerson	22. Endicott	23. Fabens	24. Forbes	25. Gardner
26. Gillett	27. Healey/Dall	28. Holmes	29. Jackson	30. Lawrence
31. Lodge	32. Lowell	33. Lyman	34. Minot	35. Norcross
36. Otis	37. Palfrey	38. Parkman	39. Peabody	40. Perkins
41. Phillips	42. Putnam	43. Quincy	44. Rice	45. Saltonstall
46. Sargent	47. Sears	48. Tarbox	49. Thayer	50. Thorndike
51. Tudor	52. Warren	53. Weld	54. Wigglesworth	55. Winthrop

第十一章

不断发展的文化脉络

任何大的人类共同体,其谋生的部分是经济,其组织的部分是社会,其管理的部分是政治,而其理念之所寄、心灵之所依则是文化。以个人生命作为比喻,文化乃是一个共同体的灵魂。本章的主题则会从各个时代陈述,我们可以体会美国的文化脉络如何不断地转换。

先将中国和美国历史做一比较:中国是一个经历几千年的共同体,这庞大共同体的灵魂,是数千年来演变而成的。美国只有不足三百年的历史,其开国之初从欧洲带来的文化,就是美国不足三百年来的立国之本。他们一切的典章制度、国体之所以如此设计的依据、人情风俗所寄托的理念无不根基于此。在中国这一共同体中,追溯中国文化的最初理念,由于时代久远且演变过程复杂,其实已经没有追溯源头的必要。美国则不一样。近三百年来美国一切的变化,万变不离其宗,都还多多少少可以从最初的根本理论见其端倪;转变过程,也可以从这个端倪作为零点,检查变化之关口及其起伏。

在"五月花"号登陆美国以前,欧洲人不是没有在北美大陆立下基地。如前所说,在今天马里兰州、佛罗里达州和南北卡罗来纳州的沿河岸上,英国人也曾经多次尝试殖民。1607年,英国人就在今天的詹姆斯镇附近开辟过殖民地,也维持了一段时期,可是未能发展壮大。此外,西班牙人、法国人和荷兰人都先后在美国的东岸寻找自己的立足点。在美国的西岸,从墨西哥出发的西班牙拓殖队伍,也曾经伸展到加利福尼亚州北部建立若干据点。这些不同的个例,没能具有"五月花"号在普利茅斯建立基地一样的重要性,则是因为"五月花"号带来的移民,要以其坚定的信仰在新大陆上建设一个新的国家,以落实他们所憧憬的目标。

"五月花"号的移民,是欧洲宗教革命之后最崇仰自由的一批加尔文派信徒。他们坚持单一神信仰,并且以为神和信众之间有直接的感应,每一个信徒都是直接承受神的恩典。这一个理念,使加尔文派新教的信徒以其坚定信仰获得最强烈的自信心。他们以为自己所作所为是根据神的指示,绝对没有错误;他们能够成功,本身就是神的意旨的落实——他们成为选民,是神已经决定的。因此,每个选民必须要以自己的成就,彰显神的庇佑和神的抉择。

基督教的单一神信仰,最早的源头乃是埃及埃赫那吞法

第十一章　不断发展的文化脉络

老所创建的信仰。这一宇宙间独一无二的大神是太阳神,太阳神给天下万物生命和庇佑。因此,所有的生命都是平等的;而且由于神的护持,他们一切行为也是单一神创造意旨的体现。虽然从埃及的源头到基督教的出现,中间经过不同阶段的转折,但摩西从埃及带出单一神观念,乃是基督教信仰的根本。也从这个理念上,宗教革命以后才根据教义引申出个人自由、人间平等这两个重要的观念。

从中世纪以来,欧洲的居民在战争中占据土地后,建立封建制度,将人民分为贵族、平民和奴隶。这是一个阶级化的社会。宗教革命以后经历启蒙时代,欧洲各处都卷入反封建的浪潮。法国大革命和英国的光荣革命,都提出以平等解除阶级的隔离,以个人自由解除封建制度人身的束缚。法国革命提出的博爱思想,则阐明人与人之间应当如同兄弟手足,不应该再有不同的身份区隔。相对而言,英国的光荣革命肇因于农村大地主争取自己的财产权和人身权。英、法两国革命的方式及其理念背景是相当不同的。

"五月花"号的移民来自英国,而英国当时信奉新教,是依据王权向教权夺来的信仰自主权。英国的国教会,只是一个独立于罗马的公教会而已。"五月花"号上的移民虽然来自英国,他们的宗教信仰却是西欧大陆上最激烈的加尔文主义。在到达北美之后,虽然理论上他们还接受英国王室的统治,只是在海外建立英王政府所管辖的殖民地而已,但实质上,登岸之时他们就已有决心,要在这个新的土地上创建一个新的制度：神恩的庇护下，落实每个人应有的平等和自由。

于是，在新英格兰最早的地方政权，除了他们自己建构的地方自治体以外，当地加尔文派的清教教堂拥有极大的威权。他们的法律是自己创建，立法的理论依据都必须追溯到圣经传达的理念。当时，法庭根据法律条文作出判决，和根据教义判断是非对错相辅而行。早期新英格兰的英国殖民地，竟可称为一个神权政体。猎巫和惩淫等种种事件，在新英格兰的社区中，其实是根据教义采取的法律以外的宗教审判。当时教权之专断、严酷与不合情理，超出我们的想象。如此结构的神权社区，其实并不符合民主自由的原则。

这一段开拓的经历，无论如何是相当辛苦的过程。如果没有清教徒秉持神恩的勇往直前，这些殖民者很难在陌生的新大陆上，获取坚持开拓的勇气和能力。从那时候开始，一波一波的新移民进入美国又推向内陆。那些新到的人群，有的是同一个宗派的教徒，有的是基于经济动机的移民。这些陆续前来的开拓部队，是在欧洲没有发展余地的人群。他们宁可抛弃一切进入美国，前途未知却勇往直前：他们在颠簸的篷车上，翻山越岭、渡河过江，在洪荒新世界觅得站定脚头的空间。这些开拓者的精神，是美国的史家特纳特予强调，可以代表美国立国的精神。向西开拓的历史，即是美国整个历史的定调。

从好的方面说，这种精神一方面是承受着神恩，要以自

第十一章　不断发展的文化脉络

己的行为彰显神的恩典：这一种个人主义如此有恃无恐，这些开拓者才有勇气和决心一步步往前走。可是，从另外一个方面看，这些依仗上帝眷顾的个人，自以为是神的选民，对他们而言，"神的选民"四个字，就让他们自己的地位和其他人有了区隔。异教徒不能蒙受神恩，乃是异类；那些他们认为是野蛮人的原住民，简直是羞以为伍的异类。这些自以为蒙受神恩的个人主义者，可以理直气壮地任意处置他们眼中的"异类"。在美国历史上，正因为这种不成理由的"理由"，百万计的原住民被他们驱赶离开自己的土地——甚至于以近代的武器对付手持弓箭的原住民，对其任意地杀戮和驱赶。从他们手上夺取的资源和土地，白人可以理直气壮地据为己有。这些错失，在今天看来是人类历史上的污点，但是在当时那些开拓者的心目中，却正是以这种理由毫不留情地将新大陆占为己有。

　　向西开拓成功还是失败，对于当时人而言是机会各半。失败者葬身异域，成功者却可以自我肯定：神的眷顾，就是因为自己的能力和才干。这种自我肯定，是个人主义转变为独占和自私的关键。在激烈的竞争考验之中，能够生存、能够成功就是一个证明："我是优越者，所以我能成功。"在达尔文提出的自然演化论被当作"真理"的时代，从生物演化论引申出来的社会演化论，即认为人与人之间的竞争，正如生物界的适者生存一样——成功与失败的差别，就在成功者站住了，失败者倒下了。将生物演化论中弱肉强食的原则，引申到社会演化论时，个人主义成功者对失败者不会有怜悯，更不会同情。

上面两个阶段的推论，演变为美国社会上弥漫着的无情竞争，整个社会信奉"胜者为王"的观念。一方面是从宗教的神恩衍生出来的个人主义，一方面又是将生物科学的演化论，武断地转变为解释人类关系的科学主义，而且俨然定论。数百年来，如此种种，在美国的一般观念中，却是影响到人们的行为，以至于清教徒所秉持的"在神的面前一切都平等，在神的庇护下，所有人都应当有自由"，竟然转变成为"我可以为所欲为，因为我是胜者"。这个现象，到今天并没有得到修正。这一理念或者说社会性的意旨，乃是这一新大陆的新舞台上，剧中人演唱的主旋律。

这一新局，毕竟还是有从基督教承受的理想层面，亦即博爱与公义。凭借这一温柔的曲调，在社会主义浪潮进入美国时，作为弱者的劳工可以凭借集体的力量，向雇主争取平等的人权，要求合理的待遇；他们也要求妇女、儿童不应当担任过分劳累的工作。这一番新的社会正义，其实还并不能真正平衡上述强烈个人主义所造成的独断和自私。迄于现代，美国才出现进步主义思潮，将社会公义和公平视为应当落实的要事。

在工业发展的阶段，工商业的园地就等于是向西开拓时候的内陆；龙腾虎跃的战场，成功与失败的标志都是以金钱衡量。那些镀金时代的大亨，努力工作聚集庞大财富，创建

第十一章 不断发展的文化脉络

企业帝国，他们的动机，也就是上述特纳所指的开拓精神。好处在于他们能勇往直前地努力工作，实现从无到有从少到多。就以匹兹堡出身的卡耐基而论，据说他每日工作十七八个小时，睡眠时间只有四个小时左右；他饮食清淡、生活简单，卧室是一张相当于行军床的单人床。

这些人物努力工作，要求的回报不是物质上的享受，也不是贪得无厌的欲望，而是实践神拣选了"我"后"我"对神的回应。他事业成功以后，将所有的产业都捐为公益之用：办了一所大学，捐建了全部苏格兰、爱尔兰和宾夕法尼亚州地区的公共图书馆，捐建了自然博物馆，也捐助建设了纽约的卡耐基音乐厅，还设立了一个为世界和平而努力的卡耐基基金会。他自己没有子女，身后没有留下家产给家人。类似例子还有洛克菲勒。虽然聚集了庞大的财富，但他生前就将大部分的财富捐作公用。洛克菲勒留在人间最大的贡献，是设立美国第一流的大学芝加哥大学，并资助兴建了无数教会学校和教会医院。中国第一家现代医学院协和医学院及其附属医院，就是他捐助的。洛克菲勒基金会持有的总财富，大概比整个台湾地区的财富总量还要巨大。这个基金会支持和补助的各种公益工作遍及全世界，尤其在落后地区如非洲、南美洲等处。与卡耐基、洛克菲勒同时代的巨富，例如福特、贝尔、梅隆等人，均捐出大笔财富推动公益事业。他们的动机几乎都因宗教信仰，进而身体力行地修德为善。我们钦佩这些巨富能够将自己聚集的财富反馈社会。如此行为的动机，

《跨过结冰的密西西比河》,克里斯滕森(C. A. Christensen)所绘,约1878年。人们驾着篷车,前往西部地区寻找新的土地

安塞尔·亚当斯(Ansel Adams)的名作《大提顿与蛇河》,此处位于美国西部的怀俄明州

第十一章 不断发展的文化脉络

还是基督教伦理对于他们的感召——凡此现象，都是前述宗教观念的体现。

正是在如此认知和体现利他情操的时代，美国却也出现另一潮流：个人主义转向满足个人欲望的享乐主义。二战以后，美国迅速地繁荣，俨然跃登世界领导者的霸主地位。国家聚积了巨大财富，于是，国民在工作之余也寻求娱乐。如此取向催生了娱乐和体育这两项吸金的产业。而且，由于平等原则，人人盼望获得如此满足的机会：这就启动了全民同乐。这一转变导致在文化、经济和政治各个领域，均出现巨大冲击。

美国本来就有民间娱乐的传统，例如，欧洲的民歌转移到美国，发展成为美国的地方音乐。在开拓内陆的时期，小剧团先是搭乘篷车，后来则随着铁路和公路的路线访问各地农村，表演戏剧、歌唱以娱乐内地的居民。在大城市中有高级的歌剧院、音乐厅和一般纯艺术的剧场，也有在俱乐部或者酒廊演出的小型乐队。除这些分散在全国各处的娱乐业以外，纽约的百老汇是美国娱乐业集中之所在，也是新作品、新形式竞争的中心。

以上这些文化娱乐活动，真正普及于一般人民的，则是在一战以后快速发展的电影业。加州的好莱坞提供了各种各样的影片，一次制作完成，可以将影带在全国放映获取巨利。因此，一战和二战之间，在娱乐业方面，最出色的成就是电影业：一部佳作能够上映千百场，一个明星能收入丰。然而，我们也必须了解，一个成功的巨星攀登的路线上，有上千尝试却不能继续下去的失败者——成功者毕竟是少数。最得利的当然是投资拍摄影片的大商家。

二战以后电视出现，过去无线电能够将歌星的歌声、话剧的对话带到客厅。电视出现后，不仅是声音的传播，每一家直接可以看到更具体的形象。从黑白电视到彩色电视，在二战后不到二十年间，电视产业一跃而成为美国娱乐界中足以和电影抗衡的一种新产业。电视上的巨星不仅天天和观众对面，他们和电视公司累积的财富也比当年电影业的数字更为庞大。

乘着这一波浪潮，美国的文化也得到刺激发展的新空间。那些歌唱的巨星，如猫王、迈克尔·杰克逊、英国来的披头士……如果没有电视作为网络扩张他们的听众群，这一行业不可能在如此短的时间内，堆塑出拥有如此庞大群众喜欢的巨星。当然，他们后面的经纪人所获得的利益，比他们所得更为庞大。他们有数百万、上千万的歌迷，在各地还会举行巨型的演唱会，例如1960年8月伍德斯托克音乐节（The Woodstock Festival）的大型音乐会，连续举行了四天，参加者不下四十万人。从那次成功的音乐会以后，歌手们经常有机会举办音乐会，每次聚集以万计的群众在场应和。这一股力量创造了美国新的文化，其特点是浅薄而煽情，热闹而空虚。

与这些出于感性的群众活动相伴而行，阳刚的体能活动则是事后大为兴旺的体育产业。欧洲来的美国移民，秉持印欧民族好动的传统，在美国创造的棒球、篮球和将欧洲的足球改造的美式足球，这三种运动原本都在学校作为体育项目。慢慢地，这些运动的参与者和观众普及全民。于是，本来每个小镇上，周末公园一角，当地中小学的孩子比赛体育课学到的棒球，逐渐发展为大学之间的比赛，以至最后全国形成了几个大赛的联盟。同样地，足球和篮球以及最近又加入的冰球，都成为全国层级的比赛项目。在今天的美国，体育产业已经成为庞大的第三产业中重要的部分。

学校发展体育的原来用意，是给青少年提供锻炼体能的机会。在工业化的社会之中，工厂的劳作并不一定是有益身体的体力活动。许多上下班的文员，更缺少体力活动的机会。如此用心，原来的构想乃是盼望人人都有机会锻炼，"身、心"均能健全。后日变质发展成为一个行业，则不是当年提倡体育者设想的本意。在19世纪前半段，如此种种运动还仅是民间社区活动之一，并没有后来商业性谋利企业的特色。

最初，各处大学、中学都有自己的校队，举行校际友谊赛，并不涉及利益。慢慢地，由于观众超过学生和校友，学校纷纷设立球场。校际比赛的门票收入不是小数，学校的各种球队逐渐转变，几乎就是职业球员了。进而，学校罗致有潜力的学生，遂以高额奖学金吸收好球员。在学校中，这些球员不必注意课业，只需在球赛效力。他们入校目的不在求知，而在开拓职业球员的机会。学校接受这些学生入学，目的在于获得校际球赛的好成绩，以劝说富有的校友捐助学校经费。于是，"身心俱健"的教育宗旨，扭曲为学校、球员和富有赞助人三者之间的金钱游戏。

今天，各地的大学都纷纷拥有自己的球队，也建有自己的球场。宾夕法尼亚州立大学和俄亥俄州立大学这两家大学，都曾经被人称为"球场附属大学"。那些球员，如果在中学时代稍露头角，就可能被职业的星探吸收作为补充队员，一步一步上升成为球队的主力球员甚至体育明星。他们成功的比例，也就和娱乐界的明星一样——一个成功者后面，有成千上万个失败者。无论成功或失败，他们仅是变相博戏的工具，并没有成就入学求知的本意。

职业球赛当然完全以营利为目的，只是在体育竞赛里增添了博彩性质的吸引力。在1970年代的时候，全国大概只有第一线的大城市会有某一项目的大球场，现在哪怕是二线城市也都拥有各类大球场。球场的规模也越来越大：我刚到美国时看见芝加哥的白袜队球场，可以容纳两三千人；到今天，匹兹堡这个二线城市都可以有三四个大球场，容纳不同球队的活动，棒球场、足球场的容量都是五万人左右的规模，冰球和篮球比赛也可以有上千观众。如此庞大的观众群，撑起了一个非常殷富的运动企业。球队其实都有老板的，一个老板集资若干主办一个球队，若是球队晋级升等、球员成为明星，就能以此吸引更多的观众，球场和球队的收入以及球员本身的薪资都随之同步上涨。今天，一个全国级的球员，

第十一章 不断发展的文化脉络

无论是足球还是棒球运动员，年薪大概都是数千万美元。球队老板的经营除了门票以外，更多是卖广告、食品、纪念品等，以此累积数十亿的资产。

这些财富的来源，往往是工厂劳工阶层：他们收入不高却努力储蓄，盼望能够在比赛季节看一场球。一场球赛一个观众的支出在两百到五百美元之间，加上旅费、住宿、饮食等支出，一位劳工看一场球，他的月薪就要去掉一大块。但是他们乐此不疲，因为美国人需要寻求刺激：快速地奔跑，群众的吼叫，以及球星的英雄形象。许多人自以为，球队代表城市就是代表自己。我们到达匹兹堡时，匹兹堡三个球类队伍都获冠军，"三冠王"的荣耀，使得市民们在第三次胜利时，全城彻夜狂欢。我询问邻居："球员都是匹兹堡本地队青年吗？"他瞪我一眼："匹兹堡队，这个词还不够吗？"在今天社区／社群均已淡漠疏远时，本地队胜利带来的虚荣，填补了已经淡化的群体归属感。冷眼旁观者看来，是圣经上所说"虚空的虚空"：如此泡沫，却将劳工辛苦工作得来的收入，堆砌为无数的巨富，以及若干明星球员短暂的名誉和财富。

娱乐产业和体育产业，都是不能有累积的产业。虽然说一部电影佳作等于一部好的小说，可以永垂不朽，但实际上一百多年的好莱坞，真正称得上"名著"的电影作品，大概双手可以数得出来。运动场上一场球赛下来，等于一阵风飘过水面，当时会激起涟漪，在场会感到兴奋，后面没有累积，也不会成为人类试探体力的极限。在我自己看来，这两个行业在文化意义和社会意义上，正如罗马帝国从盛而衰的时候斗兽场和格斗场上的活动，乃是人群虚空的浪费。

更可悲叹者，这两种行业尤其是娱乐业使用的媒体，所及群众之广大，以至于宗教人物和政治人物也都见猎心喜，运用同样的渠道和场合，或者作为宣道之处，或者作为竞选工具。以后者而论，罗斯福运用无线电，直接向全国的选民解释他的政策；肯尼迪利用电视，以英俊的外表、善辩的口才，吸引了无数的选票——而他的对手，却还没有认识到这个新工具的存在。现在的特朗普总统，利用信息业中的传播工具"推特"传达他的观点，直达每个选民手上的手机。这种借助即时通信工具诉之于群众喜好的方便手段，已是今天政治活动中无法摆脱的一个圈套。结果就是，政治家凭借情绪化的表达、直接的个人形象来获取选票，而非理性的思考和辩论。如此的政治活动导致的后果，即是哗众取宠的"群众民粹主义"。

在宗教方面，尤其在美国的内陆和南方，过去广场讲道和大蓬的聚会，现在转移成为在运动场上的聚会和直达家庭的电视播送。煽情的言辞取代了教义的阐释，所谓"福音教派"（Evangelism）的若干宣道者也因此暴得巨富：他们不是真正在拯救灵魂或指导迷惑，只是借由这种工具，求得自己的私利而已。

美国以商立国，资本主义的本质就在追逐财利。前文提过,那些镀金时代的大亨努力致富,却在事业成功后散财捐款,以满足清教徒的心智境界——这是从好的一面看。如果从恶性演变的一面看,竞争激烈的战场上的斗士,不会满足于胜利后的喜悦和风光,胜者还会需求凯旋后的享受。而且胜利如同鸦片,上了瘾就不会洗手不干。这尤其反映于19世纪中晚期,每一个成功的企业家想要达到的境界似乎永无止境:建立了一个企业不够,还要这企业更进一步地扩大;对同行兼并还不够,更追溯兼并上下游产业,力求各个阶段都要由他一人控制。这种独占的欲望,形成19世纪到20世纪初的托拉斯现象。洛克菲勒家产,就充分地发挥了这种作风。如此方式的弱肉强食,其实冲销了所谓自由经济、公平竞争的理想。一个有一千万元本钱的商家,他的存在就剥夺了无数只有十万元本钱创业者的机会。到了这一阶段,赌徒性格遂与个人主义叠合,不仅成为投身资本主义追逐利润的动机,而且这一个人投入的资本主义活动,转化为一个国家的行为特色。最后,逐利不仅是从事某个事业的动机,也是举国献身的人生意义之所系。

在美国历史上,托拉斯的现象早已出现。要到罗斯福总统实行新政的时期,才以公权力的力量限制托拉斯无穷扩张的企图。可是,美国的政治还是受金钱的左右,约束托拉斯的法律始终无法完全落实,道高一尺魔高一丈。到20世纪的后半段,托拉斯的风气再度猖獗。大股东不再以个人的名义并吞和独占,他们以注册"委托基金"的方式搜集股权,或者以公司与公司之间削价竞争的方式击垮弱者。到今天，举个例子说，所有关于传播和公共文化的事业，从报刊、出版商、通讯社、音乐戏剧事业、电影业、电台、电视等，都已经合并成全美不超过五家的大托拉斯。不熟悉美国情形的人很难想象：亨利·卢斯（Henry Luce）所开创的《时代周刊》，曾经是公共舆论的基地；在他死后不久，卢斯集团就并入了好莱坞的企业群，也吞并了迪斯尼乐园，等等；更没想到，在这一兼并的产业链上，如此一个集团竟然也延伸于旅游业，将一个大的连锁酒店希尔顿也并入麾下。由此可知，"财富"已经成为具有动能的巨无霸，其吞噬胃口再无满足之时。"致富"本身既是资本主义的手段，更是其根本特性——这一特性，也是美国文化不能摆脱的诅咒。

财富累积到相当规模，如果属于个人，个人死亡后财富经过继承，最终会分散为许多较小资产。但是，今天的美国个人资产，常常聚合为承受委托的法人团体——所谓"信托基金"，即一个管理财富的机构，只不过拥有相当于个人人格的身份，在中国的法律称之为法人。财富交托给信托基金，使得美国的财富聚集为法人，而不是分散到个人手上。中国俗语"富不过三代"，以家族继承而言，乃是必然的后果。今日美国则不然：巨大财产的继承者，竟然是有法人身份的信托基金，基金只会成长和累积，而不会分散。若干巨富的财产，由各自巨大的信托基金来管理运营，在美国财富总量中占有惊人的比例。如果不是有这种大型的财团法人作为投

第十一章 不断发展的文化脉络

资的源头,一时之间,任何事业无论公、私,都很难有所成就。

也许,这就是个人主义高涨的社会内,别出蹊径的调节方式。一个信托基金实际上就是一个狩猎团队,也可以说是草原上的狼群。无数平民的小小积蓄,存入银行或者保险基金,但是最后都合并在许多庞大的基金之下,在市场上兴风作浪,各处并吞——昨天我正在并吞别人,没想到今天自己已经被并吞了。不仅同业之间彼此竞争,胜负由财力决定;各个行业之间,也常常有不同程度的利害冲突。于是,每一个产业都会借重大的信托基金组织设法影响到公权力,使公权力制定政策对自己有比较好的偏向。因此,财富影响政治,成为难以避免的现象。而且,过去财富影响政治的方式,是地方性小型的财团帮助地方性的政治人物与另外一批政治人物竞争,争取掌握公权力的机会。到了最近二十年左右,既然财富已经大量地集中,这种搏斗的战场就超越地方而成为全国性的搏斗。每次大选就是钱与钱之间的肉搏,不但每一个候选人要找财团支持——民主、共和两党本来就因为各自自由和保守的趋向,有一些利益相符合的财团金主,此时更是白刃相见,争夺其他财团的支持,而以未来施政的政策作为交换。最近这次大选,就充分地呈现了这种政权与金权之间的纠葛不清:候选人和某些财团挂钩以后,自己本来的理念和立场,都必须要将就金主的要求而有明显的调整。

资本主义本身是图利为主,因此,金钱污染美国文化,成为难以避免的困扰。从美国立国以来,金钱决定社会地位,金钱决定教育修养，金钱也决定政治权力何所归属。这就是资本主义与生俱来的特色。在欧洲，资本主义最得势的国家是英国。但是，英国还是有强大的工党力量，可以坚持社会福利作为重要的施政方向。其他若干社会福利发达的欧洲国家，也都是因为财富本身的数量无法与美国相比，财富集中的机制也无法先由托拉斯滚成大雪球，再把许多大雪球累积成为巨大的财富集团。因此，那些北欧的国家在施政方面，就不断地防堵美国资本主义取向的机制——在财富出现快速集中整合的迹象时，公权力就会纠正这一趋向。

总而言之，上述各种美国社会大众的集体性格：新教伦理延伸而来的个人主义，应该是美国价值观的主体；以资本主义为基础而凝聚成的"好利"的价值取向，则是其实践。美国的工业化和都市化这两大浪潮，冲散了原本聚合个人的社区与社群。科学知识的普遍和文化的多元，卷去了教会的约束，也削弱了人们对信仰的依靠。

清教精神和个人主义之间，原本彼此依靠足以安顿人心。目前，单独、散乱的个人必须构建另一群体、另一依傍。这就留下空间，出现许多个人组合而成的大群体。而且，如此大群体必须是可见的、可以感觉的集合体。前述大型集会，亦即大型音乐会或者大型球赛聚合的群众，正好符合这一需求。无数散乱的个人，于是有了虚拟的归属，填补了无所依傍的孤独。

球场与大型演唱会反映为群众主义，将无数个人席卷入热闹而不必负责的盲目、冲动之中。于是集体意志呈现为民粹；"平等"观念导致轻视"优异"，甘于凡庸；从"自由"观念出发，则蔑视传统与规范的约束。

美国的社会结构走到这一地步，也就可能因为缺乏真正的归属，也缺乏心灵依靠的理念，渐渐由疏离而致涣散解体。如此危机，令人担忧。不过，凡事都有正负两面，每个人可以有自己的抉择，也可以不拘一格，因应时代而修正改变。美国一般人的群体性格就是如此，充满动力，同时也冲动、浅薄。美国的文化遂表现为实用，是以科技成就多于理论玄想，重视法律、政见而忽略历史、哲学。这是一个科技挂帅，但在教育、修己方面有待填充补强的年轻文化。目前它刚达盛年，可以重实用而轻理想、重开展而轻持守、重今天而无视过去。然而，一旦面临衰老时，将何以自处？此乃美国人应该早日反省的课题。

第十二章

美国时代潮流的变化(上)

如上章所述,美国的文化基本上建筑在新教精神以及资本主义的基础上,而且其发展过程之中,工业和城市的发展构成了相当严密的集合体。这一特色,就和上述的个人主义色彩有互相抵触之处:工业结构必须分工合作,不能单打独斗;城市居住也是一个先设的群居生活,人与人之间的关系应当比较密切。这两种潮流的激荡,造成了美国文化上时时发生的正反交替,也使美国社会中的个人往往有无所适从的困扰。

美国开国以来近三百年,到19世纪的中叶,工业开始出现了。少数几座大城市掌握了国民经济的命脉,其间有贫富的差异,有新旧移民之间的矛盾。南方因其蓄奴制度,将一部分人压在低贱的社会下层。这些现象,当然也就引发了严重的反思和质疑。因此，19世纪中叶内战前后，美国的文学作品颇多对于自然的歌颂和对一般平民的关怀。在南方，更有对于蓄奴制度的抗议。知识分子圈内，清教精神的教条性和对个人的约束，当然也使许多主张个人自由的人士会高举个人主义和自由思想的旗帜，对于思想和精神取决于权威这件事情提出疑问。

这个阶段，以惠特曼的浪漫主义诗集《草叶集》而言，其中一句"有土，有水，就有草"，似乎宣扬"我"的自觉，也肯定万物与众人的平等。《自己之歌》（Song of Myself）这首诗，更是颂赞自我存在的意义。亨利·大卫·梭罗的《瓦尔登湖》颇有陶渊明的味道——亲近自然，在瓦尔登湖这个安静的水塘边，过着宁静淡泊的生活，可说是对于拥挤城市生活的反抗，也是宣示自我满足的心灵。

这些作品着重在书写与自然的亲近，描绘田野生活的宁静。美国的农庄，本来就散居在野。歌颂田野和自然的作家心目之中的美好田地乃是林间小屋，四野无人，独自在水旁伫立，欣赏水影天光。这种情境，在美国广大的天地之中并不难找到。然而，在新英格兰的老殖民地中，人民的生活却是捆绑于以教条为中心的社区；他们的心灵由牧师带向上帝，对四周的大自然竟可视而不见。商场中的竞争和新兴工业忙碌的劳动，生活的节拍非常紧迫。这些市井小商人和厂房的劳工远离自然，也无从寻找自己；中产阶层以上的人士，也必须要天天以同样的服装、同样的语言，和同样无趣的人物做刻板式的交往。

在美国的开拓时期,新移民带来贵格会和若干新教教派的传统。他们主张人间不应当有剥削,最好的生活形态是彼此合作的社区。一个村镇周边,每个人都有一片农地可以维生,人与人之间如同兄弟,彼此合作。这种思想也延伸到早期的工会活动。那时工会的组织还有从欧洲带过来"同业公所"的传统,相当于"兄弟会"。他们教育自己的子弟和学徒,传授手艺,同行之间也互相帮忙,完成一个人无法独担的工作。这种技工的组织,实质上和下一个世纪蓬勃出现的与资本家对抗的工会性质非常不同。前者是自己人之间的互助合作,后者是集中力量向资本家抗争。

当年资本主义还没有到劳资对抗的时候,处于工业文化的初级阶段。作坊式的生产组织俨然是分水岭:前阶段是农村中的农业生产生活,后阶段才是将要步入劳资分裂的工业生产。社会上弥漫的风气比较平和,若有抗议也主要集中在贫富差距这方面。不过,新教信仰原本就包含神对人的恩宠,人间的不平是命定的,并不会惹起激烈抗争。

这个时代社会不平的现象,最主要可见者仍是南方蓄奴——将人当作会讲话的牲口,没有人权,也没有公民权。同时,男女之间的不平现象,使社会运动者要求妇女有同样的参政权以及财产继承权。这些要求,到 20 世纪时才重新冒出头来,成为社会运动的主流。

美国历史的早期,在文学上主要呈现于散文和诗歌。那时候，一般人并没有经常阅读的习惯；他们的心灵活动，主要在于阅读《圣经》和聆听牧师讲道，读小说或短篇故事较少。当时美国的艺术和音乐，也都取自欧洲的国家。整体言之，美国还没有发展出自己的文化特色。

在民歌和音乐方面，却呈现另一风光：西方白人初次接触印第安族群和非裔族群，察觉到白人的圣歌和欧洲原有的民谣之外，还有另外一些乐器和曲调。民歌的传统，乃是开拓时期和南方庄园生活之中的新潮流，膝上五弦琴（Banjo）和小鼓乃是这些民间音乐的主要乐器。这些民歌歌词简单、音调重复，有时候只有节拍而未必有曲调。这种民间传统与白人从欧洲带来的宫廷和音乐厅的音乐，当然就很不相同。这一类型的民间文化发轫于19世纪中期，延续到今天竟构成美国爵士乐和乡村乐调的丰长传统。美国民间教会聚会的圣歌，也受这种音乐的影响，旋律简单起伏不大，乐句常常重复。若以美国圣歌和欧洲教会的咏叹相比，二者之间已经大不相同。

在19世纪中叶，美国出现了短篇故事和类似小说的长篇叙事。有一部分是反映开拓者的生活：他们在开拓的过程中与印第安人接触，有时和好有时对抗。有关印第安人生活的叙述，以及白人与印第安人之间的恩仇，都成为西方开拓故事的泉源。到20世纪时，有些故事成为初期电影主题中的重要部分。所谓"牛仔"的形象、闯江湖的游侠英雄、印第安和白人之间的冲突与矛盾，以及开荒辟野过程中的艰难困苦,都是西部片的主题。

南方农业地区的生活以及黑白人种之间的矛盾,则是南方文学的特色。马克·吐温描述南方农村的简单生活,以及青少年单纯的乐趣,汤姆和费恩都成为美国文学中的象征人物。斯托夫人所写的《汤姆叔叔的小屋》,究竟是为黑人发言,还是歌颂黑白人种间关系的和谐,到今天也还是待决的课题。这一系列有关黑人族群的作品,在美国的文学界始终不断。

美国内战堪称建国后第一次"战祸",面对内战期间的社会变动和战争影响所及的灾难,人们不能无感,遂出现了米切尔所著长篇小说《飘》,以此来怀念南方庄园的生活,描述经过内战后社会的天翻地覆。

这些西部片里,西方新开拓土地上出现的人物,反映出东岸都会和西部江湖草莽之间的种种背景。内战前及战争期间,经过反蓄奴人士的协助,南方黑奴通过"地下铁道"逃亡北方进入城市,才发现北方城市中的劳动生活,并不是奴隶生活的解放,而是另一类困苦艰难的折磨:这些题材,也是美国人第一次对自己的社会进行严肃的反思。

19世纪晚期到20世纪中期,美国经济蓬勃发展。工业化和城市化并驾齐驱,将美国人的生活资源主要集中在城区。这个时期美国也在普及中学教育,各州也有州政府支持的州立大学,以及各种教会举办的文理学院。

在20世纪前半段的美国大小城市,也都出现了许多博物馆、音乐厅和图书馆。聚集巨大财富的企业家,如洛克菲勒、卡耐基等，无不捐助巨款设立这些文化活动的基地。这一个特色也是美国与欧洲大陆不同之处：欧洲城市的博物馆、艺术馆、音乐厅等，大致都是公家主办，或者是旧日的封君支持，然后转变成后世政府维持的机构；只有在美国，这种公众文化教育的项目十有八九是民间维持的。这些机构提供的服务，并不只是静态地等待观众观赏或聆听，每一个机构都会有自己的教育项目，培养民众欣赏文化项目的能力和兴趣。美国今日主要的公众设施，大概在二战以前就已经基本具备。不仅大城市之中有这些文化殿堂，小城、小镇起码也有图书馆的分馆，提供给市民阅读的环境和书籍。

与此相关快速发展的，则是美国的出版事业和传播事业。早在殖民时期，在若干大城市之中已经有出版商，不仅出版实用的书籍，同样也出版报纸和杂志作为市民求知的泉源。在欧洲的英国、法国、德国等处，也早就有蓬勃的出版事业，但其普遍性还是不如美国：以报刊而论，《大西洋》《星期六评论》以至于《纽约时报》等，都是百年以上的报刊，不过也是在20世纪初期才扩大成为全国性的媒体。在20世纪初期，一战和二战的中间，美国一般出版事业的蓬勃发展，足以支撑廉价袖珍本的出版。举例言之，"企鹅丛书"售价不高，却是精选的优良作品，成为一般市民容易购买的读物。二战前后大概有半个世纪，这些袖珍读物在美国日常生活中随处可见。美国一般人的知识水平和文化风味，也就因如此易得的大量读物，得到了相当程度的扩大和提升。

第十二章 美国时代潮流的变化（上）

1920年有了无线电台和收音机，二战结束后又有电视广播。这二者成为家家都有的设备，阅读书本的习惯无形中慢慢减少。迅速而简短的信息，实时而口头的评论，已经满足了一般市民的需求。今天的美国一般大众，已经不再阅读书刊，遑论购买廉价的袖珍本了。

无线电台和收音机出现以后，逐渐进化到电视以至今日的电子信息工具，美国文化活动的交流渠道，几乎无远弗届、无缝不入。可是，很快也就因为商业化，质量难免沦于庸俗。所幸者，这些公众媒体，无论是平面的还是电传的，还是有一些不以营利为目的的公共平台，提供高水平的节目。如上所说，商业化也让许多文化活动始终滞留于庸俗哗众的水平。

以上所说美国教育的普遍化，使得美国社会拥有一个人数众多的知识阶层。这是当时各国之中比较先进的现象。中产阶层对于社会问题具有特殊的敏感，也能对此产生直接的反应，这也是相当现代化的社会特有的现象。

美国人第一次对自己的制度和文化开始深刻反省，乃是在20世纪之初，尤其是在一战前后。正如一个年轻人，到了三十岁左右成熟了，开始回顾过去、思考当下。那时候对内而言，美国的建设尤其是工业化，按照当时的标准说也已"起飞"了。虽然整体程度不如欧洲，有些部分却已超过。更为重要者，资本主义经济在美国的发展，比在欧洲顺畅——这是一块新开辟的天地，没有过去旧社会留下的许多牵绊。因此，大企业迅速成长使得资本快速集中，滋生的财富也集中，劳资之间的矛盾很快就成了大家注意的课题。城市化的现象也非常迅速，尤其东岸连成了一片，繁密市镇构成了超级城市带。

内战之后美国经历休养生息，开始往内陆进展，密西西比河以西吸收了许多欧洲来的新移民，农地得以大量地开拓。政府也以工兵队的人力和设备，在中部和中南部整理河川。西部开发的黄金潮已经过去，然而还有无穷的财富等待人去发掘：太平洋的海运和西岸后山山谷之间的大片农地，是天然的温室，不冷不热，没有飓风也没有大雨。一战以后欧洲残破，尤其德、奥两国失败后经济大受摧残，因此中欧和东欧的人民大量移民美国，很快就填满了美国腹地。一战、二战之间，欧洲经济不景气。于是，更多的移民再次一波一波地进入美国。过去美国剩下有待开发的空间，已经所余无多。

工业化的过程中，美国吸收了许多欧洲来的劳力。只是劳力过剩之后，供求关系决定了劳工的工资只会降低，不会提升——这就是资本主义社会难以逃避的问题：工业发展旺盛，吸收的劳工数量大增，然而更好的设备将会减少人力的使用，劳工过剩又造成了社会下层收入的低落。因此，20世纪初期，尤其是一战前后，美国的社会确实已经出现了共产主义所指陈的劳资冲突、贫富悬殊现象。再则，城市化之后，如前文曾经提过的，农村出身迁移都市的新市民，感觉到异化和疏离。

美国文化从移民到达之时开始，就充满着实利主义与清教徒气氛。酒类的禁酿和禁售，是这一时期清教主义的象征。1919年通过了宪法第十八条修正案，从而使这项争论近一个世纪的禁令得以执行。禁令本是为了扫除国内的酒铺和酗酒现象，结果却制造了数以千计售私酒的场所，为贩运私酒的勾当创造了图利条件。广泛的违法行为，使禁酒令成为道德上的一种伪善，在许多美国人看来，禁酒令与哈定（美国第29任总统）时代普遍的政治腐败现象，都是社会行为败坏的表现。

这些情况背离清教徒的行为准则，贫富之间生活水平悬殊的社会现实，都使得知识分子这一文化的缔造者和维护群体忧心忡忡，开始批判与检讨凡此社会问题。第一章中提到过的顾立雅先生，青年时曾经担任地方报的记者，他就是由于如此种种情况，开始反思传统的所谓自由主义，从而转向当时出现的"进步主义"，接受英国费边社的理念。

美国现代文学的开始也就在此时。一般美国文化史的学者，常常将1912年芝加哥《诗刊》的出现当作一个分水岭。在这以后，美国的文学不再如前所说的只是表达"平静"和"安宁"。《诗刊》的前三卷里，庞德（1885—1972）、桑德堡（1878—1967）等一连串诗人，都是以诗歌批判社会的不平，也表达了他们的焦虑和忧愁。诉诸内心的检讨，也就是后世"存在主义"思潮的滥觞。

前文曾经提过的《草叶集》《瓦尔登湖》，那些19世纪的作品，刚刚脱出清教思想的拘束转向自然、转向内心。他们所表现的是寻求宁静、亲近自然,以如此心态呈现的诗句,使读者领略到舒坦和淡泊。那个阶段的文学和文化,正是在资本主义刚开始之时,也是资本主义和城市化都刚刚开始的时候。刚从农村里面出来的人口,面对着崭新的环境心情不安,需要宁静和淡泊的感觉安顿心灵。

在20世纪的时候,假如我们借用弗罗斯特(1874—1963)的诗句为例,以《草叶集》的格调对比,会看到相当的差异。例如《林中路》(The Road Not Taken)这首诗中,著名的诗句:"林中遇歧途,彷徨何所去,败叶满荒径,走向不可知。"另一首诗《雪夜林间小憩》(Stopping by Woods on a Snowy Evening)在其结尾说:"暮夜已深人皆息,有约待赴,有约待赴,还有几里路。"这两处的诗句,都呈现了彷徨,甚至异化和悲观、对未来的不可知。虽然败叶堆积的荒林和雪夜的黄昏都是自然的景色,带来的却不是宁静,而是疏远的阴影和不可知的遭遇。这就和前面所说19世纪的心态,那种宁静淡泊有很大的差异。

艾略特的《荒原》,包括五个部分:"葬仪"、"对弈"、"火诫"、"沉江"(此处译名借自《楚辞》)、"雷霆"。诗中典故来自《圣经》与各种传说,词句充满恐惧、毁灭、死亡和阴影。庞德的诗句,愈到晚年愈是晦涩,桑德堡的诗句却愈来愈呈现革命性。弗罗斯特又不一样,在晚年逐渐走向内心的平静,从失望之中,逐渐达到彻悟的地步。他们的词句代表一个时代的心态,只是因为诗人对周围的感觉比较敏锐,而且要用简短、精粹的文句表达他们的观察，所以往往一针见血，较之散文和小说，更能立刻呈现时代特色。

美国资本主义经济最严重的考验，乃是1920年到1933年之间出现的经济衰退终于爆发为经济大恐慌：先是市场不稳定，股市起起伏伏；及至1930年到1933年，百业萧条，证券市场跌停板，引发银行和不少企业机构破产，进而导致大量劳工失业。这一波严重冲击，最后由罗斯福采取凯恩斯主义施行"新政"，得以挽回经济全盘解体的危机。"新政"是美国"进步主义"崭露头角的后果，资本主义体制第一次面临考验。这一轮大萧条，使得许多人丧失对市场自由经济的信心，转而盼望社会主义的计划经济。一战后新出现的苏联，经由"共产国际"的活动在美国争取机会。即使"新政"施行社会福利制度已见成效，对社会主义的憧憬还是吸引了不少信徒。文学家和一般知识分子，颇多信服共产主义。

对资本主义的无情抨击，成为当时美国文学的主调。也许在严肃的小说家中，没有一个比辛克莱·刘易斯拥有更多的读者。他以中产阶级的生活作主题的《大街》和《巴比特》等讽刺小说，成了国民自觉的明显标志。具有讽刺意义的是，美国作家如此的批评，竟是出现于经济依然高度繁荣的时刻。

对于资本主义的严厉批判，我们还是要借用小说为例：斯坦贝克（1902—1968）的《罐头厂街》（*Cannery Row*）和《愤怒的葡萄》。前者揭发加州西岸蒙特瑞的渔产加工业，即所谓装罐工厂的内景：在那种行业之中，工人工作的环境脏乱，工时长却工资微薄，雇用童工、女工，工厂主无恶不作。我曾经去过那个地方，装罐街的痕迹不见，已经没有渔产加工业。当地居民记得有这么一个作家，写了这本书，然而无人曾经在渔业加工厂工作过。

他的另一本书《愤怒的葡萄》，叙述俄克拉荷马州一家新移民的贫穷工人家庭，即使全家工作也不足以糊口。于是，他们决定前往加利福尼亚州寻找新天地。他们听说那边农场急需劳工收割水果和蔬菜，似乎很有前途。他们上路的时候，六十六号公路上络绎不绝，都是穷苦工人和农民，指望在梦想中的加利福尼亚州得到可以安身的地方。到了加州，这一家主人的工作是在葡萄园中采葡萄。他们才发现，这里工作繁重、环境恶劣，而且因为太多的失业者寻求工作，他们在加州并没有得到公平的工资。这种情况令人想到今天在加利福尼亚州和得克萨斯州果园中采集农产的劳工。他们都是墨西哥拉丁语族群移民。当年，俄克拉荷马工人所遭遇的情形，在今天依然如此。除了农场上有了更多机器以外，工人的待遇依然是非常微薄。

德莱塞（1871—1945）的《嘉莉妹妹》，叙述村姑嘉莉到芝加哥谋生而成为名演员的故事：资本主义社会表面的繁荣，遮盖了失业、贫困和饥饿——这部小说里，他对美国贫富不均的社会现实有深刻解析。他的欲望三部曲，《金融家》、《巨人》及《斯多葛》，描写垄断资本家残酷兼并行径，从南北战争结束后的"镀金时代"直至20世纪初,正是美国资本主义发展最无节制的时代。作者由于思想左倾,加入了美国共产党,并且访问过苏联。

对于资本主义的愤怒,是当时许多知识分子共同的情绪,马克思主义著作成为知识界普遍的读物。当时,马克思主义陈述的新天新地,成为大家憧憬的乐园。我进入匹大时,有一位老同事年纪长我不下二十岁。他是当时参加西班牙内战的美国志愿军的一员,我们一起共事大概十年之久。这位老左派虽然目睹东欧各国的赤化和中国的革命,但我们谈话时他常常感觉迷茫和失望:青年时,他毅然投入远在大西洋彼岸的西班牙内战,只是希望在世界上出现比较公平的社会;到了老年,他却没有把握——自己所见所闻,究竟是承诺的背弃,还是梦想的破灭?

在文学界中大名鼎鼎的海明威(1899—1961),也是在二战以前参加过西班牙内战。那部著名的小说《丧钟为谁而鸣》,正是他自己复杂心情不断反省的结果,后来改编成为非常成功的电影。

一战、二战之间,许多美国的学者不仅关心国内的不平,也注意到其他地方更多的不平。一些传教士和来华教书的教授,目睹在中国这土地上,贫富悬殊,上下隔绝;外国商品侵略,破坏了传统的农村经济。在中国居住甚久的赛珍珠(1892—1973),其丈夫是金陵大学的教授,对于中国农村的生活水平有过深入的研究。他的一本著作,乃是英文著作中最早调查中国社会底层收入的报告。赛珍珠目睹中国农村和底层社会整体呈现的穷困无助，才写了《大地》。这种时代性的情绪，在美国知识分子之中，有一部分是基于基督教本身的博爱精神；另外一部分原因，则是眼看着美国国内资本主义的弊病，推己及人才发现别处的情形，假如不是更糟，也是一样的悲惨。

一战和二战之间，美国经历了大恐慌的时期。罗斯福总统接受"进步主义"推行新政，实施社会福利制度，对于资本主义的弊病稍有矫正，但是并没有彻底解决。他的新政和今天北欧三国所实行的社会福利，功效上还有距离。在那个时候，美国的知识界由于上文所说的感受，不断在追问有没有更好的制度，既有资本主义市场经济的自由，而对其造成的不平等也能适度地加以矫正。上述西班牙内战是一个案例，而共产党在中国的革命，也曾经吸引美国知识分子的注意。

当时美国来华的传教士，从司徒雷登以下少有不是同情左派的人士。在美国，由于这些传教士的呼吁和努力，二战期间就出现了一些援华的组织在中国活动，例如在河北定县（现定州市）实施农村卫生教育；更著名的还有美国医药援华会，在抗战时期给中国提供医药救助军民。赛珍珠夫妇以及当时在金陵执教的美国学者，他们所注意的工作是如何从技术层面帮助中国农村，改良农业以增加农村的收入。金陵大学有一个实验农场，就是将美国当时若干州立大学中农村建设计划的项目，介绍给中国的实验农场。同样的努力也见

第十二章 美国时代潮流的变化（上）

之于美国的教会，他们在东南亚各处进行着类似的工作。

总结言之，这个时代的美国刚刚进入可以自足的水平，而国内资本主义的弊病引发了美国有识之士对于世界各处普遍出现的经济和社会不平等现象的关注，都想要加以匡正。共产主义曾经引发许多人的期望，不过，苏联政权的表现又普遍地令人失望。奥威尔（1903—1950）的小说《一九八四》和《动物农庄》虽是在英国出版，但在美国极为畅销，正是这一情绪的反映。

二战以后美国经历了战争——不仅二战本身，而且延续为朝鲜战争和越南战争。东西两个阵容的僵持，其时间跨度应当是从二战前夕的西班牙内战时开始，到1960年代中叶才算结束，为时三十年左右，跨越了两个世代。在这段时期，尤其在二战期间，美国动用举国之力生产武器，大量的青年被征调入伍，运送到前线投入战争。父子两代的青年在美国成长，没有见过旧大陆上从未止息的战火。在进入战场以后，他们才尝到了战争的滋味。血肉横飞，炮声不断，空中的轰炸、地面的攻击：此刻是不是就是生命和死亡的转折点？他们也目击了战地老百姓的颠沛流离，但哪怕是逃脱死亡的命运，这些人也是无家可归。

二战是美国历史的分水岭，正如个人的生命：美国的内战阶段，是少年进入了青年期；19世纪后半段到大恐慌时代，是其成熟期，有种种的成长，也有种种的困难。二战以后，美国产业发达，经济繁荣。在世界上，旧大陆的列强都已经凋敝，只有美国一枝独秀，并成为世界的领袖。可是，这种地位也带来许多的困扰：美国成熟了，许多过去累积的问题也出现了，其中最重要的一环就是国内的民权问题，或人权问题。美国以人权作为立国的号召，宪法之中也强调人民有一定的权利。可是从立国到二战，美国国内的人权并没有落实宪法所表彰的情形，人间仍有种种不平等，例如男女两性之间地位的差距、非裔公民的身份以及劳资纠纷……这些问题加在一起，都使当时的美国人处于困惑之中，必须寻求解决之道。

1957年，我搭乘货轮来美，巴拿马运河是进入美国管辖地区的必经之处，因此在船上就能看到美国的报纸。报纸上说阿肯色州的小石城，发生了严重的民权冲突：九位成绩优秀的非裔学童不能进入中学，因为阿肯色州施行种族隔离原则。民权运动的活动分子，鼓励这些非裔儿童入校报到。到了新学年开学日，八个人撤退下来不敢进去，只有一个女孩在警察保护之下进入学校。学校当局以及白人儿童的家长，对这件事情群起攻击。州政府动员州警维持秩序镇压暴动，强力驱赶民运分子和非裔群众。当时的总统艾森豪威尔曾经统帅百万大军取得二战欧洲战场的胜利，他知道麾下的军人，无论黑、白都一样，都曾经为国家效忠乃至牺牲生命。于是总统下令将州警部队收为国有，并派第101空降师控制阿肯色州，宣布戒严。

这一次大暴动，是美国民运历史上惊人的事件，从此开启了一连串的民权运动,一波又一波地为美国民权的平等化和普遍化而努力。其中最重要的背景,则是1868年宪法增加第十四条修正案,补足了内战时期没有完成的法律手续——这一法条确认,凡是美国的公民,都拥有同样的公权力,包括投票、选举政府官员、参与制定法律,以及取得公平合理待遇的权利。林肯被刺之后,副总统约翰逊继任,通过了这一条美国民权立法上的里程碑。这条法令制定的时候,乃是针对非裔的美国人,也就是获得解放的奴隶。由于立法含义的普遍性——凡是美国的公民,都有同样的宪法规定的权利,这一条增补案,为所有群体的公民争取公平的待遇提供了法律的保障。于是,在小石城事件以后,这条增补案被重新解释,也就使得从内战到现在,许多不同民权运动均能有所根据。

我在芝加哥读书的时候,住在芝加哥神学院的宿舍。那是一个自由神学的重要基地,四面八方信奉自由主义的基督教教职人员以及神学家来此进修。五年之内,我屡次住医院开刀,出院后仍旧回到神学院宿舍。耳濡目染,我知道了许多民权运动分子奋斗的事迹以及坚持的精神。他们并不只限于为非裔族群争取应有权利,也争取妇女平权、劳工取得合法的工作保障以及非裔得到平等的人权——还有第四项:新入境美国的人,也要得到公平的待遇。这四个项目,也正是美国天天可以接触的新闻,那些与十四条增补案有关的事件,成为大家讨论的焦点。

这些项目有时候并不是孤立的,而是彼此套叠。举例如,芝大的校舍两条街的外面即是伊利诺伊中央铁路在六十三街的"城南站",是来自南部诸州大批劳工下车的地方。这些劳工大多数是非裔,也有拉丁语系族人和不少南部穷困妇女,以及从南方口岸入境的拉丁语系的新移民。这些南方穷困待业者,都顺着伊利诺伊中央铁路到芝加哥寻找工作。

在北上求职洪流的旺季,神学院的年轻牧师组织了许多不同的服务队伍,在车站月台上,与不同的人物争夺这些新到的求职者。我因为有一辆小汽车,后面本来是放高尔夫球杆的空间,刚好放一些标语、扩音器和饮水,所以也常常和他们在月台上支援宿舍朋友的活动。我们与正规的工会合作,帮助他们聚集新来人众,让他们得到合法工会的服务。我们抗拒一些"职业介绍所",这些人往往是流氓集团和"人贩子"。他们掌握了新来乍到、两眼茫茫的求职者,号称为他们安插工作,却收取他们几乎所有的工资,将其安置在拥挤群居的住房中,还引诱他们赌博,以此榨取他们每一分的工资。车站的月台上一团混战,谁也不知道谁是干什么的。等到列车到达一个小时后,月台上的人群纷纷被不同单位接走,开始不同的人生。

看到这情形,我才知道美国的不良帮派造了多少孽,剥削这些无知无识也没有能力的求职者。我也才知道,号称是维护工人的团体,内部因资历深浅、技能高下以及所属的族群的不同而有重重黑幕。他们以不同的方式占尽优势,使得

第十二章 美国时代潮流的变化（上）

新来乍到的拉丁语系族群和黑人，处于被诈欺、剥削的境地。我也看到爱尔兰裔的警察，如何以不同的方式帮助自己人、欺压他人。这种美国社会黑暗面，不是一般留学生在图书馆和实验室看得见的。

我也看到，那些到了北方来读书的南方年轻非裔牧师，刚到的时候不知道这许多问题；直到发现这些问题存在时，他们立志发誓，争取解决不公不义的现实。几年以后，有些人改变了，干脆就向当权派靠拢，在北方的社区里觅职，不再回到南方；有些人则回到南方，组织号称民粹的"福音教派"，聚集群众敛取钱财。我也看到年轻的白人牧师，一批一批刚进神学院时满腔正义，看不惯各种大教派教会的阶级化、推诿马虎的官僚习气，以及谋取利益的现象。他们立志改革老教派的恶习，开创新风气。然而不久之后，五年前要革命的人，自己成为新教派的领袖后也重蹈覆辙，也腐败了。

所以，奉劝读者诸君：如果有任何机会到了新地方，务必张开眼睛，仔细看看周围环境和各种人的行为，你会看见许多书上读不到的事物。这也就是我在离开台湾前，一位老朋友吴克先生告诉我的："你要去读'美国人和美国社会'这本大书。"

非裔美国人的民权运动，到今天还没有完成。从1957年开始到现在，一波又一波不同的民权运动，争取学校从"隔离"变成"融合"，争取给非裔学生一些特殊的宽容和优遇，

"小石城事件"中前往学校的黑人女孩及白人反对者 © Bettmann

马丁·路德·金(前排站立者左四)见证林登·约翰逊总统(签字者)签署《1964年民权法案》。该法案宣布针对种族、肤色、宗教信仰、性别或来源国的歧视性行为非法 © Photo12/Universal Images Group via Getty Images

使他们进入学校时，可以和条件优越的其他学生竞争。在工作职场也已有规定，所有的人都应当同工同酬，人人应有同一升迁或加薪的标准。然而，实际情况并不如此。

许多民权运动的领袖受到打压，民权运动本身也不断地分化。例如，那位被刺的民运领袖马丁·路德·金博士，就和黑穆斯林运动的一派有极大的矛盾；由于信仰不同，他们不能联手做事，反而是互相牵制。最近这两年来，无可讳言，不断发生白人警察快枪打死非裔青少年的事件。在匹兹堡也曾经发生同样事件。近五年来，南方各州每年会有数十件私刑的案子。所有这些现象，的确令人气馁。

非裔族群整体的情形，并没有具体的改进，他们还是滞留在最穷困的社会层次：很多人没有专长，没有稳定的工作，没有婚姻和家庭制度。青年女子生育，若是独自一人则孩子能取得国家的补助，却等于鼓励她们继续如此的行为——这个族群到现在还是沉沦于社会底层，无法自拔。

更可叹者在于，非裔之中有若干人上升到中产阶级，甚至更高的社会地位，以奥巴马为例，他并没有努力替非裔同胞争取权益。还有不少白人政治人物，利用非裔民权运动争取自己的选票。如肯尼迪家弟兄二人，并没有真心为了民权运动奋斗，只是发现民权运动声势浩大，他们乘势加入，号为所谓"民权主义的斗士"。

如前所说，若干非裔牧师回到南方以后，组织民间教派，在大帐篷中以简单的口号和"哈利路亚"圣颂激动群众。南方各州的非裔人口，大约占南方人口的三分之一。非裔族群中，牧师是当地有地位的精英。上述民间教派聚会，往往人数以千计。但是，自从马丁·路德·金死后，他的旧日伙伴没有出现接替领袖地位的人物。南方民间教派神职人员为数不少，群众人数至少以百万计。何以至今非裔族群未有如同马丁·路德·金的领袖出现，带头为非裔争取权利？在南方各州，非裔人口为何至今也没有选出民意代表的三分之一？凡此，均属难以解答的现象。

拉丁语系族群在美国的问题比较复杂，因为这些来自中南美的少数民族，主要问题在于入境手续是否合法。这一族群的人口数迅速增加，他们在政界的影响力逐渐显著。将来，这一族群逐渐融入主流的机会，可能性比非裔族群更大。至于亚裔族群，究竟因人数较少导致动力不足。这一族群的优势在于受教育程度较高，目前已经有相当机会进入美国中产阶层，只是进入社会最上层，还有撞不过"玻璃天花板"的难关。再者，亚裔的肤色究竟与白人差别较大，白人会比较接受拉丁语族群的语音和肤色。

民权运动的第二部分，则是妇女解放运动。很少有人知道，美利坚合众国建国的宪法之中，没有说明性别的平等；直到1920年，第十九号宪法修正案出来，才明白地规定不能有性别歧视。早期的美国政治活动之中，妇女没有投票权。一百多年前，伊丽莎白·斯坦顿和苏珊·安东尼二位妇权运动的领袖，才组织了全国妇女协会推动妇女参政运动。

第十二章　美国时代潮流的变化（上）

我刚到美国时，妇女很少驾车，外出也不能穿牛仔裤，必须戴帽才可以进入教堂和社交场合。在职场中，薪俸与升迁机会男女并不平等。1957年到1962年，芝大的女学生和女教员人数逐渐增加，基层办公室里助手的工作逐渐变成男女参半。职场的性别平等进行如此缓慢，直到今天，各处的办公室，从事最基层工作的还是妇女居多。

女性还需要忍受隐藏的歧视，例如选美活动，其实突出女性美色的同时，也在暗示其色欲的特性。最近，女性纷纷揭发男性依仗权力与地位，糟蹋女性同事的丑行。凡此过去被遮盖的不当现象，直到今天方才被揭露、谴责。女性的社会角色，经常限于为人妻、为人母，只能留在家庭处理家务。女性出轨所蒙受的责难往往严于男性。在那个时代，若是一个女子过分妆饰自己，就可能被教会里的牧师指责意在引诱他人。这种言词，今天已经不再允许出现。

过去，女子参加政治活动更是少而又少。不像最近，纽约市最大的选区，众议员的候选人是女性，击败了连任十余届的老议员成为党内候选人。不久将是国会议员的期中选举，这一波候选，全国一半以上选区候选人名单已经公布，其中女性占了几乎一半。从这个现象看来，下一届国会男女议员的比例大概各半。这是令人兴奋鼓舞的现象，毕竟两性人口各半，他们的代言人也应当两分天下。

女权运动的发展，在这一时代进行得很顺畅，成就颇为可观。而且，女权运动的气势，还带动了同性恋者的"彩虹"

运动。后者人数不多，如果没有女权运动的主流气势，未必能够获得足够的支持。

回忆过去半个世纪多的变化，我在芝加哥车站上看见的景象，以及进入南方参加打破族群隔离的活动（白人和华人刻意坐在黑人的车厢，劝说他们去坐在白人车厢）所见的种种南方生活现象，和今天全美国在女权方面的变化，有不同的主题，有不同的成就：二者相比，为之感慨不已。

第十三章

美国时代潮流的变化（下）

二战前后，美国历史进入现代阶段。因此，这一时代的社会与文化，作为下篇在本章加以阐述。

从19世纪下半期开始，美国的工业化开始启动，劳工问题就始终存在。前面几章曾经说过劳工运动的斗争，此处不再复述。劳工运动也应是人权问题的一部分，只是劳资之间的冲突与调整，并不牵涉社会地位平等，而是资本主义经济下财富分配的课题。

美国劳工这一社群，毕竟以白人占多数。劳工和资本家而论，一方是雇主，一方是被雇的劳力。手工艺时代的工艺品是商品，卖给买主是交易，没有谁高谁低。老师傅训练徒弟，则是师徒关系而非主奴关系。所以在欧洲的近古和传统中国，没有劳资问题，只有宾客和东家这种关系。在工业化资本主义极度发达的美国，工人就等于是机器的延伸而已：在资本家眼中，这都是另一个方式的劳力。资方以其财力优势剥削劳工。

20世纪美国工业高度发展，虽然经历经济大恐慌，一度波折后又快速成长。当时，煤矿、钢铁、汽车、采油以及铁路、海运等各行各业都雇用大量劳工。为了工资、工作环境、伤病福利等种种项目，劳资之间的谈判常常因为双方各持立场，而导致谈判破裂引发罢工。最初，往往只在一家工厂的劳资双方谈判，逐渐提升为一个行业里面的劳资冲突。终于，跨行业的工人彼此合作，组织工联与劳盟两大劳工集团。一旦罢工，全国响应，声势浩大，甚至可能导致举国骚动，一切活动都会瘫痪。

匹兹堡是钢铁业与煤矿业的重要据点，在那个时代，劳工运动常以此地为中心。匹兹堡大规模罢工的故事，在当地的遗迹仍可指认。单以匹兹堡本身的例子而论，1892年6月底到7月初，匹兹堡南岸家园地区（Homestead）的钢铁工厂，美钢工人组织了规模庞大的大罢工。工人方面投入者不下数千人，加上他们的眷属以及其他相关行业的支援，参加大罢工的人数在一万五千人左右。资方则由美钢的总经理弗里克（Frick）主持，雇用平肯登镖行（Pinkerton guards）的镖客三百人，持有当时最好的快枪镇压罢工。武装冲突俨如战争，平肯登的镖客将驳船配置钢片装甲，沿河向两岸聚集的群众射击。这一斗争维持十天之久，水陆对峙俨然战场。19世纪

第十三章 美国时代潮流的变化（下）

到20世纪，类似冲突连绵不绝。二战期间，美国举国投入外战使得工运暂停。二战终止后，"工潮"又起。我初到美国，还曾经历煤矿大罢工导致的举国骚动。

二战前后，美国工业生产力已俨然凌驾欧洲诸国，高居世界首位。工业发达的社会背景之下，劳工要求提高工资；资方占有广大市场，也不吝付出较高工资，换取工人工作的意愿。于是工人以全国工会、劳工联盟等组织力量提出要求，资方宁可经过谈判解决纠纷，庶几避免停工减产。经过长久磨合，劳资双方借由仲裁制度可以达成协议，工潮也就逐渐停息。工人待遇及各项福利，都能得到提升。[1]

美国劳工运动有如此特性，于是和马列社会主义的共产运动，基本上不属同类。在本章的前面曾经谈起，到了19世纪时候，劳资的对立已经引发社会各阶层人士的注意。许多人向往共产主义革命，尤其知识分子之中，走向左翼激进的人士其实不少。另一方面，在英国发动的渐进派则是费边社运动：经过合法的民主程序制定法律，以公权力来保障社

---

[1] 此处需要说明的，是AFL和CIO之间的区别：前者是美国劳工联盟，按照专业结盟，例如铁工、金工、木工组织，沿袭当年欧洲"公会"的传统。全美国各种劳工的组合，联合成为AFL联盟。后者CIO则是以产业作为界别，例如钢铁业的工会成员，所有钢铁业里的文员、蓝领阶级、厨师、电工都是劳方，资方则是另外一方。这两个团体在1955年合二为一，也就是说，从此以后，劳工被界定为一个独特的社群。所以不管是哪种方式和资方对立，劳工自己划定了一个既定的地位。劳资双方纠缠久了，逐渐明白对抗不如协商，于是工运之中多了仲裁人这一角色。劳工阶级待遇的改善，一方面能减少冲突，另一方面，劳工也自成一个颇有保障的社群。

会福利的制度，使得贫富双方都得到公平的解决方案。费边社的运动和共产主义革命运动，是两个不同方向。二战期间，欧美知识界颇有人站在共产主义方向，与德国的希特勒及西班牙的佛朗哥斗争，希望能击败他们保守压制的力量。

二战以后战鼓方息，英国人就选了工党内阁，取代了领导二战的丘吉尔，从此英国走向社会福利的路线。走得最顺畅的当然是瑞士和北欧四国，今天还是社会福利制度的楷模。这个选择，也在美国出现了两条路线的差别。

1950年到1957年这个阶段，美国未尝没有共产主义和共产党人的活动。保守主义方面出现"麦卡锡主义"：这个年轻的参议员发动右派力量，以叛国的罪名揭发共产主义的同情者。那一波的思想斗争使得恐怖气氛弥漫，举国不宁。麦卡锡主义的执行者并不完全公道，手段也颇恶劣。同情共产主义的诸人，有若干是共产国际的成员。双方钩心斗角，用权力作为斗争的工具。

自由分子也分化为两类：一部分传统的自由分子主张自由、人权，但是不愿意公权力介入，坚持以法律界定权利，这一类自由主义称为自由意志主义（Libertarianism）；另一部分自由主义者以为单打独斗根本不能产生效果，主张以民主方式，经过民意和立法程序，由国家公权保障社会公义，这一类自由主义仍称为自由主义（Liberalism）。自由主义如此分野，也与美国中央权和地方权的分野类似。由此可见，从民权运动的角度来看，美国数十年来已经发生了多少的变化。

第十三章　美国时代潮流的变化（下）

美国的好处是永远在改变，永远向新的方向试探，希望走向更好的路线。美国社会运动的发展，颇有不尽如人意之处，例如非裔族群的社会地位拉不上来，我们旁观者无能为力。这些黑人被白人掳掠运到新大陆时，就是没有家庭的孤身；在美国他们也只是劳动力，被当作牲口出卖；他们没有家庭意识，当然也没有群体意识——他们从来就没有被当作"人"看待，如何能发展出自尊心？他们之中的强悍者会抵抗，早就死于非命；顺服者苟活，则子子孙孙世世为奴。这样的族群，他们的社会地位无法提升，乃是历史造成的后果，不能完全责怪他们。请想想，天天有人执鞭驱迫他们在棉花田工作。扬鞭监工一转身，怎不偷空喘一口气？所以，非裔人士有句口头禅"Take it easy, Man"（别认真了）。这是环境教育出来的心态，几百年来传流至今，积习难改。

半个世纪以来不断的冲突，美国始终在变动之中。于是，这种朝夕万变的生活，又加上科技进步以后各种工具的进步，人的劳力和心力逐渐被机器取代，人自己也会问一问："我"的价值在哪里？一个人整日站在机器旁边，只是注意看着机器不要出毛病，你也会自问：这种工作有多少价值可言？尤其你只要听到警告的声音出现，即刻检查灯号——这种工作有多少价值，可以使你得到自尊？于是，问题出现了："人"的价值何在？

这一巨大的问号，挑战了美国从开国以来的价值观：人的自由、人的平等、人的存在。在以基督教为立国基础的美国，其根本的大问题是上帝给予我的存在，判断我的作为。由此推演出，"自由"，如同上面所说，两种不同自由主义的态度，究竟哪种自由才是根本？英文"自由"的 free 是"免于"，因此，《大西洋宪章》提出"四大自由"：言论和表达自由、宗教信仰自由、免于匮乏的自由、免于恐惧的自由。"平等"的观念又有另一层的比较：人与人之间，究竟应是平头点的平等，还是平足点的平等？我们应该选哪一个定义？

从自由的定义而言，人人应有自由竞争的权利，自由地发展自己的特长，不受限制、不受拘束，亦即平足点的平等。再从平等观念延伸来看，所有平等的因、果，即是每个人和别人都不一样，于是没有真正的群体差别，只是单独个体之间的差异。例如，性别平等的问题，延伸为 LGBT 的个人选择权力。由此界定，则是另一层次的个人化取向。个体从群体解脱，可能是旧群体的解散，或是从更根本上解散群体及抑制群体出现：凡此，后果都是个别化，或者用物理学的名称叫"粒子化"。人类本来是合群的动物，人类的社会本来是以小的自然群体作为单位的结合：家庭、家族、邻里、乡党，都是自然的群体，最后组合为国、族以至全人类的共同意识。

经过几波民权运动，美国社会必然承受极大的冲击——整个社会粒子化。面对如此严重变化，知识界不能不严肃地思考这一问题。过去积极和正面的理想、观念，在这种新情况下难以视为理所当然。过去理念和当下现实之间出现矛盾就必须修改，其后果则是："金律"或"普世价值"何在？

第十三章 美国时代潮流的变化（下）

甚至，是否可能有如此永恒的价值？"神"已隐退？"知识"是否真实？于是，"制度"也不能长久。那么我们何所依持，以安定社会，安定人类和世界这亿兆人口的大群体？

这一时代的巨大刺激，对于享受了两百多年的美国人是极大的冲击。这使他们发现：个人的命运，其实都经不起摧残。他们也警觉"生存"的意义和国家、民族或者阶级斗争、阶级革命等，竟是密切相关。生命的意义及人生的价值，与自己对四周的认识和理解，似乎更为难分。生命的意义，是由你我自己寻找、界定和确认。这种靠自己确认生命的意义，不能靠教条，也不能靠信仰，就是哲学园地之中所谓"存在主义"的人生观。

经过战争洗礼，从苦难之中、从生死不明的边缘得来的体验，逼迫美国的知识界认识到，清教徒给他们的教条未必能够解释人生与命运。18世纪以来，视所当然的科学主义及其积极理念也受到了严重的挑战：为什么进步的武器例如原子弹，造成了人类如此巨大而无奈的伤害？这是文明的进步，还是退步？为什么强国可以欺凌弱国，对其造成如此大的伤害？以国族作为界定的集体冲突，几次牵动亿万百姓、百万军人参与其中的战争，导致的牺牲竟是如此残酷！战争这一无情的课题，迫使美国人认真寻找人生的意义何在。这是一个必须由自己体会的课题。

二战之后，美国出征的战士解甲回国，政府给予免费的大学教育，美国社会遂出现了空前数量的知识分子。这两段经历彼此补充叙述,使得美国的知识阶层有意无意将美国民间的生存理念铸造为存在主义的解读。

近代的存在主义本身,是欧洲逐渐发展的思想,以修正康德以后笼罩欧洲的"理性人生"的绝对性。二战前夕甚至于更早的时候,社会学家已经指出,人类的历史各地区有不同的形态,世界上并没有一定会如何发展的定律。韦伯以"新教伦理"解释资本主义开展的背景。在处理"新教伦理"之时,他也同时在检讨天主教、犹太教、伊斯兰教、印度教和中国的儒家思想体系。我以为,韦伯意指所在是不同的思想体系构成了不同的文化,而不同的文化决定了该文化涵盖地区人民的行为模式。处理人类大历史,不能仅仅从单一原则裁决得失。

二战前夕到二战中间,德国的存在主义哲学家雅斯贝尔斯指出在人类文化开展的过程中,几个主要文化体系都曾经历"转轴时代":彼时出现了关键性的思想家,例如佛陀、犹太教的先知们、孔子、苏格拉底诸人,他们分别带动、开创各处人类关怀的主题,以及思考的方式。这些不同的理念,苗长为世界几个主要的文化系统。雅斯贝尔斯的理论,实际上也是如同韦伯一样,更清楚地指出人类思考的方式和生活的意义是从历史上延续而来,一代又一代不断地修改,接受新的观念又扬弃旧的观念。世界各处,各有其独特的传统渊源;个人也各有其独特的人生经验,凡此,都不能一概而言。这些我们日常很难察觉的因素,让我们界定了我们的四周环

第十三章　美国时代潮流的变化（下）

境及传承脉络。凡此界定的过程，其运作的主体却是每个人自己。这就是"存在主义"视角的历史因素。

战后从海外归来的两代美国年轻人，与各地不同民族接触，他们警觉即使欧洲大部分是信仰基督教，可是至少有三四个大的教派——东正教、天主教以及新教之中的两种主流，即马丁·路德的一派和加尔文的一派。他们也发现，欧洲的农业和美国实在不一样，欧洲农村即使也有和美国一样现代化的农业，然而生活习惯却大量地保留小农经营的色彩。欧洲不同的城市有自己的历史，有自己习以为常的习俗和生活方式。凡此异国情调，刺激着美国年轻人认真思考人生的意义。

更大的冲击是来自东方，他们发现佛教和印度系统的玄学如此神秘，可是又如此发自内心地令人感到亲切。中国的儒家文化孕育的百姓，举动行为既不是个人主义，也不是集体主义，却是乡党邻里与亲戚朋友编织为庞大的人际网络，联系个人、笼罩社会。这些见过世面的归国青年，经过不同文化地区的经验，开始理解美国的"常态"其实乃是"独特"的情况，未必出现于别的地方。每个地区的人类，都有自以为是的想法和做法：美国自己的想法，未必是"普世""必然"。二战后回国的青年，颇多向往东方"异教"信仰，所谓嬉皮士之中，那些身穿黄衣、光头扎一条小辫的青年，就是自以为印度教哈瑞·奎师那教派（Hari Krishna）的信徒；也是这些人士，开始模仿印度教派使用迷幻药。

于是，从这个角度看，二战以后一直到60年代中期，美国无形之中经历了一次宁静的"文化大革命"。参与这个革命的不是大哲学家，而是每一个曾经看过世界的小兵，他们带回来自己的经验。总结言之，美国式存在主义的大题目下，似乎可以归结出这些要点：人生的意义，是个人自己界定的；人对四周的观察，应当是从观察引发自己的回应，于是人和环境、人和他人都息息相关，分不开、割不断。人间没有预设的必然，也因此没有预设的命运。个人的生活是你自己活着，由自己寻找的人生意义。一切所谓定律、定理，包括"牛顿物理"式的科学定律都是暂时的假定，未必都是永恒的真理。个人肯定自己存在，就必须自己界定人生的意义。然而，如此界定，并不等于我有比别人更高的权力，要求别人接受我的定义，或者强制别人接受我的定义；阶级、族群，甚至于性别，都不能够作为划分高低的界线。每个人存在的意义，就是在肯定自己，却又同时不能强制他人否定其自己。如此的存在主义，当然和基督教专断排他的神学观念很有差别，甚至是严重的抵触。不过，假如回到基督教原始的意义上，"人"就是按照上帝的形象存在，但是"人"终究不是上帝，所以我只能认知自己存在，却也必须认知他人，不能否定别人的存在。

这种理念和马列主义也是冲突的，因为马列主义将外在于人的生产力，当作驱动历史发展的绝对因素。历史演变是按照马列主义的规律，即"社会进化论"的发展方式——历史规律就是进化的规律，然则进化的规律又由谁决定？经历了战争的美国人也会理解，国与国之间，主义与主义之间，各自肯定自己一方的理想——但是谁能真正验证自己坚持的主张？一切优越性，是否终于不过是相对的？

在这存在主义的浪潮之下，出现了两批人：一批是所谓的"垮掉的一代"，另外一批是"嬉皮士"。前者出现较早，主要参与者应是学者、作家等一群比较专业的知识分子。后者出现较晚，既受前者的影响，也反映战争经验的刺激，他们大多是青年尤其是大学生，主要特点表现于行为，而非文学创作方面。

大家的印象里，嬉皮士是一群服装不整、邋邋遢遢的人，男的胡子邋遢，女的披头散发，说话颠三倒四，放任烟酒，甚至耽溺迷幻药。中文里的"嬉皮"，似乎就是不正经的意思。这个字的字根到今天也查不出来，大概和非洲土语之中一种舞蹈的步伐有关。也许，在海外作战的士兵，看见海岛土人生活并不讲究，也不"现代"，但可以在黄昏的海滩歌舞自乐。他们也许羡慕美国印第安人的生活，对周围的自然环境有一番尊敬，有一番畏惧，人和自然密切相关。也许，凡此经验才让他们想到回归简单、自然的生活，不必再受世俗礼仪的约束。人，活着就不错了，又何必为了锦衣玉食而迷失了自己？我并不认为每个嬉皮士都有如此清楚的自觉，可能也有人仅是为了追随"时髦"。然而，我们也不能否认其中确实有人，犹如中国历史上魏晋之间的风气，经历人生的无奈，回头寻找自己。这些人决定采取如此的生活方式,应当看作他们在努力追寻人生的意义。对于他们,我宁可尊重他们的用心之苦,也不予以蔑视责备。

至于"垮掉的一代"(beatnik),"beat"是受到打击,被打垮的意思。有些人以为,"nik"是从俄国发射第一个人造卫星"太空伴侣"号(Sputnik)得来,但是很难确认。他们借用这个名称,一方面在美式的竞争之中自认失败,另一方面,如果的确如同前解,也可能以这新的卫星提醒大家,人类的生活环境已经不再局限在地球之上,地球之外还有更大的宇宙空间存在。在地球上生活的意义,应当以更大的自然和更内在的自我,作为界定的根据。

这群人和嬉皮士略有不同之处,他们大多数是受过高等教育的文化人,尤其是诗人和作家这些心智最为敏感的人士。他们共同的认知是不轻易附和,也不强人从我。纽约曾经有一群年轻的文化工作者,在聚会之中,决定自己寻找自己生存的意义和生活的方式。这一群人,逐渐以格林威治村作为他们的集中据点;他们发表作品的园地,则是几家比较自由的报刊。他们相当程度地影响了百老汇演员和格林威治村附近的艺术家。从这一方面,他们又开展了新的文学运动和新的艺术形态,所谓"现代主义",应是他们共同可以接受的一个名称。

在前面曾经提到的诗人,比如"诗刊"那群作家,包括现代诗早期宗师庞德等人,也包括著名的音乐歌手鲍勃·迪

"垮掉的一代"代表作家艾伦·金斯堡 © Bettmann

伦。这一代的存在主义知识分子的影响正在扩散、漫延、继长增高,今天主要学府之中,人文学科的大学生似乎罕见未受他们的影响的。借用金斯堡(Allen Ginsberg)的自我评估:"无人知道,我们是触媒剂,还是开创者;抑或只是水面的一片泡沫,漂浮不定:我想,也许三者都是。"[1] 此处,让我试译一首迪伦的歌词,显示他的风格:《愁肠难解》(Tangled Up in Blue),出自专辑《音轨上的血》(*Blood on the Tracks*,1975)

> Don't know how it all got started
>
> 不知如何相识,又何处再相逢?
>
> I don't know what they're doin' with their lives?
>
> 不知他们一生如何度过?
>
> But me, I'm still on the road,
>
> 道路常记忆,那次匆匆。
>
> Headin' for another joint。
>
> 莫忘曾相逢:
>
> We always did feel the same,
>
> 长相思,心相通,
>
> We just saw it from a different point of view, Tangled up in blue。
>
> 抬头望,异地视线,交缠碧空。

---

[1] Glen Burns, *Great Poets Howl: A Study of Allen Ginsberg's Poetry, 1943–1955*, 1983.

第十三章　美国时代潮流的变化（下）

索尔·贝娄（Saul Bellow）则是这一群人物中的专业学者，曾任芝加哥大学教授和社会思想委员会主席。他撰写长篇小说，表达社会学关注的社会危机：生活富裕、物质丰盛的时代，却令人迷茫，不知人生意义何在。其作品《奥吉·马奇历险记》（1953），即聚焦于自我意识和个人的失落感。作为中产阶级知识分子，他的关怀更在于人道主义与资本主义之间的矛盾。

在今天，五十岁以下三十岁以上这个年龄段，受过高等教育的中产阶级人士，可能应当分为两个群体。一个群体是上述人文学科的知识分子，另外一个十分不同的群体则是STEM以及专业白领。STEM是从事科技、工程、数理相关专业的知识分子。他们是最近四五十年来，随着信息科学、生命科学等最尖端科技发展而出现的，而现代经济形态下，也出现了工厂、公司、银行等新产业的白领专业人员。因为这些新的产业开拓了崭新的商品、劳务交换和财富的分配机制，其中的从业者和过去工厂管理人员、生产线上的劳工完全不同。新经济的从业者也必须受过高等教育，而且是相当专精的教育项目。他们的工作要求全时间的投入，报酬是丰厚的收入。其中若干最成功的创业者，还可能在很短时间就聚集大量的财富。

这一群知识分子的目标和"垮掉的一代"的态度完全不一样，他们追逐的正是名和利，付出的代价则是不眠不休的紧张生活，以及在激烈竞争中败下阵来的失落。整体言之，诚如一位人类学家的观察，这些白领工作人员，由于大量使用信息工具，"人"的部分常常受制于"工具"，执行机械性的例行工作，操劳终日却没有任何成就感。在这两种形态的知识分子之中如何选择，就都必须由当事者自行决定。

我们可以假想第一类的人物是将人耳目所及、心智所寄，作为一个小宇宙；在这小宇宙之中，他们自己找出每个角落，界定其中的秩序及人我彼此的关系。他不是孤独的，然而他也不是主宰者，他和这小宇宙相依为命。小宇宙之中的风声、雨声，花开、花落，对他都有一定的意义。他们宁静淡泊不求进取，往往不愿出头干预世事，甚至有些孤高——他们的人生目标，不是澄清天下，改善社会。

第二类的知识分子处于旁人划定的跑道，跑道上种种的障碍也是由别人规定的。在跑道上能够成功的优先者，得到一切的报酬。例如盖茨那种成功的人物，可以获得荣华富贵。到了成功的巅峰时，他可能正在中年，他们的下一步是攀登另一个高峰吗？是将聚集的财富发散于公益事务，还是无所事事，享受吃喝玩乐？所以，即使是成功者，到了最后的阶段大概也不免茫然，面临困惑：如何面对自己？如何将自己的成就超脱当时一时成功的喜悦？

整体言之，美国社会中的精英，或者可以产生精英的中产阶层，今天有两条途径。如诗人弗罗斯特在林中徘徊的时候写下《林中路》的诗句：丛林里的两条荒径，你愿意踏入哪一条？每一条荒径的终点，是否如你所盼？还是一切都是未知，于是不免临歧痛哭？人究竟能不能知道，自己身在何处？

另一个选择，则可见于庞德的一首长诗。他可能吸取了中国词曲的灵感（也许是马致远《天净沙》），铺设了一连串的意象，让读者自己从意象中建构与此相合的情绪。下面是《诗章》（1937年）第四十九，根据杨秀玲《略谈西方意象诗派及其来自东方的影响》的原文和我改译的中文：

Rain; empty river; a voyage

雨里空江旅程，

Fire from frozen cloud, heavy rain in the twilight

晚霞雨后黄昏，

Under the cabin roof was one lantern.

客舍檐下孤灯；

The reeds are heavy; bent; and the bamboos speak as if weeping.

白发芦苇垂头，风过竹拂叶，萧萧如泣，

Autumn moon; hills rise about lakes against sunset

落日秋月，湖畔孤峰矗立。

Evening is like a curtain of cloud

暮色云卷，

a blur above ripples; and through it

缠绕翩翩，

埃兹拉·庞德 © Horst Tappe/Hulton Archive/Getty Images

sharp long spikes of the cinnamon,

桂枝挺削,

a cold tune amid reeds.

凛凛笛声渐远。

庞德是这一代意象派诗人中的巨擘,他的特点是特别注意中国文化的表现方式,尤其是从意象出发的思想。他推崇中国文化,认为儒家的"大学"由自己内心逐步扩张成全的自己,然后从成全的自己憧憬治国、平天下的境界;他以为,这一理念或可以补救美国文化中的个人主义:个人是宇宙中的一部分,但是个人从自己的立场而言,却也是周遭宇宙内具有决定性的一部分。由这个方向,个人与周遭的其他人类以及人类的社会,是紧密相连而不是对立的关系。"大学"一章,其实是论述《论语》中的"修己以安人","修己以安百姓"。因此,他始终认为儒家的理念可以补救西方基督教文化和科学主义理念中种种的冲突和矛盾。

庞德一生遭遇中最不幸的地方,在于他误信意大利墨索里尼的法西斯主义,以为这一理念可以挽回社会不平,却没有想到"权力"的腐蚀足以毁灭理想。这是诗人天真的盲点,令人扼腕叹息。综合美国早期田园诗时代的爱默生以及王尔德等人,对于美国立国理想深信无疑,只求一己有一片宁静。弗罗斯特等人,则已开始在林中选择新途径,而且有待于抵达终点。庞德、迪伦等人却似约会的双方不再盼望心愿再合,也不在意空江孤舟的终点,而只求峭壁下一片苇丛间竹笛声声。他们甘于别开天地,自求安身立命处。四顾周遭今日知识分子中,第三类人竟居多数。于是,知识界的大批精英,拱手将公众事务的决定权让给特朗普之辈纵横摆弄了。

前面也说过,现代科技造成人类新的产业,尤其今日信息、医药这两个产业,不但决定了我们的生命、生活,也决定了人生的意义。例如,医药的进步使得人均寿命延长,但死亡终于难免,耗费如此心力延长苦痛的老年、病后的残躯是值得的吗?又譬如说,改造基因可能治疗疾病,但是这个基因改造引发的后果为何?结果又是未知。许多的药物治一经损一经,我们似乎永远在忙着,然而往往徒劳无功,甚至于更增难题。

在这一方面,文学作品中也有一定的批判,英国的作家赫胥黎在作品《美丽新世界》中写道:人经过基因的处理,甚至于在受精之刻,就决定了孩子一生的命运;有些孩子被创造为一等人类阿尔法(Alpha),他们注定了是社会的上层和精英;每个社会成员可以由政府供应麻醉快乐剂苏麻(soma),让他们永远保持混混沌沌的快乐;社会的秩序和形式,是由精英中的精英决定,其他人不必担忧自己的存在,也不必为自己的生活而挣扎。在这本小说中另有一批人,则是居住在"蛮荒世界",也就是你我生活的地方。问题是,来自蛮荒世界的访客,是否愿意活在这美好的新世界?这本英国人的著作,正如也是英国人奥威尔写的《动物农场》以

第十三章 美国时代潮流的变化（下）

及《一九八四》，在美国发行而且经久不衰，读者比英国读者还多。赫胥黎正是指出，科技正要将我们带进去的理想世界，以"人"的意义而言，值得吗？

最近，一位现代文学的大家，菲利普·罗斯去世。2000年，罗斯完成了他一生最重要也是最优秀的作品《人性的污秽》。《人性的污秽》与罗斯之前分别于1997年、1998年出版的《美国牧歌》《我嫁给了共产党人》共同构成了奠定他当代美国文学大师地位的"美国三部曲"。《美国牧歌》写的是大萧条到20世纪末，普通美国家庭的美国梦碎；《我嫁给了共产党人》表现的，是二战后美国黑暗的麦卡锡主义时代，普通美国人的亲情、爱情和友情所遭受的重创和伤害，是又一场破碎的美国梦。罗斯的一系列作品，恰可反映二战前后，整整一个长跨度期间美国走过的变化。

帕克（George Packer）五年前出版的作品《松弛：美国史新论》（*The Unwinding: An Inner History of the New America*, New York: Farrar, Straus and Giroux, 2013），一时洛阳纸贵，屡次重印。他陈述的"新美国"，乃是经历了外部战争和内部的变化后，重新建构的国家。二战后美国的经济结构改变不少，产业结构数次转型，生产关系的改变调整了劳资关系，也改变了就业者的教育水平与社会地位。整体经济体的扩大与全球化，提升了美国经济实力，可是也减少了工业界从业人员的自主性。工人的工作从过去的体力劳务，改变为蓝领技工的操作能力，又随着数字化与自动化，使得站在机器旁边的工作人员数量大减,而教育水平相对提高。如此一来,美国社会中很重要的劳工阶层中,占有工作岗位的幸运者,昂然进入社会中阶层,而大多数旧日的蓝领工人不幸失业,沉沦于无业的社会底层。工人群体各有沉浮,于是,工运活动随着工会萎缩,也无复当年盛况。

1960年后,民权运动——或广而言之为人权运动,开展得轰轰烈烈。人人争取平等和自由,当然是应有之举:美国原来当作立国宗旨的理念,二百余年来并没有落实,当然应予落实。尤其南方广泛蓄奴,即使经过内战的冲击、反思,非裔族群依旧没有取得实质的平等。妇女地位也长期居于劣势。在号称"公平竞争"的过程中,社会的贫穷人口其实没有竞争的条件,罗斯福新政也无非给穷人一个免于饿死的起码生活津贴而已。凡此劣势群体,他们起而争取社会公义,盼望能够获得公平的待遇,何尝不是好事?

上述帕克作品的写作形式,仅由访谈不同职业、社会阶层和族群的人物,记录他们的感受而成。他指出今天的美国正在解体,旧日熟悉的机构,如地方小银行、工会会所、工厂厂房、教堂,以及地方活动主体的各种从事社会服务的"俱乐部",正在逐渐消失殆尽。美国国内不仅有阶级的区别,还有人群之间的区别,个体也在寻找自己的属性和类别。各个群体,也都在为自己争取更好的地位。社会成员中弱势者,又在争取个人完全的自由和平等。如此横切、竖切的后果,是美国最后会被切割成为许多孤立、离散的个人。

作者还总结道：保守分子悲叹丧失了一向依靠的机构和团体，自由主义者争得了几乎完全的个人自主权，却发现自己也全然孤独。世界变了：在寻求绝对平等的时候，经过不断地解散，这一残余的群体内，人与人之间还有多少人际关系可言？"人"将不过是许多孤立的"粒子"而已。如此情形，难道是韦伯所期待的"人人自由平等"的理想？我以为，问题不在于人间应有追寻人人自由平等的理想。美国的社会问题，关键在基督新教教义，只将"个人"与"神"直接联结，个人对于群体不必有所归属。"个人"必须有尊严，却不须担负对任何群体的责任。肯尼迪在任时，曾经提醒国人："不要只问国家能给我的权利，该自问我能为国家尽多少力。""国家"之外，其实还包括各层级的群体。

另一本类似的著作，则是美国著名记者查尔斯·穆雷（Charles Murray）所作一系列的报道：《分崩离析：1960—2000年间的白人生活状况》（*Coming Apart: The State of White America, 1960-2010*）他也采访过各阶层的人物，从国会之中掌权的参议员到内陆农村的农场雇工，从学校里的经济学教授到好莱坞的演员等。他惊诧于美国在最近半个世纪出现了两个几乎彼此完全隔绝的阶级。一个是工业现代化转型后，新兴的科技财经专业人员，与医药、法律、媒体、从政人物共同构成中产阶级的上层。这一知识阶层受过高等教育，具有国际观，居住在大中都市或房价昂贵的郊区，收入丰厚。美国最富有的阶层大约占总人口百分之一，这一高层中产阶级则大约占总人口的百分之九。这两个层次掌握的财富总量，远远超过其下百分之九十人口共有的财富。这些上层、中产阶级，掌握的社会影响力更是巨大。

另一阶层，则是过去传统经济结构下的劳动者，包括蓝领技工、农业和商业基层员工以及公私机关的文员。他们本来的社会地位，乃是中产阶层的下端，曾经是美国生产力的主要人力资源。然而，在新出现的产业结构中，他们被挤落到贫困线，仅比失业者和最低收入人口略高一筹而已。他们大多居住城中或郊区房价不高的老社区。这些人曾经生活无虑，虽然学历不高，但心存自尊。现在，他们难免心存委屈，眷恋过去的好时光。2016的大选，他们的选票终于投给迎合他们心情的特朗普。

传统美国社会中产阶层分裂了：一部分成为新贵，一部分则沦于被挤压的下层。今天，这两个阶层之间几乎没有共通语言，也没有什么接触。美国的确已经裂解，成为贫富隔绝的国家了。特朗普就任后，美国竟然如同进入两个阶级处处对立的局面。

穆雷也指出：无论哪一阶层，几乎很少有人知道自己要做什么，每个人似乎都在追逐一个什么目标，但这个目标几乎都远在天边。有人以为，他已经达到了目标：地位、声名和财富。但是他可能爽然若失：乐趣何在？也许他还会进而扪心自问：如此的付出，追求的是这些东西，值得吗，够了吗？

匹兹堡地区的电视台曾经有过一个极受欢迎的儿童节

第十三章　美国时代潮流的变化（下）

目："罗杰先生的街坊"（*Mister Rogers' Neighborhood*）。这一节目连续上档三十三年之久（1968—2001）。剧中角色是一只幼虎傀儡，还有罗杰先生自己和邻居女孩，以及堡垒中的国王、王后、邮差、叮当街车等。罗杰先生教导儿童的要旨，乃是人与人之间必须和好、容忍、互尊……最重要的口号，却是"我爱你，你就是你"——亦即"你自己"才是一切的主体。这一认知教导儿童，个人乃是一切人间关系的主体，整个社会仅有许多个体，不见个体结合的各级群体。由此推演出人在群体之内应该坚持一己的自由，以及人与人之间的平等。从我到达美国，至今已有三个世代，父子、祖孙三代人接受了罗杰先生教导的个人主义。他视为要义的人际和谐并没有出现，而他的歌词"你就是你自己"，却已是普遍的认知。

在前面一节所说，美国的中产阶层，那些存在主义者的知识分子，既不能和掌握政治与经济权柄的高级"婆罗门"有共同的语言，也不能和教育程度较低的芸芸大众彼此沟通。另一方面，那些劳工年老、失业，他们的后代无法和"机器人"抗争。这个阶层的许多人，将长期滞留在穷困境地，心中愤懑不平。他们生活还靠社会福利救济，社会福利的国家又必须经由竞争，从别处掠夺资源，才能供养庞大的无业人口，则地区与地区之间又何来平等？

总结言之，今日美国社会，每一群体都争取平等，于是社会被切割为许多群体：性别之内，又有男同性恋者、女同性恋者、双性恋者及"其他"；少数族群又分割为非裔、拉裔、亚裔、混合后裔等；当然，按照收入又分割为富人、中产上层、中产下层、贫困人口等。有的人可以有机会离开自己的族群，进入中产或是高收入阶层。

更不公平者，弱势族群如非裔人口，从黑人的解放运动开始将近两百年了，从民权运动到今天也已经六十年了，他们的境遇始终无法改进。因为他们的文化背景，决定了家庭结构和生活目标，使其很难和其他族群竞争。拉丁语系新移民也是居于弱势，特朗普政权正在尽力驱逐他们出境，或者拒绝他们入境。

那些被政客操弄的弱势白人固执地坚信，20世纪的美国已是最好的状态，我们不能失落如此美好的世界。现在我们选出来的这位总统，就是这一群人中的一员，他坚持要重新争回"美国最好"。他们不能理解这一个世纪来，全世界经济交流、文化混同的后果，使任何地方都不能回到过去。未来如何是要大家共同筹划，共同努力，尽力做到和平共存。

前面所说帕克与穆雷的两本书所揭示的现象是，今日的美国正在裂解过程之中。如果情况属实，岂不令人叹息！幸而，美国有强劲的文化传统，曾经屡次经历变化带来的失调，也常常能够从调整中再获生机。前文所说，今日美国因为原有社群纷纷解体，个别的个人无所依傍；也因为传统社会价值观念，不能与已经改变的大环境相配合，才出现面临解体的症状。我们虔诚期望美国能"穷则变"，也许在日暮途穷之时，凭借众人努力竟能找到新出路。

第十三章　美国时代潮流的变化（下）

现在，已有人看到重组美国的方案：今年美国国庆前后，《纽约时报》和《大西洋杂志》分别报道，两个地方社区分别出现地方人士，也就是一些普通市民站出来协力合作，推动重组社群，挽救经济颓势。这两处社区一处是宾夕法尼亚州东部小城兰开斯特（Lancaster），另一处是加利福尼亚州洛杉矶的长滩（Long Beach）。前者只是一个人口五六万的小城，近二三十年来经济衰退。最近数年，有六位普通市民挺身而出，劝说邻居彼此合作，组织各种团体，利用本地资源合作经营事业。例如几位小商家与附近农场合作，通过网络经销其农产品，供应本市消费——如此则省略了批发、零售等中间环节。许多类似的计划，结合为该城的本地网络，重建了地方性的共同体。[1]

洛杉矶是大城市，各种产业撑持该地经济。不过，长滩地区的波音工厂迁移，使得本地出现颇多失业的技术人员。当地有一些社工人士，设法将散户的专业技工组织为专业劳工服务组合（WeWork），从而可以承揽个别散户无法承担的工作。如此，长滩地区出现了新型的社群，散户技工有了相响相濡的共同体。[2]

匹兹堡也有类似的现象：自从钢铁业衰退，一群社工人

---

[1] Thomas L. Friedman, "Where American Politics Can Still Work: From the Bottom Up," *The New York Times*, 2018-7-3.

[2] "How Can Cities Succeed in the 21st Century? Focus on Community." *The Atlantic*, July, 2018-7.

士从工运转移工作方向,组织了"城市社团联合组织"(Urban Coalition),推动匹兹堡的都市建设:他们帮助失业劳工转移为技术工人的服务机构,因应市政或市民私家的需要,承包有待进行的工作。这一组织也推动发展本城艺术家,参加本市美化环境的工作。匹兹堡有许多小型剧场经常演出,由此培训青年演艺人员,也因此吸引了电影业者在本地摄影棚拍摄场景。最近,匹兹堡的中青年民主党员与地方的服务团体合作,推举年轻知识分子参加政治活动。目前已有数人脱颖而出,以政坛新秀的身份取代当地政治世家的候选人,角逐期中选举的国会议员席次。

凡此,都可看到美国社会重组新阶段共同体的努力。由此可见,美国仍然拥有强劲的潜在能量,可以峰回路转,不断更新——这才是一个自由社会的真正价值。

第十四章

未成的帝国和败坏的资本主义

前面所说的都是美国内部的许多变化,包括政治、社会、经济各方面。然而,我们不应忽略,美国的命运还有一个重要的方面,即20世纪世界上的霸主。美国曾经依恃其先天的优势——这一片广大的新大陆——留在世界人类主流以外。

旧大陆曾经出现过许多文明,经历许多民族之间的互动;数千年的各种变化,有分有合,有起有落。活动的中心时时转移,逐渐形成许多地方性的文化,又合并为庞大的文化共同体;然后建立了帝国,争夺地区性的霸权。

近世时代,旧大陆基本上分为三个主要地区:一个是欧洲,一个是亚洲的东部,一个是亚洲西部和欧洲之间的大片内陆。这三个地区,经由跨越大陆的商路和越洋的航道联结,各地区的扩张无法自外于其他地方的影响而独善其身。16世纪以后，欧洲人经过海路闯入了东方，东和西经过海陆两条途径，经由贸易和接触，终于构成旧大陆的全盘性互动。

在欧洲人寻找东向海道的时候，这些海上的冒险者将隔离于大西洋的"新大陆"，拖入旧有的欧亚世界。从1492年开始，新旧大陆合起来的陆地与海域才是全人类的舞台。美国就是这一活动中涌现的新事物，是人类历史上的重要现象。欧洲的移民分批涌入新大陆，他们的枪声惊醒了在美洲大陆上的原住民。这群人曾经在此活动数万年，没有经历多少变化。白人惊醒了这个安静的大陆，也几乎完全毁灭了这片陆地上的人类。美国的历史，乃是这出强占和掠夺的大戏之中逐渐走到新大陆舞台中心的一幕。接着就是美国的诞生，这个新生国家地大物博，拥有充裕的发展空间，还有大西洋和太平洋两个广阔水域的隔离，使它与旧大陆的欧亚人群在东方和西方都有缓冲空间。

美国成为可以在新大陆独自发展的一片天地，等到这一片土地上的人民建立了一个统一的美利坚合众国，这个新兴国家的国土和人民，以及它拥有的天然资源、拥有的实力已经足够与旧大陆上最大的帝国相比拟而毫不逊色。这一个先天的条件，就决定了美国终于要在世界争霸的斗争中占有一席之地。在20世纪，经历两次世界大战后，美国俨然立足世界争霸的巅峰。从20世纪的后半段开始，美国毫无疑问是世界上最富强也最有潜力的大国。这个广土众民的大国，

第十四章　未成的帝国和败坏的资本主义

在人类历史上，不亚于前此那些帝王踞有的巨大帝国。但是，美国是个民主的国家，没有皇帝，在理论上不能把"帝国"加在"合众国"之上；只是，美国成为世界霸主的事实，使我们不能不用"帝国"这两个字将其历史归纳为世界帝国活动记录中的一章。

本书结论之中，必须要讨论这一"帝国"的名、实两面。因为前面所说种种内部的变化，都与美国成为世界霸主的地位有密切的关系。美国将来能不能依旧保持内外优势，既可以外展又不惧他人内侵，也就必须取决于这个新的帝国体制究竟如何运作。

此处先提一本书，尼尔·弗格森（Niall Ferguson）的《巨人：美帝国的崛起和衰落》（*Colossus: The Rise and Fall of the American Empire*）。弗格森是在哈佛大学和斯坦福大学执教的著名历史学家，此前也曾写过讲述大英帝国的专著。这本新书显然有意将英美两个大帝国对照，比较其性质和起落过程。书名中的"巨人"（Colossus）是希腊神话中的战神，乃是由大神宙斯创造，以制衡天空之神克洛诺斯（Kronos）。战神的巨大铜像曾被列为世界七大奇迹之一，竖立在古代希腊港口罗德岛的入口处，船只进出港口都必须从这个巨人神像的胯下通过。希腊神话叙述，战神在战斗中被敌人挖去眼睛，削去胸前一片肉，切断左手而依然不败，却终于因为两足不能承当巨大的体重而轰然倒下。在他倒下之时，整个铜铁的身体压倒了克洛诺斯，两人同归于尽，于是宙斯得到了无上的权力。我不厌其烦地解释这个神话，也是因为弗格森教授采用这个书名，确实有他暗喻的用意。他认为美国的结构头重脚轻，犹如上身强大、两足不够坚强的巨人。这本书的主调即是美国未成"帝国"的缺失。

回到美国发展的历史，如上所述，美国的生存环境得天独厚，不必担心外患，可以逐步拓展来控制新大陆，进而介入旧大陆的斗争，终于取得了世界霸权的位置。美国向外扩充并不是建国时的构想，反之，华盛顿总统在离任的时候曾经留下对于后人的嘱咐。这份文件之中的主要部分，就是告诫后来的美国人不要介入旧大陆的事务：旧大陆各国之间的恩恩怨怨和复杂的国际关系都与美国无关，让我们好好地在这个新的土地上，发展自己的国家，实现自己的理想。

美国没有遵循开国领袖的嘱咐，一步一步地走向扩张主义。在两次世界大战以前，美国的对外战争并不是很多，只是在建国之前和建国初期与法国争夺密西西比河上的通道，又曾经短暂地侵入加拿大——这就是在美洲本土上最早的国际冲突。此后一连串的冲突则是针对西班牙的殖民帝国，削弱其实力以夺取其领土。西班牙最早在美洲大陆立足并开拓殖民帝国，当欧洲其他国家的移民进入北美时，西班牙人主要的活动区域在中南美以及加勒比岛屿。西班牙的舰队曾经据有太平洋东岸，包括今天的智利、一部分墨西哥和美国加利福尼亚州的全部。在美国西部，西班牙人的殖民地曾经分布于落基山以东，占有从墨西哥一直延伸到美洲内陆的广大

第十四章 未成的帝国和败坏的资本主义

区域，包括得克萨斯州、新墨西哥州、亚利桑那州和科罗拉多州。论其总面积，这一大片旧日西班牙人的殖民地，据有今天大半的南美洲、全部的中美洲、今日美国西部和部分内陆，疆域辽阔，超越了美国当时的疆域。

在19世纪初，大概1820年左右开始，美国就介入西班牙旧日殖民地居民的独立活动。许多中美洲的殖民地区纷纷寻求独立，其实后台都是美国。

当时的欧洲正在经历拿破仑战争：最强的法国东征西讨，欧洲列强各求自保，英国是抗法主力，忙于对付拿破仑。美国趁这个机会，在1823年宣布"门罗主义"。总统门罗向欧洲列强宣称："新大陆的事务，由我们新大陆人自己处理。他人在新大陆发展的殖民事业，我们都当作侵犯新大陆。"也就是说，美国自居为新大陆盟主。当时美国能够指挥的同盟国，也就不过五六个中美洲国家，门罗俨然以这个立场划下势力范围：新大陆是美国的地盘，谁也不要想再进来。当然，美国的企图是瓦解西班牙人的殖民帝国，自己取而代之。

西班牙殖民帝国的实力其实十分单薄，他们在各处殖民地区设立天主教教区，由西班牙神父及少数戍守的军人管理当地的土人。西班牙移民和军队以及应该守贞的神父与土人妇女通婚，繁殖为混血族群。这种管理松散、人口不多的殖民地，当然无法抵挡美国拓荒者的渗透。尤其是得克萨斯州地区，地广人稀，从欧洲新来美国的拓荒者任意开垦，并不知道哪里是谁家领土。他们开拓土地，西班牙殖民的管理人员要求他们入籍纳税,成为西班牙帝国的人民。但这些进入美国的新移民并不认为自己应当属于西班牙管辖。在当时,美国已经自认为秉承"昭昭天命"[1],其实,也无非就是侵略的口号,和前述门罗主义互为表里。

19世纪的下半段,集中在1845年以后,西班牙殖民帝国境内不断发生动乱,也就是那些从美国进入西班牙地区的移民反抗西班牙人征税和其他管理权。各地移民群互相支援,拥有美国的武器装备。在这一段时期,不但在北美内陆腹地有如此活动,中南美的居民也纷纷要求独立。在新大陆上,美西之间战争不绝,常以西班牙帝国内部居民反抗帝国殖民的独立运动为名。美国历史上著名的保卫阿拉莫(Alamo)堡垒的故事,号称是当地百姓反抗暴政,实际上则是美国移民的民兵攻袭西班牙基地。美国和墨西哥之间的墨西哥战争,即是这些活动的总结:将得克萨斯州正式纳入美国版图。

在太平洋西岸,美国的海军和民兵合击西班牙在今日加利福尼亚州的殖民地,将圣地亚哥到旧金山之间的土地纳入美国版图。这些明明是侵略的行为,却因当地的居民很多已经是美国过去的移民,乃以人民的名义,自称符合"昭昭天命"的任务。

在亚太地区,美国袭击西班牙的据点菲律宾和中途岛,

---

[1] Manifest Destiny,意思是这一新成立的北美合众国,是人民防卫自己权利而成立的新体制,天命任务,昭降人间。

第十四章　未成的帝国和败坏的资本主义

从此建立了东南亚的殖民基地。美国在菲律宾的殖民活动有严重的历史污点：1901年，菲律宾中部小镇巴伦西亚加（Balenciaga）的本土居民，在清晨以标枪突袭美国戍军，杀死四十八人。美军以现代武器围剿村民，指挥官下令断绝粮食，捕杀萨马岛（Samar）上所有十岁以上的男丁，使该地沦为"号哭荒墟"（Howling Wildness）。最近报道，菲律宾政府要求美国交回当时美军掠夺的教堂大钟，并且正式道歉。这一事件的残酷，正如日本军队在雾社事件中以现代武器屠杀台湾当地土生土长的居民，都是帝国主义殖民侵略的罪行。

美国虽有立国的高尚理想，但仍然摆脱不了帝国主义的手段。这一段历史，也是美国建立"帝国"过程之一部分。该书作者弗格森认为美国建立帝国的过程过于短暂，成果不彰。我猜想弗格森是将英美两大殖民帝国的侵略过程相比，判断美国的种种作为不及英国老练和彻底。

顺便插一段：在中南美各处独立战争之中，华人也颇有参与。在1860年以后发生的抗西独立战争中，颇有中国的移民编组为作战部队，帮助当地居民推翻西班牙统治。从一些蛛丝马迹来看，这些编为作战部队的移民，可能包括太平天国覆亡后的太平军。他们大批逃亡外国，经由美国招募劳工的活动前往美洲。这些有作战经验的军人，在美洲各处独立战争之中作为单独作战的单位，和地方居民的革命军并肩作战。到今天，墨西哥、智利、古巴等处的家族中还有一些中国的姓氏，当地也颇有华人后裔至今维持的社区。

至于菲律宾，西班牙早在寻找东方航道时，已经在东南亚一带据有很大的一片殖民地，就是今日的菲律宾和中途岛等处。殖民地的首府吕宋，即是今日的马尼拉。早在明朝末年，郑成功在台湾发展的时候，吕宋就有数万华工居住在堤岸地带。西班牙人对华工并不好，这些华工曾经希望郑成功夺下菲律宾，不再让这片土地由西班牙人殖民管理。可是，郑成功兵败南京后郁郁不乐，不久去世。如果他多活十年，或许连菲律宾都占据了。

回到本题，在19世纪晚期，尤其是1890年以后，中国屡次败于外国，已经成为人人可以宰割的一块肥肉。各国已经打算瓜分中国，各自划定一个势力范围，等清帝国覆亡后即据为己有。美国起步较晚，在中国没有势力范围。1898年，美国政府提出"门户开放政策"：中国的市场向全世界开放，列国都有权力进入这个广大市场；列国也应该共同保证不分割中国，尊重中国的主权；中国尊重各国在中国市场上的权利。这一个开放政策和以前所说的"门罗主义"，似乎是彼此抵触的原则：一是独占，一是开放。美国号称新兴的国家，具有"昭昭天命"，但其实是自己披上了皇袍。也因此，美国历史学家将美国的扩张政策与理想的政治制度配套，称为"美国特殊论"（American Exceptions）：美国拥有与众不同的特权。

弗格森的著作将美国当作帝国，也就是根据美国自己宣称的特殊权力，才有如此独特的帝国结构。前文提过，弗格

第十四章　未成的帝国和败坏的资本主义

森根据这些美国历史发展的背景,将它与大英帝国发展的形态相比。他认为美国大帝国功业实际上并没有落实,其缘故在于美国政权结构:第一,总统任期太短,每个总统要做的事业和后任之间无法衔接;第二,上层和下层之间沟通不易,因为美国体制是三权制衡和分州治理的联邦制,不同部分不易协调共同推动扩展国力的规划。美国人所认为的"美国特殊论",以及美国所谓的"天赋使命",其伪善的成分其实未必令人相信。于是,弗格森总结:美国帝国没有如同大英帝国那样长期延续,而且大英帝国崩溃以后的"大英联邦"至今还是一个共同体。他认为,美国帝国体制没有继长增高,乃由于三方面的不足:投入资源不足、执行过程不完整、执行方向的理念不清楚。弗格森教授的说法未尝不是诚实的评断,只是他没有将这些借口后面的真实情况明白交代给读者。

美国在世界霸主这个位置上的所作所为,有称职的地方,也有必须检讨之处。美国立国的理想是实现上帝赐给他们每个人的自由和平等,实现这些天赋的人权给予他们的福祉:当时参加立国工作的人员有多少具备如此高尚的动机姑且不论,如此理想本身的确是了不起的理念,较之民族优秀论、文化优秀论都更为动听感人。

在国际行为上,美国确实也经常以"自由民主捍卫者"的身份出场。第一次世界大战进行了一半,英国、法国几乎招架不住了,美国以民主国家的身份帮助民主体制的英国和法国出兵参战,击败了还是在皇权统治下的德奥俄集团。那一次美国出兵，决定了一战的胜负。

在战后，美国的威尔逊总统建议成立"国际联盟"，在这一架构之下，全世界人类都是平等的，所有国家都有同样的权利，大家可以建构一个共同协议的国际秩序，解决彼此的纠纷，以维护世界的和平。这一理想也是世界历史上前所未见的，将一个高尚的理念付之于行动。可惜后来威尔逊自己在国内遭逢反对，国会拒绝这个建议，威尔逊因此郁郁而终，"国联"也徒成一个空架子。同样的理想，在二战之后终于实现了，就是今日的联合国。联合国在许多地方固然并不尽理想，但至少这一个世界各国共同接受的组织是走向世界人类共同社会的第一步。

美国介入二战，也是半路加入。不过在正式参战以前，美国在欧洲战场上的立场相当清楚，它并不掩饰站在英国的一面；美国的确努力帮助覆亡的国家，接受无数难民在美国避难。在东方战场上，美国对于中华民国的援助，确实是当时中国急需的："医药援华"救护伤员，陈纳德的"飞虎队"保护军民。凡此义举，我辈身经抗战的一代至今感佩！战后，美国支援了欧洲的复兴，也承担了击败日本以后的责任，帮助它恢复元气。在广大的中国战场上，战争结束后的1945年到1949年，美国将美军各地剩余的给养，包括衣服、食物，作为救济物质，无偿地分配给刚刚回家的中国和东南亚难民。这些人道的作为，无论背后动机如何，都是人类历史上值得记录的义举。

第十四章 未成的帝国和败坏的资本主义

整体而言，美国对世界的确有过特别的贡献。美国教会的传教工作和美国的贸易几乎同步进行，有美国商人的地方就有美国教会。这些传教士在全世界成立了许多学校，单单以中国地区而言：美国教会学校，从中学到大学分布在各处，培育了许多中国青年。美国教育的学生（例如退还中国的庚子赔款，作为奖学金培养许多优秀学者）为中国现代化做出的贡献，在中国历史上的功绩也是巨大的。在其他地区，即使不在美国势力范围之内，例如在非洲，美国传教士成立的医院和学校遍地都是，甚至超过若干非洲殖民帝国主义宗主国提供的数量。从1960年开始，肯尼迪呼吁美国青年参加"青年服务队"（Youth Corp），在非洲等处帮助当地百姓，体现的仍是人类历史上前所罕有的利他精神。

矛盾之处在于，美国对于周边的邻居，那些中南美的小国，却并没有给予当地急需的帮助。南美的大国如阿根廷、巴西、智利，都有自立的能力，墨西哥和秘鲁也还过得去，但中美的小国几乎都是由于美国鼓动，从西班牙殖民帝国独立建国。它们处处依赖美国，尤其是巴拿马，完全是依靠巴拿马运河而成立的国家，一切接受美国控制。这些国家其实即是门罗主义主张"保护"的对象，可是美国并没有帮助它们建立健全的民主政府。至今，中美不少小国军阀主政仍是常态。它们社会秩序混乱，经济衰弱，百姓教育程度低下。美国的政府和民间却罕有伸出援手协助它们改善进步。古巴革命接受社会主义体制，美国立刻将古巴视同仇敌，绝交数十年。江湖上的"老大",对于小弟兄们有照顾的责任,但美国这一"老大"对于邻居却只要求服从,并未尽提携扶掖的责任。

  美国是资本主义的帝国,商业利益的重要性高于一切其他部分。在美国势力所及的范围,"老大哥"并不容许"小弟兄们"挑战其权威。日本在20世纪后半段的情形颇可显示美国的如此作风。兹以美国与日本之间的纠纷为例:美国以两颗核弹取得二战亚太战场的胜利,从此长期驻军日本。朝鲜战争期间,美国以日本为后方补给修护基地,大力培养日本产业。日本遂能迅速恢复生产能力,成为具备现代科技的经济大国。1965年开始,日美贸易出现日本顺差,此后至1972年,日本国内生产总值已是世界第二名。到了1995年,日本的经济发展已然居于世界前列。日本的产品如纺织品、家电、钢铁、汽车、半导体,无不畅销美国市场,两国之间贸易出现大幅差距。美国面临日本的经济挑战后,采取政治手段,不断运用国际贸易的共同规则,屡次调查日本产业的"违规行为",迫使日本产业在美国设厂。同时,它要求日本对美国减少出口,增加进口。1985年,美国联合欧洲大国,强迫日元大幅升值,以冲销日本产品在国际市场的竞争力。从此三十余年,日本产业的实力并未衰退,但国内经济却始终萎靡不振。凡此行为,都显示美国作为世界富强的霸主,并不具备大国的器量和风度。最近中国与美国之间出现贸易战,情形宛然是上述日本遭遇的重演。中国必须慎重

第十四章　未成的帝国和败坏的资本主义

应付，不可轻率。

美国以商立国，商业活动遍及全球。也因为他们全球性的活动，才提出了经济全球化的理想。实践如此理念，美国提倡世界贸易组织（WTO），俾得由经济全球化开始，走向全球经济的融合，进而逐步走向文化的融合。这一构想的源头，当肇始于罗斯福之时：在二战期间，罗斯福和丘吉尔曾经发表共同宣言《大西洋宪章》。"宪章"这个词，从英国树立人权观念的《大宪章》引申而来。英国的《人权大宪章》说明，人民和王权之间有一个上帝给普通人的权利保障，这就是 Magna Charta（大宪章）。罗斯福起草《大西洋宪章》，则是着眼于全球共同体内每一处人类都应享有四大自由：免于匮乏的自由（不至于饥饿）、免于恐惧的自由（不受压迫）、迁徙的自由（自己选择自己的去处）、言论的自由（可以发表自己的想法，不受他人的抵制）。四大自由的理想，乃是从美国《独立宣言》和美国宪法引申而得的。

总结言之，这个没完成的帝国，虽然从弗格森的眼光来看，是一个铜铸的巨人，终于因为两条泥腿而垮掉。然而，无论美国自己秉持的天命是否真是如此高尚，那个《大西洋宪章》和他们各处随着传教传播的这些理念，确实是符合一个世界霸主的身份。

美国作为世界大国出现，乃是在二战以后，由于美国参战决定了同盟国得到了胜利，重新塑造了世界的秩序。因此，美国成为世界的盟主。这是第一次出现全球性的大国，同时，这一个大国的座位也面临了挑战，亦即与苏联的对立。苏联以社会主义立国，实际执行的是中央集权制：国家掌握了全部的产业和资源。如果这一场民主与集权两种政治制度的对抗只出现于欧洲，世界秩序可能是另外一种安排。同时，远东和中国战后也变了颜色，中共取得了政权：世界出现两种制度的对立。在以个人财产、个人自由为主要价值观的西方集团中，自从1947年宣布杜鲁门主义以后，美国摆脱自限于新大陆的门罗主义，成为半个世界的领导者。世界成为两个半边的对抗。从此迄今，这两个集团的对抗始终没有停止。在里根时代，军备竞争导致的庞大经济负担拉垮了苏联——冷战延续了五十年之久后，美国终于成为世界霸主。

其实，美国身为半个世界的盟主之一时，已经不能摆脱大帝国的身份了。弗格森的讨论，对于这一段重要的历史其实没有注意，只是着眼于美国不断地介入战争，论述其战争的效应。从战后开始，美国采取"遏制政策"（containment）——在东方战场上，有了朝鲜战争、越南战争，以及为了封锁中国而建构的亚太防线。那两次战争，美国都以重兵投入，历时长久却终于撤出战场。美国与中国的对峙，在尼克松时代才算结束。

欧洲方面也继续不断地产生对立，北约国家和以苏联为首的华沙公约国家，以柏林为焦点彼此屯驻重兵。虽然全面战争没有爆发，但种种的冲突不断发生。其中最重要的一次对抗，则是肯尼迪时代美国以空运物资，突破了苏联孤立西

第十四章 未成的帝国和败坏的资本主义

柏林的包围圈。另一次严重对抗也在肯尼迪任内：美国以不惜一战的姿态，逼迫苏联撤除布置在古巴的导弹。在80年代，美、苏军备竞争压垮了苏联，匈牙利、捷克、波兰纷纷摆脱苏联的控制。

东西对抗的局面，美国取得了胜利。从杜鲁门开始到里根时代，冷战延续了五十年之久，大冲突未起，小冲突不断。美国因此必须维持庞大的军备，也必须派遣大量的军队驻屯在欧洲。这种大帝国的格局，史无前例。古代最大的帝国如中国、罗马，都未见"冷战"，只有征伐。

中东地区，则是另一个局面。自从伊朗的宗教集团取得政权，美国始终企图控制中东局势。欧洲的各国也希望稳住中东，以取得必要的能源。自从伊朗驱逐美国使馆人员以后，中东战乱不断。重要的战争包括美国参与的波斯湾战争、伊拉克战争，一直到最近还在进行的叙利亚等地的冲突。这些冲突一波又一波，至今未见停息。英、美在中东建立的以色列，是中东伊斯兰教国家背上的芒刺。所有以色列惹起来的麻烦，美国都必须承受——以色列背后最主要的支持者，就是美国的犹太族群。

伊斯兰国家和欧美国家之间的仇恨，又转移为各处的恐怖分子活动。其巅峰的大事件，则是2001年的"9·11"事件，纽约世贸大厦被恐怖分子的飞机撞倒，造成六千多人的死亡。从那时候到今天，全世界各大城市、欧美各处，几乎都有恐怖分子不时的袭击事件。在中东地区，激烈的教派对抗又将这里分裂为二,逊尼和什叶两派之间千余年的仇恨,使得中东没有安宁。

以上这些战争,已经持续进行了七十多年了,似乎方兴未艾。美国的国防经费,包括防恐、反恐的经费,每年都到了天文数字,形成国家沉重的负担。任何大帝国的军事支出,基本上都在扩张领土和维持自己与从属国家之间的内外安定。只有在美国这个大帝国掌权时期,要维持大半个世界盟主的地位——美国的国家预算以及民间支出,粗略估计,有三分之二左右花在维持世界霸权的地位上。

若以战争本身的形态而论,美国在国外的战争,擅长于大规模的组织战和运动战。例如二战后期,百万大军登陆诺曼底,全线进攻德国。规模之庞大史无前例——美国乃是将管理实业的经验,转移到从事战争。这一次大规模战争以后,七十年来,除了空运柏林、朝鲜战争、越南战争以外,战事的规模不大,却往往是美国最不擅长的消耗战。为了对付中东的局面,美国屡次介入战争,几乎都是虎头蛇尾,不能获胜。每次的后果都是颓垣残壁、百姓流离而不能善其后。

在正式的作战方面,朝鲜战争、越南战争时的两军对垒相当辛苦,前者最后以停战告终,后者则是狼狈撤兵。中东几次战争,美军以强大火力为凭借,却从未达到预定的效果,至今陷入泥淖无法脱身。为了应付这些战争,美国取消了过去的征兵制,采取募兵的方式维持一个常备军;尤其投入真正的战场时,还另外招募"佣兵"(例如,伊拉克战争时,以"黑

第十四章 未成的帝国和败坏的资本主义

水公司"为名招募佣兵参战)。如此方式,将美国的军事人员从一般的人口之中逐渐分离,军人成为不同于一般公民的职业。

这些战争对美国造成的影响,弗格森也确实注意了:美国经济的力量,用于维持霸主地位常有欠缺。美国国家体制不能将全部的国力孤注一掷地投入战场。弗格森指出,美国作为世界帝国,在资源的运用和人力的动员方面,都有不足之处;一般的国民对于维持世界霸权的意义,既不了解也没有表示可否的机制。他认为这是美国无法成为世界大帝国的原因,或者是他所谓"帝国"的对外干涉为时短暂而成果却不彰显的原因。对于这些现象,他并没有具体讨论,美国立国体制其实没有预料,也没有设计过如何负担世界大帝国的责任和地位。

综合言之,美国取得世界霸权乃是历史发展的结果。美国地处新大陆,有自己发展的空间和资源,又广泛接受旧大陆各处的文化影响,取精用宏,确实有跻身大国的条件。旧大陆分崩离析后群雄争霸,互相对峙的时候,如此一个美国当然因缘际会,取得了世界的领导地位。然而,这个国家的结构从开始设计以来,就是对内发展,而不是对外扩张。每次在新大陆扩张,都是因为对手——西班牙的殖民地不堪一击,美国才得以在新大陆称霸。

在新大陆以外,美国数百年来的发展,因其资本主义国家的特性,金钱利益的重要性超越一切。作为大帝国却不能予取予求,必须要有取有予。中国这一数千年来的大帝国,对四周的属邦单以朝贡制度而论，列邦的"贡礼"和中国的"赏赐"相比较，中国都是"亏本"。列国内外有事，中国排难解纷出兵平乱，从来没有计较。美国成为世界霸主以来，确实曾经给予过很多国家和地区帮助，如帮助欧洲复兴、救济东亚战后残局，凡此都是付出。甚至过去传教士对于中国的教育和卫生的贡献，也都是付出。但是，战争本身的成本是美国承担的，而战争造成的巨大损害则由当地老百姓承担。战争没有受益者，虽然美国作为大帝国，也不能逃避这些经验、这些与地位俱来的责任。

美国是资本主义国家，陈述美国不能不理解"资本主义"定义的变化。最近出了一本专著，讨论21世纪的"资本"定义：托马斯·皮凯蒂的《21世纪资本论》。该书的作者皮凯蒂是法国的经济学家，他从各国工业革命以后的发展累积的各种现象入手，解释今天"资本"是什么性质。他所指出的一些问题，对于我们理解今天的美国极有启发性。

自从亚当·斯密的《国富论》及马克思的《资本论》以后，对"资本主义"的定义其实常常改变。《国富论》的内容讨论的是工业革命。资本企业经过加工原料，进而形成了国家的财富，工业本身使得国家作为集合体，其拥有的财富可以不断增加。《资本论》的内容则是讨论生产关系——资本、生产和市场机制这三个步骤，亦即负担成本的资本家、从事生产工作的劳工，和商品流转的市场之间的三角关系。自古以来，只要有市场就不免出现通货（也就是货币），作为交

第十四章　未成的帝国和败坏的资本主义

换价格的标准。自从 20 世纪以来，凯恩斯理论以货币论俨然成为经济学的主流。货币本身成为经济层面具体可见的能量。货币发行者，即政府，可经由公权力控制货币数量，影响货币的价值。传统的古典经济学主张市场是自主的，应当由供需关系决定商品的价值而以货币显示。凯恩斯理论，却是将货币当作操纵和调节市场的工具。

20 世纪以来，美国经济学家西蒙·库兹涅茨（Simon Kuznets）主张，生产不断提高，社会累积的财富也因此增加，而这增加的价值为全社会共有。因此，随着国民生产经济水涨船高，只要提升生产量，最终可以使每个人得到获取利润的机会。这一主张在近代各国的经济发展政策上，具有巨大影响。以台湾地区经济发展历史为例：1970 年开始，台湾的经济发展就按照如此理念设计。当时，台湾当局聘请的顾问是刘大中、蒋硕杰、费景汉等留美的华裔经济学家，而整个设计工作正式开展时，库兹涅茨则担任了台湾的经济发展总顾问。台湾经济发展的大方向，借用李国鼎的口头禅就是："有个大饼，人人想要分一份，如何分法常是问题。其实，饼做大了，每个人都可以分到更大的一份，不必只想到将饼如何切割。"这个理念，以国家集合体而论没有错。饼增大面积的时候，每个人都可以也应当分到一份，也因此较多。问题终究还是在怎么个分法。国家财富总量增加，如果只是除以人口数来计算人均收入，仍旧没有显示分配是否悬殊。保罗·克鲁格曼（Paul Krugman）即明白指出，美国企业主管的收入,超过劳工的收入岂止百倍。

皮凯蒂的意见是,我们应当将"财富"和"收入"分开。收入是每个人以其工作或者贡献,或者国家的补给得到的一份个人可以支配的财富。而总的财富,经常在不同人的口袋之间不断流转。财富的总量因为生产量的增加,或随着原料改造取得附加值而增长,成为代表更大价值的产品。许多人的收入,其实只是在这一大池内流转:同一份财富在不同人手上停留的时间,也就是这个人可掌握的财富量。和个别人士的收入总和相比,财富总量应当更大;这一财富总量之中,没有被分配成为收入的就是盈余。盈余不断增加却不一定参与流通,因此,这一部分累积而成的盈余总量,其实还有相当大的一部分,被截留于主要财富的掌握者手中。

皮凯蒂的说法是,所谓财富总量,在过去根据凯恩斯理论,乃是将所有人的收入都当作生产量,国家的总财富(GNP)乃是将所有人的收入(有的是劳务,有的是盈余)加在一起,成为国家的总财富量。在今天美国,有许多号称是第三产业的谋生方式,例如各种服务业,提供生活必需事物的单位如中介业、律师、会计师等。他们并没有增加产品的真正价值,只是取得他们服务的收益。至于信息工业,今天是一个不可忽视的巨大产业,扩大也加快了信息的流通,但并没有增加产品的价值:这些都是服务业。

又例如,演艺、影视等行业,它们使得人有了打发时间的途径,也回应了情绪上的需求——以产品价值而论,它们并没有增加产品本身的具体价值。美国的体育产业是个庞大的产业，据说2018年一年美国体育产业的总值将近一百亿美金。一场球赛结束后观众散场，如此一次竞技可能有人记忆，却不能累积，因此球赛没有结存的价值。由这场球赛而出现的票价、咖啡价、旅馆价等，都是原来已经有的价值，并不因为球赛而增加更多的具体价值。然而，所有这些服务业所得，都加在所有国家总财富之内。皮凯蒂认为这是不对的计算方式。

　　美国今天的金融业，本身就是服务业。同样一个数量的财富，经过金融业的运作，可以在不同的阶段重复地以财富的方式出现。例如，房地产的押贷，同一笔房屋的价值可以在不同的阶段属于不同的金融业，每一次都重复计算一次。又例如证券交易，是美国社会上最庞大的一个产业，将客户存款、贷款（未来存款的预押）不断地转化为买卖证券的方式，将所有各种证券进进出出。每天的交易量为数庞大，但是其实类似一个特技人员，将两三个玻璃瓶不断地在手上抛转，看上去几乎像无穷数量的玻璃瓶出现于空中。社会大众的储蓄或是退休金都存放在银行，或者加入各种基金。每个基金的管理者，不断以同样一笔钱进进出出，将各种的证券在手上打转，有赢、有亏。然而，如此账目的进出，就决定了市场价格的高低。每一个基金，有各自经营的方式；经营者也可以用共同基金购买许多基金的股份，将各种基金的盈亏通通合计，以为盈亏。对冲基金则同时经营"多、空"，两头押注获取利润。

市场指数基金，则是押着每天证券市场的升降，取得利润。这类似中国赌场上旁观者押入局者的胜负，所谓"插花"。最令人难解者，则是一位日本数学家中本聪设计出来的虚拟货币"比特币"，居然也成为市场交易的项目。

最近，经济史专家亚当·图兹（Adam Tooze）的新书《崩溃：金融危机十年如何改变了这个世界》(Crashed: How a Decade of Financial Crises Changed the World)，讨论 2008 年世界经济崩盘的背景。他指出，正如前此 1995 年的经济崩溃，这次崩溃乃是由于世界各处的经济已经因为全球化现象彼此纠缠，动一发而牵全身。

2008 年，欧洲市场已经握有美国房地产证券的三分之一。当时，美国房地产市场已经过热，以至有人将银行贷款抵押的项目在市场转让，自己只收取一些手续费。承购这种贷款项目的银行还可以将其再抵押，收取过手费用。如此辗转过手，而且若干件捆成一包，其中常有已经"烂"了的项目在市场流转——这种"次级（二手）房贷"其实接近欺骗。只是房地产正热时，总有人投机图利。一旦有人发现问题，项目卖不出去导致的多米诺骨牌效应，很快就引发土崩现象，拉动全局出现崩盘。一处证券市场大乱，各处都乱，全球经济因此几乎全面崩盘。

该书作者认为，幸而中国市场未遭波及，稳定的中国市场挽救了一场大崩溃。回溯 1990 年代的崩盘，则是由于证

第十四章　未成的帝国和败坏的资本主义

券交易公司的人员常常有违法行为，例如内线交易。安然公司职员揭发如此弊端，引发"安然案"风波搅动全局，全世界各处证券市场都被波及。这两次崩盘，一则暴露了证券市场的积弊，亦即工作伦理已经荡然无存；二则说明资本主义社会唯利是图、见财忘义的本性其实难改。

资本主义的市场，将一切事物都可以视同商品。这些做法都是将财富与收入混淆，同一笔钱重新出现无数次。所有财富的总源头，等于是一个大水库——几百年来，盈利的累积掌握者，即那些大财团掌握了水库的总开关，市场升降都由这个总水库来决定。皮凯蒂认为，必须针对如此情况设计处理方法，才能实现财富的公平化，使社会中的个人都有机会分享世界经济增长的利益。因此，国家公权力的征税方式，应当有所改变。他建议所有继承得到的财富，在继承时一律征收百分之八十的遗产税，列入当年的国库收入。每个人的收入，也就是他们以劳力换取的薪津，不论大小都征收百分之十五作为所得税。国家再以这些收入，按照国民的基本需要分配给每人应有的一份，使得人人可以不虞饥寒。他的构想没有在社会主义国家实现，反而在北欧的三个小国得到实施。他们实施了相当彻底的社会福利制度——亦即从财富盈余总量中取出一部分，分配于一般国民供给其生活需求。

2018年8月19日新闻报道，民主党可能参选下任总统的参议员伊丽莎白·沃伦（Elizabeth Warren），初次提出竞选理念，也是该党左转以接近社会主义的政策，求取公平分配企业盈利。这一主张的要点在于，亿元规模的大企业应由联邦政府管理，俾其盈利纳入社会福利的经费来源。美国舆论对此颇为疑虑，认为如此做法极度违背美国的立国理念。

我的担心却更在政府管理，因其官僚制度的习气，经营效率可能不高，难以因应市场变化。大选时期，选民未必能够接受如此强烈的左倾政策。假如将公用事业与事关百姓生活产业由国家所有，但是委托专业人员经营管理——"官督商办"的经营模式下，管理人员的报酬根据其经营业绩决定，奖励佳绩，惩罚亏损。有这一折冲，或可取得合理的业绩。所有公用事业和涉及公众生活的产业，往往具有独占性，获利较丰。以这一类收入作为社会福利项目的经费，应符合"取之社会，用于社会"的合理性。该项收入不够应付支出，才从一般领域的收入中补充。

自从20世纪大恐慌时代以后，美国屡次有市场的不景气现象。人民的生活，每过一段时候就会面临困难，尤其贫而无靠者更是一筹莫展。罗斯福推行新政以后，美国才有社会福利制度。执行至今，虽然有所改进，尤其是约翰逊于60年代的"大社会"计划增补项目最多。然而，美国社保制度还是有许多不足之处。其中最引起争议者，则是政府给予低收入甚至无收入者生活费一事。又如，为救济单亲家庭的儿童，政府给付孩子的生活费，对于孩子的人数并无限制。凡此措施，在许多每年支出所得税的中产阶层看来，自己辛劳工作的收入却被政府抽取，以维持永远依靠国家救济的贫穷

第十四章　未成的帝国和败坏的资本主义

阶层；而后者因此养成惰性，不求上进，也未必是好事。

令人扼腕者，今日美国社会已经严重分裂：上述最需要帮助的贫穷弱势社群，亦即工厂劳工、社会低收入雇员、老弱、残疾、初到移民、弱势族群（尤其是非裔、拉美裔）等，接受的教育程度较低，长期居于劣势。劳工群体过去有工会作为团结的核心，近来产业结构转型，旧日工会已经涣散。少数民族族群，虽有民权运动争取权利，却又始终不能从劣势地位上升。于是，在最近数十年中，这些贫弱阶层依旧沉沦于社会底层。没有人替他们争取公平福利，愤怒的他们成为政客操弄的工具。特朗普当选，即是煽动失业劳工夺得大位。这一社会底层人数不少，可是并没有足够知识，指导他们依法争取福利。

社会最富有的阶层，亦即皮凯蒂认为应当付出遗产税的富人，颇有传世二三百年的旧日世家。尤其是东北美的若干大财团，凭借银行或经营业务机构使得财产并不分散，家族累世不断经营，聚积的财富总量只增不减，本书讨论美国经济发展的章节对此已有陈述。今日，一般估计美国富人占人口总数的 0.1%，拥有全国资产的一半以上。他们的财务经营，委托专业单位如银行、贸易公司、证券公司等，投资各行各业。这些帮助财团生财的专业人士，乃是社会中产阶层的上半段，占总人口的 10% 左右，他们拥有资产占总资产的 20% 左右。其他中产阶级只是中产的下端，占总人口比例的 30% 左右，资产比例也占了 20% 左右。这些中产下端的较低层次，随时可以跌入贫穷。这一阶层的人口受教育程度较高，应是社会的中坚分子。如果主张和推行社会公平与公义的政策，他们应是重要力量，因为他们有能力认识社会问题，也应有良心投入如此志业。

面对皮凯蒂陈述的现象，美国社会的中产人士的确是愿意参加讨论和推行的主力。这些人士，尤以学术界、管理、科技、各项专业和公众媒体的从业者为骨干。他们的立场，大致可以分为如下三类。一类是保守分子，主张人生就是公开竞争，由此决定每个人一己的命运。这种观念的基础在于基督教新教的教育，即上帝已经预定每个人的命运。另一部分人则是传统的自由主义者，觉得人应该负有人道责任，对别人的困难同情而伸与援手。这一类人，由于他们是自由主义者，一向反对政府的干预，因此处于两难的困局：究竟政府是否有权取之于甲以养活乙？公权力是否可以干预到私人的权利？第三类则是现在的自由主义者，他们不再相信命运，认为人的智力、体力不同，可是不应剥夺弱者生存的机会。所以他们主张经由国家公权力的干预，负责照顾弱势人士，务必使每个人都有起码生存的机会。这第三类人又和社会主义者不一样。极端的社会主义者主张每个人取得同样的收入，并不因为他的劳务和贡献而有区别——这第四类的社会主义者，在今天的美国还只是少数，也许下次大选可能初次跃登政治舞台。目前，还是前面三类人士间不断争执，希望能够得到一个比较合理的解决方式。

第十四章 未成的帝国和败坏的资本主义

我自己在美国居留前后有六十年，在我交往之中，都可以找到这三类人物。他们每一位都是诚实的君子，然而在寻求解决的方式时无法妥协。上述三类的代表人物中，第一位是提醒我读"美国"这本大书的那位先生，他是我第一个有深交的美国朋友。第二位是我在芝加哥大学的教授，我从他那里学到许多英国费边社的理想，也钦佩他立愿撰述群众读物的志向。第三位则是我神学院宿舍中结识的一位好友、一位热心公义的好人。[1] 这三位故人在不同的机缘下，在不同的时期，影响了我的世界观。

回顾初来美国，曾经佩服这一国家立国理想是如此崇高。在这里客居六十年，经历许多变化，常常感慨如此好的河山，如此多元的人民，何以境况如此日渐败坏？我以为，美国的起源是清教徒寻找自由土地，其个人主义的"个人"，有信仰约束，行事自有分寸。现在，信仰淡薄，个人主义沦于自私。民主政治必须有相当充实的群体意识，以此来聚集人心。目前各种群体渐趋散漫，民主政治难有聚焦。资本主义变质，财富成为统治势力之寄托。美国社会解纽，弱势阶层人数众多，因其心怀不平而易受政客煽动，出现柏拉图所谓的"僭

---

[1] 行文至此，我要特别纪念赖威廉（William Lyell），那是一位真正的自由主义者，一位爱尔兰裔的美国教授。他持守自己的理想终生不渝。他的热情与率真，使他常常被人误会；然而他的赤子之心，以及高尚的人格，在我终身的朋友之中，很难有与他比拟者。他五十多岁就不幸意外去世。我写这本书，每涉及一个题目，他的影子都会出现。为了纪念他，我特别提到 Bill（我对好友赖威廉的简称）：世界上的确有如此无私而天真的人物！

主体制"。最近特朗普执政,即是哗众取宠的现象所致。

我认为,对于美国政治的匡正之道,首要在于纠正个人主义的偏颇:人之为人,在"人"有提升心灵性情的可能,"人"也有合作乐群之需求。循此二端,"个人"不再自私,也无复孤独。

社会福利制度立足如此基础,将可以落实为公平公义。但愿这番阴霾早日过去,美国回到坦途。两岸青山,江声浩荡,历史长河,将全球人类带入大同世界。

第十五章

未来的世界与中国

这是本书的最后一章,在此我想将前文所说的美国的现象,与中国的处境互相对比,作为对中国前途的警示。

起笔写这一章的时候,恰巧有一本新书出版,乃是哈佛大学美国史教授拉波尔(Jill Lepore)所写的《如此真理:美国的历史》(*These Truths: A History of the United States*),这本书几乎长达千页,对于美国的过去有深刻的反省。从"如此真理"这四个字,可以看出其以反讽的笔法来检讨美国立国的理想和实际之间的落差。该书思想深刻,文笔流畅,使人欣赏其文采,但也令人心情沉重。

这本书一开始就说到美国立国:二百五十万欧洲白人,进入了这一片"新大陆",掳掠、奴役了两千五百万的非洲人,几乎逐灭了五千万新大陆的原住民(以上人口数字,与大家理解的数字稍微有参差)。在这块广阔肥沃的新土地上,白人无所不用其极,奴役其他种族来开拓土地,大量开发矿产和森林资源。作者认为,这种机遇历史上史无前例,将来也不会再有新大陆供人类挥霍。她也指出,这种机会使得白人在近代世界史上占尽了优势,成为世界的霸主。

从该书一开头就可以见到,白人的优越感实际是美国文化的盲点。于是她指出,美国历史充满了矛盾和冲突:在号称自由的土地上,奴役他人;在征服的土地上,宣告主权;在奴役他人时,宣称自由;永远在战斗,把战斗当作自己的历史和使命——于是,美国历史呈现为一个织锦的图案,上面有信仰、有希望、有毁灭,也有繁荣,有技术的进步,也有道德的危机。

到了18世纪初,虽然有许多教派进入新大陆,然而真正信仰宗教的人大概只有20%。到了18世纪末叶,也就是美国独立建国的时候,则已有80%的人经常上教堂。因此,在美国建国的理念中,对神的仰望和依靠成为新国家立国的宗旨;人类的自由与平等是神的恩赐。一个排斥其他信仰、文明系统的国家,竟自以为是在神的恩宠之下,得到特殊的地位。美国所崇奉的人间的平等和自由,虽然是神赐予人类的,但是这赐予的对象却是经过选择的,也就是在单一神信仰之下的"选民",才配得到平等和自由。这也是反讽:不证自明的自由和平等,只是在"我们"自己人之间自由平等,对于外人却是另外一回事。

第十五章　未来的世界与中国

从这种语气上我们能够理解，该书的书名"如此真理"乃是明显的反讽。不少人相信"自由、民主、平等、人权"是适用于所有人类的"普世价值"。不久前弗朗西斯·福山宣称，美国的制度就是市场经济下的自由经济，也就是资本主义的社会和民主选举的政治体系，乃是历史的终结。福山的意思是指，人类的演化到了一个近乎完美的状态，从此只需时时微调而已。然而，拉波尔的这部著作，却指陈了美国历史中无穷无尽的冲突和矛盾、对立和分裂。

18世纪以来，这一新国家缔造之后，很快因为这个新土地上几乎无限的发展空间，取得无穷资源，进而累积巨大的资本，开启了工业化，以机器代替人工劳动。因此，人类创造了崭新的文化。这一迅速开展的工业文化体系，经历一个世纪的继长增高，将美国的地位推向巅峰。

在最近二三十年内，我们所见到的是机器的不断更新，把管理机器的工人也抛出了生产线。生产能力增加的同时，没有职业也没有产业的人群增加了。追求快乐，追求福祉，慢慢替代追求生产和追求财富。拉波尔这本书的结论是：国家在分裂，城乡在分离，社会在分化，人群在离散，到最后，"个人"陷入"粒子化"——这些现象，我在前面各章都已有叙述。

拉波尔宣称，面临这种对立和分裂，虽然美国在不断尝试、不断创建新的理念空间，但这究竟是能够解决问题，还是注定遭遇到了一个冲突矛盾之下的难题，终于难以避免彷徨与迷茫？她特别指出，19世纪中叶是另一个转变的关口，已经面临过如此的困难，那时候是理性和信仰、真理和宣传、黑和白、奴役和自由、移民和公民的对立——凡此种种的矛盾，终于导致了美国的内战。内战终结后重建的过程，其实至今没有完成。从内战到今天，种种民权运动都是为了要挣扎、摆脱上述几乎已经视同"命定"的矛盾。

今天，我们也看见世界走向全球化，但是，"群众"拥护的僭主，却将美国启动的全球经济一体化当作灾害，宁可向全世界挑战，以保持美国优越的地位。这一种现象，也正是希腊历史上柏拉图所指出的、几乎难以避免的困扰：在五种政治制度之中，群众专政是最没有理性的一项。这一个现象，也正是美国开国元勋之一麦迪逊在起草美国宪法时非常担忧的情况，而今天"僭主政治"居然出现了。

"僭主政治"之外，我们也看见这几十年来，财富越来越集中，占总人口中 0.1% 以下的富人，却掌握了美国一半以上的财富。实质上，富人早已统治了美国：从殖民时代开始，就已经有号称"波士顿婆罗门"的豪门大族，掌握了财富，掌握了权力，同时也掌握了教育。中产阶层虽然经过二百年来的发展，但终究无法代替前者掌握政治影响力。柏拉图当年提出的五种政体之中，美国建国理念的设计号称"民主政体"。实际上，美国的政治体制是富人政治为体，寡头政体为用，加上目前群众拥护的僭主政体，至今美国只差还没有出现军人政权。从目前情况看来，柏拉图盼望的哲人、贤能政体，在美国大概不可能出现了。

第十五章　未来的世界与中国

最近还有一篇刊登于《大西洋杂志》的文章,提了严重的问题,即美国的民主是否正在死亡?[1] 这位作者提出,理性和情绪应该可以互补,但却是两个相冲突的因素。在美国的政治上,群众人多势众,却因为判断力不足,凭着直觉的情绪往往否定了理性,以至出现怪异现象:总统哗众取宠、倒行逆施,却自诩为群众谋福祉,为国家护霸权。这篇文章,毋宁是在呼应拉波尔同样的担忧:理性与情绪之间无可解决的矛盾,终于会将美国原本出自善意的立国理念、这一人类历史上罕见的实验扭曲,陷入难解的困境。这是拉波尔引用希腊神话中俄狄浦斯左右两难的困境,终究难免沦落于毁灭。

行文至此,我自己的心情非常沉重。六十年前,我满怀兴奋进入新大陆,盼望理解这个人类第一次以崇高理想作为立国原则的新国家,究竟是否能够落实人类的梦想。六十年后,却目击史学家、社会学家正在宣告这个新的政体病入膏肓。回顾故国,自从清朝末年以来,一代又一代中国贤俊盼望找到方向,将中国改革为庶几能与西方国家并驾齐驱的状态。现在,西方原本最接近理性的美国政治体制,居然沦入如此困境!中国将来的途径应是如何?我愿意在检讨美国历史之时,向台海两岸的中国人,一抒个人的感想。

中国文化曾经有过长期演变,自先秦以下有过几次大修改,但其根源还是在春秋战国时代儒家、道家的基础上,再

---

[1] Jeffrey Goldberg, "Is democracy dying?" *The Atlantic*, 2018-9-18.

加上印度传来佛家的因素；而在最近，又接受了西方文化中科技和自然哲学的影响。中国秉持的文化营养丰厚，上面所说的主客、内外因素，已经涵盖了世界主要的文化体系。甚至于最晚起的伊斯兰教系统，在中国的影响虽然不大，但在明朝以后也进入中国的文化系统之内。

总结一句话，中国取精用宏，最后组成至今仍在人心的文化体系：一个以"人"为中心的社会伦理观。括而大之，由人的世界扩张到对宇宙的理解。以时间轴上想，个人接受了许多过去的积累，也许是包袱，也许是资产；向后看，由"我"开始，将我所取得的交给我的子女、后代。从社会空间、自然空间和时间轴线三个向度上，人类组织了一个"恕"的境界，一个将"心"比"心"的巨大系统。我们尊重自己，所以也尊重别人；人与自然共存，所以不能蹂躏自然。人与人、人与自然的联系，在中国人心目之中，不须有名有姓的神明作为保证，而是以人的理性和情感交融，构成自己心中内在的神明。这个神明是过去的历史替我们培养而得，"人"有责任在这神明的指导之下，也就是"良知"的指导之下，以"良心"对待他人，以"良能"与自然共存。凡此，亦即根据中国人的知识论、伦理观及宇宙观，谨此提出一些观察所及，让我们从美国历史的成败兴衰撷取教训：学习其成功的经验，避免其失误的轨迹。中国正在从传统走向现代的世界，由此警惕，或能避凶趋吉，走出一条顺利通畅的路径。

第一点，最近几十年，台海两岸工业化和城市化突飞猛进。尤其最近二十年左右,几乎已经将所有的田园都转变成为城市。在本书前面屡次谈到,美国都市化现象导致社会的解体、个人粒子化以及社区之间的分裂和对立。最可怕的是在水泥丛林之中,每个人都是迷失的个人,孤独而迷茫。

台湾曾经自豪于"无米乐",抛荒耕地,购粮他方;大陆各地的农田一片一片地转化为工厂和住宅,也就是农业消失的时候——天地之间不再有植物的遮蔽和水土的保持,肥沃的土壤一层一层剥落,随风而去。其实农业与工业并非不能共存,以农产品加工的过程而论,一样可将工业生产这一部分与农业结合,植根于土地之上,而不是剥削土地。人类应该适应自然,而不是蹂躏自然。

美国的经验是,过去开发内陆,将河流拉直、处处筑坝——今天,我们看见的新闻,大雨一来就洪水遍地。美国本来拥有世界上最大的林区,然而,最近山火整年不断,就是因为高山融雪和森林地下蓄水,都已被截流转移为城市的用水,以至于森林没有足够的水源,一到干季,山火随风而走,连片的林区,数十万、数百万的树木化为灰烬。如此浪费水资源,使大自然蒙受严重伤害。美国使用机械深耕,大量使用化肥与杀虫剂伤害土壤、剥去表土,每收获一次,一尺到三尺深的表土随风而去。我们担心,五十年之内,美国内陆的大片平原将变成巨大的沙漠。中国不应该一味跟随所谓现代化的世界,将城市作为主要的居住形态。中国人口居全球人口的四分之一,不能不考虑食粮自给自足。台湾地区的可耕地面积甚小，更不应不珍惜土地资源，尽量保持适当的食粮自足率。

第二点，在中国的文化体系之内，人有生存的价值，每个人都应该有生存的机会。自己希望能够存活，就不要剥夺其他人存活的权利。因此，人的生存权利应当有所保障，公权力必须在财富的分配上，使最穷困、最无助的弱者也有活下去的机会。诚如《礼运·大同篇》所说，幼有所养，壮有所用，老有所终，鳏寡孤独穷困者，都可以存活——这也是近代全世界都在注意的社会福利。美国的社会福利制度，从罗斯福新政以来不断在改变，然而至今还赶不上欧洲，尤其是北欧国家的周全。

台海两岸，最近几十年来财富成长了，但是穷富之间的差距巨大，穷困者生计艰难。内陆农村和边缘地区，一般百姓生活条件严重不足。中国广土众民，如果将社会福利都集中处理统一筹办，其实未必合适。美国经验表明，几十年来，社会福利已可给每一个无业者或是无收入者，提供基本生活的费用；然而，社会没有适当的工作可以安置他们。他们仰仗社保基金补助，活得没有尊严也没有意义。北欧的制度是将这些最需要帮助的穷困人口置于社区照顾，数千人的社区就地安置穷困人口。社区可以向中央要求拨款，由社区支配照顾区内需要帮助的弱者。如此授权，可以按照个别情况直接处置。这一富有弹性的措施，即可避免美国已经出现的窘况：将近30%的人口想要工作没有机会，而其他地方需要劳

第十五章　未来的世界与中国

力却无人填补工作缺额。

中国大陆目前的是共产党领导的，国内有若干不同级别的少数民族的自治区。每一级地区——省级、县级及市级，都有相当的自治权，就地处置只有当地能理解、监督的问题。在如此安置之下，港、澳、台等地区都能在不同程度自治下，得到因时、因地，因应各区历史背景、文化特色和独特理念的治理方式。

第三点也是有关政体的问题。中国自从改革开放之后，实质上施行的是国有资本和自由市场并行的经济体制。中国许多的巨富，有的是凭着自己的努力，例如阿里巴巴的马云。然而不可讳言，有些财产的累积，却是经过假公济私获得了致富的机会。

我以为，未尝没有预先防堵之法。若干人民生活必需的公用事业，例如交通、能源及补助收入不足者的共有住宅建设，应当收为公有，由国家以各个层次的公权力，组织管理这些与民生有关的各种事业。公家尤其不能将土地轻易地释放，作为私人致富的本钱。其他行业可以让私人经营，凭本领取得合理的利润。政府可按着利润的比例征收所得税，这些与民生有关的各种企业纳税以后，如果还有巨大的盈余，应当由国家设置"信托基金"投入社会福利，补充公家承担之经费。

或者，私人企业合理利润之外的盈余，都应当存入这个基金。该类信托基金乃是产业所得，用于进一步发展这一产业：由公家与民间企业合组的管理机构，聘请专业人士管理支配，支援有关行业进一步发展。又例如可以设立"创业基金"，支持创业的年轻人放手施展。风险创业基金可以让有志开创者借用本钱，在他成功后，将盈余相当一部分归还基金。又例如"开发基金"，用来支援开发新资源，开发过程中需要设施。以上各项，不外举例言之而已。主要构想是开发新利基，都由公权力通盘筹划，支援各种投资需要项目。台湾省在1970—1990年代，设有纺织业、信息工业等项目的发展基金，支援同业开拓事业，这种方式的行之有效即是例证。

土地或建筑的价值，可以仿照孙中山先生的原意，土地的增值按值征税，过分涨价的部分都应该归于公有。这部分的钱累积作为公有住宅的建筑，只租不卖，供应年轻人和收入不足者，使得居者有其屋。新加坡在这一方面的实行，已有相当的成效——如此措施，才能够使得百姓享受安居乐业的福祉。这一部分收入即可储备，用于都市更新经费。

第四点，中国目前的政治体制，和西方标榜的民主体制颇为不同。中国人的人身自由，应该有宪法的保障。只是，管理国家应当是相当专业的工作，美国一人一票的选举制，在立国之初并没有普及于全民；民权运动到今天，确实已经落实到每个成年人都有一票。然而，柏拉图早就警告：群众政治会产生僭主的困局。无可讳言，"群众"并不一定理性，如何避免非理性的选票，选出来非理性的人物，这是需要考

第十五章 未来的世界与中国

虑的问题。不但总统选举如此，选举各级代议员或者地方首长都会有这种"僭主现象"出现。例如美国芝加哥的市政，几乎有五六十年一直被戴利家族独霸。我居住的匹兹堡，也有几个政治世家代代出市议员、州议员甚至国会议员。这种现象，都是在群众盲目地按惯例行事而致。"特朗普现象"也是一个明显的个例。

美国总统大选，有所谓"选举人会议"制度。当初设计时有两个理由，一则因为当时不少地区与首都之间距离遥远，各处的投票结果难以及时送到首都，遂由选举人将各州的选票数字带到首都开票，决定当选人。另外一个理由则是立国之初设计时，麦迪逊等人曾经考虑选举人代表，实际上可以被选民授权，在最后投票时改变该州选择的人选。这一考虑，即是将群众的选举，委托一群知识程度较高也得到群众信任的人物，代表该区选民调整各处选票的选择。孙中山先生当年设计中华民国的民主体制时，有"国民大会"作为选举总统的单位，他的用意可能就从麦迪逊等顾虑得到启迪。这种间接民主的方式，在特殊情况下能匡救不足，例如两位候选人所得票数非常接近，即可以由"选举人代表"当场再投票决定胜负。间接投票确实也有弊端，可能有一批人长期盗用民意，以贯彻他们私人的意旨。这一个弊端和群众盲目投票的弊端，两相比较，间接选举未尝不是补救之道。前文所说，在理性和情感之间如何做抉择，就在如此关键处，在设计时预设补救的考量。

第五点，政治是处理大众意志和处理大众委托事务的制度。今天的社会，尤其是国家层级的复杂社会，许多政务牵涉到专业的考量。以美国制度而言，选择最高法院的大法官，必须考虑到候选人的法学专长是否够格。联邦储备委员会，也是选择在经济学、市场学、货币学各方面都有特别专长的专家，送请国会认可，请总统任命。有关国家安全的联合参谋总部，是军人之中最有能力、最有专门知识的人合组。

除了这三个单位以外，美国的国会议员并没有专业要求。国会议员组成的各项专业委员会，要处理全国专业问题，往往荒腔走板。中国传统思想体系中，法家这一家实际上就是以政治学、经济学、社会学的理论知识，落实于"贤能政治"。法家着重的是专家的知识，以及专家知识施行的考核。

第六点，美国的制度是总统制，而且有一定的任期，一个适任的总统，做了八年也够累了；如果总统不适任，只忍耐一年于国于民也非常痛苦。英国的制度是内阁制，立法部门的代表中对于某一项目具有专业能力，即被首相选择作为有关部会首长。于是，政务的执行和立法的原意可以融合无间。首相的任期没有一定的规定，做得好可以一直做下去，做得不好随时可以因为民意的反对，迫使国家元首英王下令，重新选举改组内阁。这两个制度之中，英国的制度确实是有弹性，也有效率。法国制度是英美两制的混合，不上不下，至今法国已经五次更换"共和"国体，其内阁未曾安定。法国的政治功效，也从未获得好评。

第十五章　未来的世界与中国

凡此议论,乃是野叟献曝,以备将来参考。我年已八八,侨居海外,故国种种,我已经没有发言的资格。只是塞马依风,越鸟栖南,总盼望中国一天一天更好,也希望这世界四分之一人口的大民族,能在世界上采取列国体制之长处,创立一个最好的综合体制,为亿万百姓求福祉,为天下万世开太平:建设一个大同世界的楷模——愿以"过客"个人管见,结束六十年的见闻。